푸틴 신디케이트

×

비밀경찰 수중에 놓인 러시아

DAS PUTIN-SYNDIKAT
by Margareta Mommsen

Copyright ⓒ Verlag C.H.Beck oHG, München 2017
Korean translation copyright ⓒ HanulMPlus Inc. 2019

이 도서의 국립중앙도서관 출판예정도서목록(CIP)은 서지정보유통지원시스템 홈페이지(http://seoji.nl.go.kr)
와 국가자료공동목록시스템(http://www.nl.go.kr/kolisnet)에서 이용하실 수 있습니다.
CIP제어번호: CIP2019015756(양장) CIP2019015757(무선)

비밀경찰 수중에 놓인 러시아

# 푸틴 신디케이트

마르가레타 몸젠 지음 • 이윤주 옮김

**일러두기**

- 원서에서 쌍꺾쇠로 구분되어 표기된 문장 가운데 긴 인용문의 경우 한 단락으로, 짧은 인용문의 경우 큰따옴표로 구분하여 표기하였고 각종 문헌의 경우 다음의 약물(책 『 』, 논문·보고서 「 」, 신문·잡지 ≪ ≫, 영화·TV 프로그램·예술 작품 〈 〉)로 구분하여 표기하였으며 나머지는 고딕체로 표기하였습니다.
- 러시아 인명의 한글 표기와 로마자 전사 표기는 국립국어원의 외래어표기법과 용례를 따랐습니다.
- 본문 하단의 각주는 모두 옮긴이의 설명입니다.

머리글 × 통치체제로서의 푸티니즘

러시아는 지배 엘리트들의 정치적·경제적 이해관계를 협상하는 권력
가들로 이루어진 내밀한 네트워크의 지배를 받고 있다. 블라디미르 푸틴
Vladimir Putin 대통령의 임기 동안 국가의 정경계 상황을 과거부터 현재까
지 조종해온 비공식적인 그룹으로 이루어진 이 권력 피라미드의 정점을
나는 푸틴 신디케이트Putin-Syndicate라고 칭한다. 모든 공공의 통제를 벗어
나 러시아의 딥 스테이트deep state●1가 광범위한 사안들을 결정한다. 그와
동시에 형식적 민주주의의 공식 기관, 즉 의회와 내각이 이런 실제 권력
구조에 편입되어 있다. 이 기관들은 비밀스러운 신디케이트에 종속되어
정치적 권력을 행사한다. 이렇게 만들어진 통치체제는 어떻게 작용하고
어떻게 스스로를 정당화하며, 얼마나 군건한가? 그리고 러시아의 이런
새로운 종류의 현상을 무엇이라고 명명할 수 있을까? 이 현상에 대해 사
람들은 이미 오래전부터 푸티니즘Putinism이라는 용어를 사용해왔다.

하나의 특별한 통치체제로서 푸티니즘은 많은 요소와 연관되어 있다.
러시아 내부에서는 스스로 주권적인 민주주의와 제3의 길, 고유의 국가 문
명이라고 공공연하게 높게 평가하는 반면에 러시아 내 푸티니즘 반대자

● 민주주의 제도 밖의 숨은 권력 집단.

들은 좋아봤자 모방한, 조작된 민주주의일 뿐이라고 주장한다. 전 세계의 비판가들은 푸틴 시스템이 완벽히 독재적이거나 전제주의적인 통치형태가 아니라면 적어도 반독재적semi-dictatorial인 시스템이라고 본다. 1인 통치체제, 즉 독재주의도 적지 않게 언급된다. 그러나 푸틴이 홀로 통치하는 것이 아니라는 점이 자주 간과된다.

푸티니즘을 비판하는 사람들은 권위적인 정치 문화, 열강 이데올로기, 정치적 기술 그리고 특히 프로파간다가 이 시스템의 주요 특징이라고 강조한다. 일부 관측통들은 비밀경찰의 두드러지는 역할이 결정적이라고 생각하고, 다른 이들은 오히려 국가자본주의와 이른바 도둑정치의 추세에 초점을 맞춘다. 러시아 사회학자 레프 구드코프Lev Gudkov는 이 시스템의 주요 특징을 하나의 사상으로 묶는다. 그에게 푸티니즘의 핵심은 "비밀경찰이 관료주의 분파들과 국영기업들의 사적인 이익 충족을 위해 권력을 행사하는 특별한 포스트 전체주의적 통치체제"다.[2] 구드코프의 분석에 의하면, 푸틴 정권에는 오히려 과거에 사용되었던 과두정치라는 표현이 어울린다. 이때 과두정치란 국가와 재계의 최고 권력자들이 결정권을 가지는 것을 뜻한다. 푸틴은 비밀경찰과 재계 거물들로 구성된 신디케이트를 대표하고 있으나, 전권을 가진 일종의 회장이 아니라 동료 중 일인자primus inter pares에 불과할 뿐이다.

푸틴 신디케이트의 집단적 통치에 대해 엘리트 카르텔, 기업 이사진, 크렘린 주식회사, 러시아 주식회사 등 다른 명칭들도 유행했다. 심지어 전능한 소련 정치국을 모방해 비공식적일지라도 재탄생된 정치국이라는 개념이 크게 주목받았다. 소련에서처럼 이 정치국 역시 정치국원, 그리고 권력 집권을 앞에 두고 대기하는 정치국 가입 후보국원으로 분류된다.

푸티니즘이라는 용어의 역사는 새로운 통치체제의 중요한 핵심 요소들을 드러낸다. 이 용어는 2000년 1월 31일 윌리엄 새파이어William Safire가 ≪뉴욕타임스The New York Times≫에서 처음으로 사용했다. 당시 국가보안위원회KGB 위원장으로 활동하던 푸틴은 대선 출마를 준비하고 있었다. 그가 대중의 주목을 받은 지는 얼마 되지 않았지만 1998년부터 러시아연방보안국FSB 국장으로 활동했으며 1999년 여름부터는 총리로 재직했고 1999년 말 보리스 옐친Boris Yeltsin이 조기 퇴임한 다음에는 대통령 권한대행이 되었다. 미국 기자였던 윌리엄 새파이어는 국제사회의 관측통들 가운데 처음으로 완전히 새로운, 어떤 측면에서는 불안정한 정치적 현상의 주요 특징을 인식했다. 새파이어는 "푸티니즘의 위협Putinism looms"이라는 제목의 기고문에서 이를 새로운 방식의 우상숭배라고 표현하고 진실에 대한 압제와 러시아의 권력 회복 요구의 부활이라고 묘사했다.

새파이어는 그 후 수년 동안 계속해서 푸틴 정부가 언론의 자유와 내부의 정치적 반대자들을 압제하고, 대외 정치에서는 중국에게 미국의 대항마라고 아첨하는 한편 구소련 국가들을 러시아의 세력권으로 강제한다며 비난했다. 일찍이 러시아 내부에서도 비판가들의 경고가 있었다. 푸틴 반대파였던 보리스 넴초프Boris Nemtsov는 2004년 1월에 푸티니즘의 위험에 대해 경고했는데, 이를 특히 "일당 정치 시스템, 검열, 포켓 의회, 독립적 재판권 상실, 비밀 정보기관들의 과도한 역할 등을 통해 두드러지는 새로운 사회정치적 형성 과정"이라고 묘사했다.[3]

푸티니즘이라는 용어는 러시아 정치를 표현할 때 통례적으로 쓰이는 용어인 푸틴 시스템에 오랫동안 가려져 보편적으로 사용되지는 않았다. 2012년에 푸틴이 대통령으로 재취임하고 2014년에 크림반도 합병 절차가 완전히 마무리되고 나서야 이 개념이 정계와 언론에서 널리 쓰이게 되었다. 이제 푸티니즘은 러시아 국내의 권위적인 정치 그리고 확장적인 대외 정치와 연결되는 개념이 되었다. 2014년 7월 31일, CNN과 ≪워싱턴 포스트The Washington Post≫ 기자인 파리드 자카리아Fareed Zakaria는 전 세계가 놀랄 정도로 성장한 푸티니즘, 그가 명명한 바로는 비자유민주주의인 이 시스템의 유형을 주제로 기고문을 썼다. 자카리아는 당시 큰 반향을 일으킨 헝가리의 빅토르 오르반Viktor Orban 수상의 연설을 언급했다. 오르반 수상은 공공연히 자유민주주의를 부정했고 푸티니즘이 매력적인 통치체제라고 단호히 공언했다.[4] 비슷한 시기에 정치학자들 사이에서는 푸티니즘 개념이 헝가리와 터키 등 러시아 정권과의 유사성을 보이는 정치 시스템과 관련해서 널리 쓰이게 되었다. 심지어 푸티니즘이 민주주의와 과두정치, 독재주의와 같은 일반적으로 알려진 고전적인 통치형태에 고유하고 새로운 통치형태로 추가할 수 있을지에 대해서 논의가 이루어졌다. 나아가 형용사 푸틴스러운Putinesk이 널리 쓰이기 시작했다. 당시 유럽의회 의장이었던 마르틴 슐츠Martin Schulz는 이 표현을 이용해 폴란드 정부의 새로운 사회 보수적인 독재주의 추세를 비판했다.[5]

서방과 러시아의 저명한 정치학자들과 사회학자들은 푸티니즘의 다양한 특징을 강조했다. 책 한 권 전체를 푸티니즘에 관해 집필한 사람은 월터 라쿼Walter Laqueur가 처음이었다. 라쿼는 새로운 이데올로기를 찾고자 했으나 결국 찾아낸 것은 푸틴 독트린의 요소들뿐이었다.[6] 정치학자 브라이언 테일러Brian Taylor는 하나의 이데올로기 그 이상도 이하도 아닌 **푸티니즘 강령**을 발견했다. 푸틴과 그의 사람들은 사고하고 행동할 때 공동의 규칙, 즉 일종의 행동강령을 따랐다. 그 강령에는 강력한 국가에 대한 믿음과 강대국으로서 러시아의 운명에 대한 믿음이 있다. 여기에 보수주의와 반미주의, 통제 우선주의, 질서, 충성심, 심지어 남성주의가 더해져 결과적으로 자국에 대한 모욕과 과소평가, 폄하에 대해 과도하게 예민한 반응을 보이고 있다.[7]

푸티니즘을 어느 정치체제의 가장 두드러지는, 아마도 유일무이한 특징에 불과한 것으로 치부할 경우 그 사례 역시 찾아볼 수 있다. 예를 들어 개인숭배, 선전국가, 정치기술적 정권, 비디오크라시videocracy, 텔레포퓰리즘, 도둑정치, 부패, 신가산제neopatrimonialism, 신봉건주의, 술탄주의 등 푸티니즘의 다양한 표현들이 있다. 사회학자 알레나 레데네바Alena Ledeneva는 권력의 특수한 비공식적 구조, 그리고 정식 국가기관과 그림자 국가의 숨겨진 생명선 사이의 유착 관계를 하나의 공통분모로 묶기 위해서 시스테마Sistema(시스템)라는 포괄적 개념을 제시했다.[8] 시스테마라는 용어는 특히 크렘린 관련 전문가들이 실제 정권의 운영방식과 여기에 적용되는 경기규칙을 언급하면서 그들의 독자들이 시스테마가 무엇인지 이해한다는 가정하에 많이 사용한다.

이 책에서는 푸티니즘이 어떻게 생겨나 유지되었고 수년 동안 어떻게 변해왔는지에 대해 서술한다. 푸티니즘 탄생의 배경은 무엇이고 어떤 새로운 방식을 통해 통치체제로서 자리 잡고 안정되었는가? 여기에서 살펴봐야 할 것은 탄생 신화와 처음부터 자리 잡은 체제의 적법성과 안정화를 위한 주요 메커니즘이다. 국내에서뿐만 아니라 국제적 환경에서도 정권의 운영방식과 생존 가능성을 안정적으로 만들기 위해 탄생 신화와 메커니즘을 계속해서 수정하고 개선하는 작업이 어떻게 성공할 수 있었는가? 이른바 선전국가에서 푸틴 숭배와 국영 언론이 하는 역할은 무엇인가? 정치 엘리트, 특히 권력의 정점에 눈에 띄게 널리 포진되어 있는 비밀경찰에 대한 질문 또한 중요하다. 옐친 시대의 강력하고 부유한 올리가르히oligarch들은 어떻게 되었고, 푸틴가르히는 무엇을 의미하는가? 2012년 푸틴이 대통령직을 다시 차지하면서 러시아정교회 문화의 도움으로 보수주의 사상이 기반을 잡은 것으로 보였다. 러시아의 유럽적인 국가 이미지는 흔들렸고, 그에 반해 유라시아주의가 재탄생하는 경향이 강해졌다. 이런 총체적인 혼돈은 새로운 세계 질서 속에서 러시아의 바람직한 지위와 러시아의 국가 정체성에 대한 지속적인 토론에 영향을 줄 수밖에 없었다. 다음의 오래된 질문에 대해 러시아가 새로운 대답을 내놓지 않는다면 푸티니즘에 대한 어떤 분석도 불완전할 것이다. 우리는 누구인가, 우리는 어디에서 왔으며 어디로 가고 있는가? 그러나 오늘날 정의할 수 있는 푸티니즘을 완전히 발달한, 안정적인 통치체제의 하나로 보는 것은 시기상조일 것이다. 오히려 소련 붕괴 이후 지지부진한 국가 건립 과정에서 세 번의 푸틴 집권기와 결부되어 있는 아직도 진행 중인 현상이다.

이 책에서는 발전 과정과 사상, 시스템 분석적인 측면에서 푸티니즘에 접근했다. 우선 1996년 옐친의 재선과 당시 처음으로 볼 수 있었던 정치적 기술의 새로운 통치방식을 관찰한다. 1991년 러시아연방 출범 이후 마치 일종의 두 번째 개국을 맞이하는 듯한 인상을 받은 것은 우연이 아니었다. 이 옐친 시스템에서 어떻게 푸티니즘이 자라나고, 동시에 새로운 정치 시스템, 즉 선전국가와 지도자 숭배적인 체제가 어떻게 생겨났는지를 파악해야 한다. 이런 체제가 생겨나는 데는 새로운 대통령의 선전된 이미지가 그의 정치적 정체성이나 진정성보다 중요했다.

그다음으로 통제된 민주주의의 발전, 테러 행위와 색깔 혁명으로 생겨난 정권의 도전 과제에 주안점을 두었다. 상트페테르부르크 시절 동료들의 증가와 옐친 패밀리 일원의 축출 또한 비밀경찰에 의한 국가 생성에 많은 영향을 주었다. 후계자 작업은 정권 내부에 일시적인 경련을 일으켰다. 이는 비공식적인 올리가르히와 겉으로는 일원적으로 보이지만 사실상 권력의 외형 뒤에 숨어 있는 다수적인 기반에 대해 깊은 통찰을 하게 한다. 2011년 말 또다시 드미트리 메드베데프Dmitry Medvedev에서 푸틴으로 넘어가는 후계자 작업에서 진행되었을 비밀스러운 계약에 대항해 트위터 혁명과 엄청난 규모의 시위가 일어났을 때 푸티니즘에 찾아온 위기는 불가피했다.

그들은 체제의 흔들림에 어떻게 대항했는가? 2012년에 억압은 더욱 강화되었고 시위의 원흉에 대해 처음으로 사상적 방어를 시도하는 새로운 형태의 푸티니즘이 들어섰다. 정교회와의 단절은 더욱 강해졌다. 푸시 라이엇Pussy Riot의 반항적인 여성 멤버들은 감옥에 갇혀야만 했다. 푸틴은 유럽에 대한 러시아의 소속감에 의문을 던졌고, 우크라이나와 EU의 친화로 인해 발생하는 러시아의 이웃 슬라브국가에 대한 영향력 상실이라는 위협에 대해 갑작스러운 크림반도 합병으로 대응했다. 우크라이나에 대한 러시아의 정책은 특히 푸티니즘의 기본적인 구성 요소, 즉 허위 정보유포나 동우크라이나에 몰래 군사개입을 하는 등 복잡한 전투에 능한 선전국가의 전투력을 잘 보여주었다.

하나의 장에서는 러시아의 사법기관에 대해 집중적으로 다루었다. 이 장에서는 러시아의 푸티니즘이 선전국가를 넘어 어느 정도까지 **불법국가**를 만들 수 있는지에 대한 의문을 다룬다. 그에 대한 기준은 행정부와 기타 조작에 의해 조종되는 부패한 사법기관과 기만과 거짓의 사례들이다. 이는 미하일 호도르콥스키Mikhail Khodorkovsky 재판 과정이나 세르게이 마그니츠키Sergei Magnitsky 사건, 쿠시춉스카야에서 일어난 범죄 행위와 같은 예시 사건들로 설명할 것이다. 또 보안기관에서 일했던 배반자 알렉산드르 리트비넨코Alexander Litvinenko에게 발생한 잔인한 독극물 살해, ≪노바야 가제타Новая газета≫의 편집자이자 신랄한 체제 비판가인 안나 폴리트콥스카야Anna Politkovskaya 살해, 야권 정치인 보리스 넴초프 살해 등을 통해 불법국가의 다른 측면들을 살펴볼 것이다.

마지막 장에서는 후기 푸티니즘의 특히 부각되는 요소들과 혁신 등 최근에 일어난 개혁들을 살펴본다. 지금까지 푸틴 숭배 연출은 정권의 정치적 적법성을 확보하기 위한 궁극적 요소로 여겨져왔고, 따라서 이에 대해 설명하려는 시도가 있었다. 체제 안정화를 위한 정권의 새로운 수단으로는 국가근위대의 창설이 두드러지고, 오랫동안 푸틴 곁에 있었던 고위 관료 조력자들이 퇴장하면서 정치 엘리트들은 젊은 기술 관료technocrat들로 대체되었다. 이는 비공식적인 크렘린 그룹이 다시 새로운 균형을 이루었다는 것을 상징한다. 아마 이런 현상도 푸틴에서 또 다른 적절한 후계자로 권력이 이양되는 전조가 아닐까? 러시아는 시리아 갈등에 개입할 때

정치적 정당성의 새로운 형태로 무력을 과시하고 전략적 선견을 표출했다. 그리고 새로운 기억의 정치도 눈에 띈다. 나라의 역사에 관해 최대한 긍정적인 시각을 전파하고, 또 긍정적으로 평가하는 것은 러시아가 이 세계에서 국가 정체성과 자신의 적절한 위치를 찾기 위해 계속해온 노력에 도움을 줄 수 있을 것이다. 강대국 신드롬은 여전히 전염성이 강하고, 러시아는 세계 강국으로서의 분명한 지위에 대한 자아상에 가까워지는 듯 보인다. 반면에 2017년의 관측통들은 미하일 고르바초프Mikhail Gorbachev의 글라스노스트Glasnost와 페레스트로이카Perestroika의 새로운 버전의 개혁 같은 러시아 국내의 근본적인 개혁을 이끌어내기 위한 어떤 노력도 없었음을 한탄했다.

1991×2000

—

옐친에서 푸틴으로

—

러시아는 어떻게 연방보안국의 인질이 되었나

## 군주적 대통령제와 과두적 자본주의

푸티니즘은 옐친 시스템에서 자라났다. 1991년 소비에트연방 해체 후 보리스 옐친 대통령의 임기 당시 수립된 정권은 몸통만 남아 있었다. 국가의 윤곽은 사회의 구성만큼이나 불명확했다. 1994년 초 비탈리 포르트니코프Vitali Portnikov는 다음과 같이 썼다. "러시아에서 권력을 행사하는 이들의 얼굴은 있었으나 러시아의 권력은 얼굴이 없었다."[1] 짧은 시간 동안 존재했던 옐친 시스템은 군주적 대통령제와 과두적 자본주의의 모습을 보였다. 옐친 시대는 바로 이미 미하일 고르바초프 때 시작된 체제 혁명의 획기적인 과정의 두 번째 단계였다. 소련공산당 중앙위원회의 마지막 서기장으로부터 시작된 정치 자유화는 페레스트로이카로 전 세계에 널리 알려진다. 이런 정치 자유화는 국가로서 소련의 붕괴와 동시에 때 이른 종말을 맞았다. 러시아연방국 최초의 민선 대통령인 보리스 옐친은 민주화 운동에서 함께한 그의 동료들과 함께 민주주의와 시장경제로 노선을 잡고 나아갔다. 그 결과 갑작스러운 과도기의 혼란으로 인해 민주주의의 요소와 독재정치, 무정부주의를 하나로 합친 광장히 절충적인 정권이 등장했다.[2]

정치인들 사이에서 퍼진 민주주의에 대한 이미지는 옐친의 대통령 집권 시절 상당히 흐릿해졌다. 따라서 새로운 통치체제를 위한 롤모델을 빨리 찾기 위해 노력했다. 그들은 미국의 대통령 제도에 관심을 가졌고, 곧 유럽의 의회정치 시스템과 차리즘Tsarism이나 소비에트 시대 등 스스로의 역사에서 얻은 롤모델을 주목하기 시작했다. 옐친의 행동과 자의식은 민선 대통령, 공산당 서기장 그리고 러시아의 차르 사이에서 흔들렸다. 그래서 기자들은 옐친 시스템을 선거로 만들어진 왕정 혹은 왕정 대통령제라고 칭했다.[3]

이런 혼란스러운 국가의 상황 때문에 국민들 사이에서는 불안감이 팽배했다. 1995년에 실시한 설문조사에서는 질서의 상실과 무정부주의적인 느낌을 받는다는 대답이 압도적이었다. 옐친에 대해서는 무단통치 지도자라는 악명이 높아졌다.[4] 세계 시장에서 유가가 낮았기 때문에 빈곤화와 불만족이 퍼져갔다.[5] 그 당시가 새로운 스무따смýта, 즉 차르 보리스 고두노프Boris Godunov의 시대에서 미하일 로마노프Mikhail Romanov의 시대로 넘어가는 17세기 초를 의미하는 혼란의 시대라고 불린 것은 우연이 아니었다. 또한 국가의 바이마르화weimarization라는 말도 계속 언급되었다.

러시아가 민주주의로 가는 길에 가장 큰 장애물이자 걸림돌이 되었던 것은 민주주의의 이념에 대한 인식 부족과 정치 엘리트들 사이에서 변혁의 내용과 역동성에 대한 공감대 부재였다. 민주주의를 추구했던 진영과 공산주의 세력의 끊임없는 대립에 과도기의 여러 개척자들 사이의 세력 다툼이 더해졌다. 결국 방향을 선회한 옛 지배계급 노멘클라투라nomenklatura들은 자신들 내부에 있는 공산주의자들을 상대로도 싸워야 했다. 새롭게 들어온 많은 민주주의적인 공무원들은 이 격언을 명심해야 했다. "레닌은 공산당을 떠났을지라도, 공산당은 그를 놓지 못했다." 개혁가들은 사회화라는 껍질을 벗겨낼 때 레닌의 이데올로기와 싸워야 했고, 이 격언은 이때 필요했던 정신적인 방어막이었다.[6]

소련 대기업의 사유화에서 이윤을 얻은 새로운 산업 리더들 또한 변혁의 동력이 되었다. 이들은 일종의 약탈 자본주의가 생겨나는 데 일조했다. 새로운 경제 지도자들이 거대 정치에 대한 영향력을 갖기 위해 옐친 동료들과의 연대를 구했기 때문에 이들을 올리가르히라고 부르기 시작했다. 그중에는 석유 재벌인 미하일 호도르콥스키나 미디어 재벌인 보리스 베레좁스키Boris Berezovskii와 블라디미르 구신스키Vladimir Gusinksii 등이 있었다.[7] 그들은 국가 관료주의와 새로운 경제권력 사이에 생겨난 비공식적인 의사소통과 행동 채널을 장악했다. **국가의 민영화가 관찰된 것은 우연이 아니었다.**[8]

엘친 시스템의 근본적 특징인 올리가르히적 자본주의와 국가의 사유화에 **초대통령중심제**가 추가되었다. 이런 현상은 1993년 12월 헌법이 새로 제정되면서 시작되었다. 여기에는 여러 원인이 존재했다. 우선, 프랑스 제5공화국에서 빌려온 헌법 모델을 잘못 해석하면서 전능한 대통령에 대한 개념이 생겨났다. 이 헌법 모델의 유동성은 본래 의회의 과잉 권력 속에서 과도하게 많은 정당과 수없이 바뀐 정권으로 혼란스럽던 프랑스 제4공화국에 돌파구를 마련하기 위한 것이었다. 프랑스 제5공화국의 헌법 질서는 의회권력을 억제하고 국가수반의 힘을 강화함으로써 권력의 균형을 맞추는 데 기여했다. 그러나 러시아의 새로운 헌법은 국가원수의 권력을 프랑스보다 훨씬 더 강화했기 때문에 러시아 정치인들은 즉시 프랑스식 **이원집정부제식** 모델을 **대통령중심제**의 롤모델로 변조해 새로운 질서를 만들기 위한 작업을 시작했다. 이런 잘못된 해석을 따라 이른바 **초대통령적인** 헌법 집행이 곧바로 실제 정치에 적용되었다. 발레리 조르킨 Valerii Zorkin 헌법재판소장이 러시아 헌법의 이원집정부적인 특성을 계속

해서 강조한 반면에 러시아의 정치인들은 헌법의 **대통령 중심적인 본질**을 주장하는 데 특히 미국의 강력한 대통령제 모델에 집중했다. 새로운 러시아의 많은 사람은 미국의 대통령제가 프랑스 헌법보다 더 매력적이라고 생각했다.[9] 그러나 미국의 본보기조차 잘못 해석되어, 강력한 대권을 향한 열의가 넘쳐 **견제 균형의 원리**|principle of checks and balances를 통한 견제가 필요하다는 사실을 간과했다.

엘친은 어떻게든 최대한 강력한 대통령제를 하루빨리 안착시키기 위해 노력했다. 그는 행정부와 입법부의 주도권을 둘러싼 과도 의회와의 오랜 헌법 싸움에 질릴 대로 질려 있었다. 이들 사이의 갈등은 1993년 10월 의사당 습격 사태로 이어졌다. 당시 반란을 일으킨 의원들은 최고회의 의장인 루슬란 하스불라토프Ruslan Khasbulatov와 부통령 알렉산드르 루츠코이Alexander Rutskoi의 주도하에 의사당을 점령했다. 엘친은 그의 **젊은** 개혁가들과 함께 국민투표로 정해진 새로운 헌법을 수용한 다음 행정부의 최종 승리를 과시하고, 시장경제로 가는 길목에서 더 이상 시간을 끌고 싶어 하지 않았다. 그렇게 **초대통령제**는 빠르게 뿌리내렸다. 이때 차르든, 서기장이든, 대통령이든 국가의 수장은 모든 다른 국가기관보다 높은 권위를 갖는다는 전체적인 권위주의적 문화가 도움이 되었다. 실제로 엘친의 이미지는 공산당과의 권력 싸움으로 얻은 폭도에서 러시아 정계의 통치권력을 얻은 다음에는 **통치자**로 바뀌었다.[10]

1993년 11월 16일, 엘친은 러시아 일간신문 《이즈베스티야Известия》와의 인터뷰에서 그가 대통령과 행정부의 절대적인 지위를 위해 열중하는 것에 대해 다음과 같이 변호했다.

여러분이 원하는 것은 무엇입니까? 이곳은 차르와 통치자에 익숙한 나라입니다. 분명한 이익집단이 생겨나지 않은 나라입니다. 이익의 수혜자가 정해지지 않고, 정상적인 정당이 갓 생겨나기 시작한 곳입니다. 합법적인 니힐리즘 nihilism이 곳곳에 있는 나라입니다. 여러분은 이런 나라에서 의회를 우선적으로, 아니면 의회 한 곳에 권력이 집중되도록 만들겠습니까? 늦어도 반년 후면 사람들은 독재자를 찾게 될 것입니다. 그렇게 되면 독재자는 금방 나타날 것이라고 저는 확신합니다. 그것도 아마 이 의회 안에서 말입니다. 모든 시대는 민주주의 시스템에서 권력의 균형을 찾았습니다. 오늘 러시아의 중심 추는 대통령을 향해 기울어져 있습니다.

옐친의 발언 이후 얼마 지나지 않아 치러진 첫 두마duma 선거에서는 실제로 정상적인 정당이 잘 형성되지 않아 결과적으로 의회가 제 기능을 하지 못하고 있음이 드러났다. 옐친은 그의 리더십과 의회나 정당에 대한 경시 발언으로 이를 더욱 심화했다.

**크렘린 패밀리 수중에 놓인 러시아**

선거에서 민주주의자들이 패배하자 충격을 받은 옐친은 의회 기반이 없는 내각을 구성하기에 이른다. 이 치명적인 선택은 다른 결과를 초래했다. 정당들은 거의 발전할 수 없었고 정부는 정치적 책임을 지지 않았다. 이로 인해 정치의 균형추는 헌법에서는 그저 부수적으로 언급되는 기관인 대통령의 행정부로 점점 옮겨갔다. 그에 반해 의원 내각의 의미는 점점 퇴색되었다. 게다가 정부에서는 경제 내각이 우선권을 가지는 소련의 관행이 성행했다. 소련에서 실질적인 통치권력이 정치국과 공산당 중앙위원회 서기장에게 있었던 반면에 옐친 주변에는 그의 최측근으로 구성된 비공식 서클이 있었다. 옐친의 딸 타티야나 유마세바Tatyana Yumasheva는 올리가르히이자 최상위 공직자로서 정치적 결정에 영향력을 행사했다. 언론계에서는 이런 형태의 정치 시스템을 두고 옐친 패밀리, 크렘린 패밀리 혹은 간단히 패밀리라는 용어를 사용했다. 공산주의자들은 이를 두고 옐친 집안 정치국이라고 표현했다. 옐친의 포켓 내각은 마지막 차르 니콜라스 2세Nikolaus II에 대한 자칭 성직자 라스푸틴Rasputin의 파국적인 영향력을 가리켜 집단적인 라스푸틴이라고도 불린다.[11]

정치 정당들이 쇠약해졌으므로 옐친은 그의 정치 고관을 정당 내에서 뽑으려는 생각은 전혀 하지 않았다. 옐친은 그의 첫 총리였던 예고르 가이다르Yegor Gaidar 같은 젊은 경제인들을 학술 연구소에서 데려왔다. 그리고 이렇게 뽑힌 이들은 또 다른 동료들을 데려왔다. 그러나 옐친은 노련한 소련의 중진 인사들과 옐친 아래에서 오랜 기간 총리로 재직했던 가즈프롬Gazprom의 회장 빅토르 체르노미르딘Viktor Chernomyrdin 같은 재계의 이른바 적색 지도자들도 놓지 않았다. 옐친은 그들의 충성심과 단체정신, 그리고 민주주의 정당에의 미소속을 중요하게 생각했다. 그는 계속해서 활동적이고 개혁 의지가 있는 젊은 정치가들에게, 이른바 젊은 개혁가들에게 정치적 고관이 될 수 있는 기회를 주었다. 옐친은 망설임 없이 지도부 인사를 빠르게 교체했다. 그의 잘 알려진 인사 순환은 기관들 사이에 정치적 무게의 균형을 맞추고 서로를 대항마로 만들었다. 바로 이것이 러

시아식 견제 균형의 원리였다.[12]

인사 분야에서와 마찬가지로 초법적 국가기관의 형성에서도 커다란 변혁이 일어났다. 모든 종류의 평의회가 우후죽순처럼 자라났다. 평의회는 대부분 조언하는 역할만 했고 그 수명이 제한되어 있었다. 평의회가 수립된 것은 지병으로 인한 옐친의 계속된 부재 때문이기도 했다. 그러나 이미 소련 말미에 고르바초프가 미국 국가안전보장회의를 모방해 도입한 러시아 국가안전보장회의의 훌륭한 역할이 두드러졌다. 러시아 국가안전보장회의는 일종의 상위 정부로서 옐친이 ─ 이후 푸틴 또한 ─ 러시아를 통치하는 데 기여했다.[13] 기관들의 무질서한 성장과 최고위 국가기관들의 중요도가 계속 바뀌면서 포스트 소비에트 시기의 러시아 초창기에는 특히나 당시 채택된 헌법 모델과 헌법기관 운영에 대한 불안감이 만연했다. 이런 불확실성으로 인해 계속해서 새로운 기관이 생겨났고, 심지어 기관들 사이에 가령 중앙 국가권력과 지방 주체들, 즉 각 주와 자치 공화국의 수장들 사이에 권한 경계 획정 협상이 체결되었다.[14] 오직 체첸과의 협상 시도만이 성공하지 못했다. 1994년 말, 러시아는 변절한 자치주에 무력으로 대응했다. 이런 무력 분쟁은 1996년 여름에야 비로소 하사뷰르트 협정으로 중재될 수 있었다.

옐친은 각 주를 통치하는 수장들의 충성심을 얻기 위해 노력했을 뿐만 아니라 군대와 첩보기관의 정치적 지원도 얻기 위해 노력했다. 옐친은 보안기관들을 대상으로 한 근본적인 개혁과 감원 조치를 소홀히 했으며 이 기관들을 새롭게 구성하는 데 그쳤다. 옐친의 전기 작가인 티모시 콜튼 Timothy Colton이 기술했듯이, 옐친은 사실상 레비아탄을 히드라로 교체한 것뿐이었다.[15] 이처럼 머리가 많은 히드라의 위험성은 푸틴 아래에서 비로소 눈에 보이기 시작했다. 옐친은 **대통령 개인 안보기관**을 만들어 의문스러운 정치적 지주를 만들었다. 이 기관은 옐친의 전 경호실장 알렉산드르 코르자코프Alexander Korzhakov가 지휘했다. 패거리들이나 가질 법한 무리 생활을 즐겼던 옐친은 코르자코프와 이 안보기관에 적절하지 않은 너무 높은 지위를 부여했고 국가 인사정책에서 그들의 정치적 영향력 행사를 허락했다. 그러나 코르자코프가 감히 1996년의 대선을 무산시키려고 하자 옐친은 젊은 개혁가들을 영입했다. 그리고 그들의 압력으로 인해 옐친은 자신의 총아와 이별해야만 했다.[16]

## 스핀닥터의 위력

1996년 여름, 또다시 대선이 시작되었다. 형식적으로는 민주적인 정치 경쟁이 존중되었으나 실제로는 옐친이 그 어떤 다른 후보들에 비해 훨씬 더 선호되었다. 올리가르히와 정부 인사들은 당시 공산당 당수인 겐나디 주가노프Gennadii Zyuganov의 승리를 막기 위해 모든 수단을 동원해야 했다. 당시 전자·인쇄 매체들은 표현의 자유가 끝이 날까 두려워하고 대기업의 새로운 경영자들은 막 시작된 시장경제 체제가 무너질까 두려워했기 때문에 옐친의 재선을 위해 힘을 모았다. 당시 선거에서 처음으로 **정치기술자**도 투입되었는데, 스핀닥터spin doctor(정치 홍보 전문가)와 이미지 메이커들이 홍보 기술을 이용해 옐친을 전략적으로 지원했다. 선거 홍보 전문 지식인 **정치기술**과 **여론 정치**를 위한 자문가인 **정치기술자**들이 1996년 선거 때 러시아에 처음으로 나타났다.[17] 그들의 임무는 선거인의 의식에 지속적으로 영향을 끼치면서 조종하는 것이었다. 울리히 슈미트Ulrich Schmid 가 표현한 것처럼 설득 전략, 대중의 호감 조종, 미학적 연출 등이 사람들의 마음을 얻을 수 있었다. 그러나 사람들이 그들의 조종 사실을 인지해서는 안 되었다.[18] 민주주의와 대중 홍보는 분명한 차이점이 있다. 민주주의국가에는 유권자의 호감을 얻기 위해 PR 컨설턴트들이 있는 다양한 선거운동센터가 있는 반면에 정치적인 다원성이 작용하지 않는 국가에서는 우세한 권력 중심이 사람들의 마음을 독점할 수 있는 위험이 크다. 그렇게 정치기술자들은 1990년대 중반에 옐친을 대체 불가능한 인물로 홍보하고 라이벌인 공산주의자 주가노프를 깎아내리기 위해 최선을 다했다. 특히 저명한 언론인이자 1995년에 효율적인 정치를 위한 재단Foundation for Effective Policy을 설립한 그렙 파블롭스키Gleb Pavlovskii가 중요한 역할을 했다. 그는 의식할 수 있는 사실만이 진실이라고 주장했다. 이미지와 진실은 조작을 통해 일치시켜야만 한다는 것이다. 이를 위해서 어느 특정한 정치적 선택이 최대한으로 실현될 수 있는 기회가 주어지는 환경이 전반적으로 조성되어야 한다고 말했다.[19]

이런 분위기 속에서 보리스 옐친은 공식집계에 의하면 두 번째 대선에서 53.8퍼센트의 득표율을 기록하며 40.3퍼센트를 득표한 주가노프를 상대로 승리했다. 옐친이 두 번째 대선 직전에 심각한 심근경색으로 거의 직무수행을 할 수 없을 정도였다는 사실은 투표자들에게는 비밀이었다. 이런 사실 은폐와 정치기술자들의 집중 투입, 또 대선에서의 분명한 옐친 선호 현상은 이미 통제된 민주주의의 징후를 분명히 드러내고 있었다. (그러나 이 개념이 사용되기 시작한 시기는 푸틴이 취임한 2000년도다.) 그뿐만 아니라 대선 국가가 실시한 개표 결과에 의문을 갖는 목소리도 수그러들지 않았다.

옐친의 재선은 다시 한 번 헌법 규범과 실제 국가 형성 사이의 간극을 명백히 보여주었다. 통치체제를 민주적으로 공고히 하는 것은 불가능했다. 삐거덕거리는 국가 형성 작업과 동시에 민족 형성도 어렵게 진행되었다. 러시아 지도부는 국가 정체성을 찾고 세계에서 러시아를 위한 최고의 지위를 찾아가는 데 처음부터 불안정한 모습을 보였다. 계속해서 자기 인식과 대외 인식이 변했다. 러시아는 외부 세계가 러시아의 새로운 정치적·경제적 상황을 어떻게 보고 평가하는지 정확히 알지 못했다. 게다가 국가 스스로 생각하는 이미지와 그에 따른 외교정책을 세계 안에서 러시아 자국의 역사와 전통적인 역할에 맞춰 설정해야 하는지, 혹은 새로운 파트너십과 동맹국에 맞춰야 하는지도 불확실했다.

## 상처 입은 강대국

포스트 소비에트 초창기의 러시아에서는 유럽으로의 회귀가 체제 변환의 쟁점이었다. 이는 러시아도 소련의 옛 위성국가들과 마찬가지로 유럽적 사회제도로의 회귀와 그들과 공유하는 가치를 수용한다는 것을 의미했다. 처음에는 제국주의 강대국으로서의 기존 국가 이미지에 유난히 소극적으로 대응했다. 옐친은 강력하고 민주적인 러시아는 더 이상 제국이 아니라고 강조했다. 당시 외교부의 젊은 장관이었던 안드레이 코지레프

Andrei Kozyrev는 정상적이고 친절한 강대국인 러시아를 외치고 다녔다. 이런 발언은 러시아 대외정책의 이른바 낭만적이었던 시기를 특징적으로 보여준다.[20] 이런 현상이 오래가지 않았던 이유는 여러 가지가 있다. 하나는 정치 지도부가 러시아 공산주의자들과 국가주의자들의 날카로운 비판 때문에 방향을 선회했기 때문이고, 또 하나는 크렘린이 서구의 관심이 너무 적고 지원이 중단되었다는 인상을 받았기 때문이다. 그래서 옐친 정권은 이미 1993년에 대외정책 방향을 친숙한 소비에트 방식으로 되돌렸다. 이런 방식 가운데 세력권, 지정학과 세계 정치에서 모든 이득을 그에 상응하는 대가나 보상으로만 얻을 수 있다고 보여지는 제로섬 게임이 있었다. 이런 경향은 1996년 초 예브게니 프리마코프Evgeny Primakov가 외무부의 신임 장관으로 임명된 후 더욱 심화되었다. 당시 다극화된 세계관과 러시아의 지정학적 이익의 절대적 우선권이 전면에 배치되었다. 곧, 러시아가 다극화된 세계에서 다른 국가들이 주변에 모여들 강력한 기둥을 건설해야 한다는 생각이 지배하게 되었다. 그러나 이런 새로운 국가적 요구에도 불구하고 유럽 조직으로의 러시아 통합은 오랫동안 의제로 남아 있었다.[21]

크렘린 정부는 EU뿐만 아니라 NATO와의 긴밀한 파트너십을 위해 기구 가입까지는 아니더라도 그들의 관심을 끌려고 꽤나 노력했지만 원하던 반응을 얻지 못했다. 어쨌든 러시아는 1994년 6월 EU와 파트너십과 협력 조약을 체결하고 1997년에 비준했다. NATO를 대상으로는 더욱 조심스럽게 촉각을 곤두세웠는데, 코지레프와 다른 진보주의자들에게는 러시아의 NATO 가입이 필수적인 일이었다. 그러나 북대서양조약은 1993

년부터 동쪽으로 확대되기 시작했다. 러시아는 이를 미국을 비롯한 기타 강대국과 세계정세를 함께 만들어갈 러시아의 권리에 대한 침해로 인식했다. NATO의 동유럽 확장은 러시아에게는 치욕스러운 모욕이자 막대한 국제적 지위의 상실이었다. 옐친은 이를 두고 차가운 평화라고 표현했다. 이후 1997년 러시아와 NATO 사이에 체결된 NATO-러시아 관계 정립 조례는 NATO의 북유럽 확장에 대한 러시아의 부정적인 인식을 해소할 수 없었다.[22]

1996년 6월, 옐친은 포스트 소비에트적인 국가 건설 과정을 촉진하기 위해 러시아를 위한 새로운 범국민적 아이디어를 구상하는 대회를 개최했다. 이렇게 촉발된 논의는 특히 신화적인 러시아 이념과 그와 관련된 문명의 독자성을 다뤘다.[23] 같은 맥락에서 기존 러시아 패권의 위치를 더욱 강조했다. 하지만 이런 요구가 서방세계에서 계속해서 아무런 메아리 없이 무시되었기 때문에 패권 회복 요구는 상처 입은 대국 신드롬으로 바뀌었다.

1998년 여름 러시아에 심각한 재정·경제위기가 발발하자 이런 불안한 국가 분위기는 더욱 악화되었다. 정체성 위기와 국가적·경제적 위기는 드라마틱한 방식으로 최고조에 다다랐다. 전체적인 민주주의 프로젝트가 실패를 코앞에 두고 있었다. 도대체 무슨 일이 일어났는가? 1997년까지만 해도 자유 시장경제와 법치국가가 발전될 조짐이 보였다. 옐친은 재선이 끝나고 병가에서 돌아온 다음 몇몇 젊은 개혁가들을 새롭게 국가 정치 요직에 앉혔다. 그는 스스로 말했듯이 강도들의 국가에서 살기를 원하지 않았다. 그리고 그 젊은 개혁가들은 과두적 자본주의의 종말을 목표로 내걸었다.

세르게이 키리엔코Sergei Kirienko(1962년생)와 아나톨리 추바이스Anatoli Chubais(1955년생)뿐만 아니라 보리스 넴초프(1959년생)도 젊은 민주주의자들의 새로운 희망으로서 선두에 있었다. 옐친은 넴초프를 대통령직의 후계자로 염두에 두고 있었다고 고백했다. 그러나 국가재정이 급작스럽게 붕괴되면서 카드는 완전히 새롭게 섞여버렸다. 정치적·경제적 격변이 일어났기 때문이었다. 이를 두고 올리가르히의 가을이라고 표현하기도 했다.[24] 이 표현은 재정위기로 인한 대기업 총수들의 경제력과 정치적 권력의 대거 상실을 의미했다. 그러나 과두주의적 자본주의의 근간만이 흔들린 것은 아니었다. 모든 다른 국가권력의 상위에 있는 국가원수의 분명한 주도권이라는 의미에서 초대통령제의 전제 조건도 흔들렸다. 젊은 개혁가들과 올리가르히들 사이의 긴장은 첨예화되었다. 각종 모략 행위도 자행되었다. 1998년 8월 17일, 국제통화기금IMF이 크렘린궁에 더 이상의 자금 지원은 불가하다고 통보했을 때 옐친의 정치는 벼랑 끝에 서 있었다. 젊은 개혁가들은 떠나야 했고, 국민들은 바로 그들에게 국가 부도의 가장 큰 책임을 전가했다. 이와 같은 난처한 상황에서 일종의 두 번째 국가 건설이 시작되었는데, 벤 주다Ben Judah가 이 사건들을 면밀히 관찰하고 밝혔듯이 이번에는 독재적인 방향으로 흘러갔다.[25] 옐친은 그의 왕관을 넘겨주려고 했던 보리스 넴초프와 이별했다. 이제 옐친은 완전히 다른 능력을 가진 인물에 희망을 걸었다. 더 이상 진보주의자가 아닌 보수주의자, 남성적인 강한 인물, 거칠고 군사적 훈련을 받은 인물이 러시아를 위기에서 구출할 수 있다고 생각했다. 옐친이 2000년에 출간된 그의 회고록 『대통령

의 마라톤Prezidentský marató』에서 서술했듯이, 그는 그런 이미지를 불과 일
년 후에 블라디미르 푸틴에게서 발견했다.[26]

두루 호평을 받던 예브게니 프리마코프 외무부 장관이 총리직 후보로
지명되면서 1998년 9월 국가위기가 일시적으로 해소되기 시작했다. 70
세의 아랍 전문가이자 소련공산당 중앙위원회 정치국의 후보국원이었던
그는 의원들의 기록적인 지지표를 받고 총리로 선출되었다. 옐친은 정치
적으로 쇠약해져 있었기 때문에, 두마의 새로운 영웅에게 내각을 독자적
으로 구성하고 정부 프로그램을 직접 계획하도록 맡겨야만 했다. 실제로
옐친 대통령은 지금껏 늘 정부 활동을 주도해왔던 대통령 행정부와 함께
뒷전으로 물러났다. 새롭게 바뀐 권력 정세의 장점 중 주목할 만한 것은
처음으로 이원집정부제 헌법이 시행되었다는 것이었다. 언론기관들은
이미 의원내각제 국가가 도래했다고 보도했다.

그사이에 대외 전선에서는 문제가 불거졌다. 이 사건은 1998년 8월의
굴욕적인 사건을 겪은 지 얼마 지나지 않아 다시 러시아의 대국으로서의
자아상을 심하게 흔들어놓았다. 이 문제의 중심에는 유고슬라비아에 대
한 NATO의 개입이 있었다. 러시아는 세르비아와 전통적인 우호 관계를
조성하고 있었기 때문에 NATO의 개입에 강하게 항의했다. 그러나 이런
태도로 인해 러시아는 고립되었고 국제정치에서 몇 번이나 무기력함을
마주했다. 그럼에도 러시아는 저항을 의미하는 화려한 제스처를 취했다.
1999년 3월 23일, 프리마코프는 첫 미국 순방 길에서 세르비아 공습 소식
을 전해 듣자 대서양 한가운데서 비행기를 즉시 러시아로 돌리라고 지시
했다. 이는 포스트 소비에트 시대의 러시아에서 취한 국가적 차원의 첫

반미주의 행위였다. 민주적 언론의 비판도 있었지만 프리마코프의 퍼포먼스는 러시아 국내에서 많은 호응을 얻었다. 우선 주러 미국 대사관 앞에서 다시 시위가 일어났고, 사회에 되살아난 반미주의와 함께 대중적으로 국가적 자부심을 도둑맞았다고 느끼는 분위기가 조성될 수 있었다.[27]

그리고 세르비아에서의 미국의 행위에 반발하는 상징적인 행위가 계속해서 일어났다. 1999년 6월 11일 코소보Kosovo의 평화 유지 임무를 위해 출병한 러시아 국제평화유지군의 파견대가 먼저 프리슈티나 공항을 점령했다. 러시아는 교묘한 방법으로 NATO를 속이고 프리슈티나 공항을 기습 점령하면서 잠시나마 독자적인 승전 깃발을 올렸다. 옐친이 러시아의 작전참모와 함께 이런 군사적 작전을 꾸며낸 반면에 이 사태를 전혀 알지 못했던 이고리 이바노프Igor Ivanov 외무부 장관은 전 세계 언론에 이 사건이 실수이자 오해라고 밝혔다. 한편 옐친은 다른 정치 엘리트들과 함께 적어도 서방에 대한 외교적인 승리를 얻어냈음을 기뻐했다. 그러나 이것이 전반적으로 상처 입은 대국 신드롬을 완화할 수는 없었다. 실제로 발칸반도 갈등에서 러시아가 소외되면서 러시아 사회가 매우 심하게 흔들렸기 때문이다. 설문조사에 의하면, 사람들 대부분이 NATO의 유고슬라비아 개입을 거부했다. 러시아의 진보주의자들과 민주주의자들 사이에서도 서방은 도덕적 권위 국가로서의 후광을 잃었다. 전반적으로 상처 입은 대국 신드롬이 러시아 국가 의식의 단단한 구성 요소로 명백히 자리 잡았다. 어떤 이들은 심지어 전반적인 애국심에서 우러난 분노에서 마침내 러시아를 위한 새로운 이념을 찾았다.[28]

러시아를 강대국으로서, 심지어는 국제정치 참여자로서 인정해달라는 엘친 정부의 요구에 대해 국제사회로부터 원하는 만큼의 인정을 받지 못할수록 크렘린궁은 영광스러웠던 러시아 역사를 통해 국가에 대한 자부심을 유도하기 위해 더욱 노력했다. 이에 따라 문화 애국주의적인 이벤트와 승전 기념행사를 통해 정치적 집권을 합법화하려는 시도가 계속되었다. 그 예가 히틀러의 나치 독일에 대한 승전 50주년 기념일과 모스크바시 설립 850주년을 기념한 화려한 축제들이었다. 그중 하이라이트는 1799년 6월에 태어난 국민 시인인 알렉산드르 푸시킨Aleksandr Pushkin 탄생 200주년을 맞아 1999년에 열린 기념행사였다. 이 날의 슬로건은 푸시킨은 우리의 모든 것이었다. 그 의도는 푸시킨을 귀중한 문화재이자 러시아의 위대함을 증명하는 인장으로 만들고자 했던 것이 분명했다.[29]

## '후계자 작업'

역사적으로 중요한 행사에 모든 정치 인사들이 애국적인 공감대를 가슴에 품고 참여한 가운데 권력자들은 공식 석상에서 상호 비방을 퍼부었다. 이런 비방전은 모두에게 많은 충격을 주었고 당사자들에게는 개인적으로 고통스러운 경험이 되었다. 때는 2000년에 이루어질 러시아 지도부에 오를 후계자 작업을 준비할 시기였다. 크렘린 패밀리가 선택한 엘친 후계자 후보는 우위를 선점하고 있었고 대중에게도 잘 알려져 있었다. 하지만 결국 국민투표에서 새로운 대통령에 대한 다수의 지지자를 확보해야만 했다. 엘친은 그 누구도 아닌 당시 빌 클린턴 미국 대통령에게 이런 모든 대중조작에는 굉장히 어렵고 위험한 도전이 있었다고 털어놓았다. 클린턴 대통령은 2000년 6월 5일 옐친의 모스크바 관저에 개인적으로 방문해 그의 오랜 파트너인 보리스와 작별인사를 나누었다. 그때 옐친은 푸틴을 어둠에서 끌어내 강한 반발을 무릅쓰고 대통령 집무실에 앉히는 일이 얼마나 성공적이었는지에 대해 스스로 칭찬을 아끼지 않았다. 그의 말에 동의하며 고개를 끄덕이던 옐친의 딸 유마셰바는 클린턴의 정무비서 스트로브 탤벗Strobe Talbott에게 귓속말로 전했다. "푸틴을 이 자리에 앉히는 일은 정말 힘들었어요. 우리가 여태까지 해왔던 가장 힘든 일들 중 하나였답니다."[30]

옐친 패밀리는 이런 어려운 일을 어떻게 해냈는가? 원하는 후계자 후보를 총리로 만들고, 그를 권력의 최전선으로 바로 보내기 위해서 이 작전은 우선 정부 수뇌부의 경질을 요했다. 딸인 유마셰바 외에도 당시 대통령 행정실장이었던 발렌틴 유마셰프Valentin Yumashev와 보리스 베레좁스키, 로만 아브라모비치Roman Abramovich 같은 올리가르히 세력 등이 포함된 크렘린 패밀리는 한동안 최상의 후보자를 찾는 작업을 지속했다. 이후 옐친은 이미 오래전부터 비밀경찰 KGB의 후신인 연방보안국 FSB 국장이었던 블라디미르 푸틴을 그의 후계자로 점찍어두고 있었다고 말했다.[31]

1999년 5월 12일 프리마코프를 총리직에서 해임하면서 후계자 작업의 첫 허들을 넘었다. 물론 그 과정에서 반발이 일어났다. 옐친이 명령한 프리마코프의 해임 과정은 양측의 감정에 격랑을 일으켰다. 심지어 옐친은 이 사건 때문에 졸도하기도 했다. 프리마코프는 자신의 해임을 받아들였으나 그것의 정치적 합목적성에 대해서는 의문을 제기했다. 또한 임의의 이유를 들어 직접 사직서를 제출하라는 옐친의 제의를 거부했다. 프리마코프는 자신이 해임될 정도로 심각한 이유가 없음을 폭로하고 모든 민주주의적 관습을 거스르는 대범함을 보였다. 프리마코프는 그의 자서전에서 옐친의 행동이 크렘린 패밀리의 과도한 영향력에서 비롯되었다고 주장했다.[32] 그러나 푸틴이 프리마코프의 후임으로서 바로 총리에 취임한 것은 아니었다. 이에 대해 옐친은 당시에 전혀 알려지지 않았던 푸틴이 좋은 평판을 받고 있던 프리마코프의 후임으로 대중에게 인정받는 것을 기대할 수는 없었기 때문이라고 그의 회고록에서 설명했다. 그래서 먼저 이미 수차례 장관직을 지냈던 세르게이 스테파신Sergei Stepashin이 신임 총리로 지명되었다. 두마는 압도적인 찬성표로 스테파신을 총리로 선출했다. 그럼에도 이 신임 투표는 옐친과 크렘린 정권이 고작 세 달 후에 스테파신 해임을 의회에 상정하는 것을 막지 못했다. 그는 푸틴에게 자리를 내줘야만 했다. 스테파신의 해임은 다른 많은 사람에게도 그랬지만 특히나 당사자에게 굉장히 충격적인 일이었다. 이는 많은 비판을 야기했다. 프리마코프가 그랬듯이 스테파신 역시 옐친의 독단적인 행동 때문에 개인적으로 기분이 상했고, 자신에 대한 해임이 정치적 실수라고 주장했다. 옐친은 그의 회고록에서 실제로 스테파신의 해임에는 어떤 이유도 없었고, 그저 당시의 싸움에서 올바른 인물이 아니었을 뿐이라고 시인했다.[33] 이 싸움은 푸틴을 대통령으로 만들기 위한 지원과 관련해 예상되는 정치적 세력 싸움을 의미했다.

마지막 순간까지 스테파신의 잔류를 위해 싸우고 옐친이 푸틴을 위해 목숨을 건 정치를 하는 것을 단념시키려 했던 아나톨리 추바이스의 노력은 실패로 돌아갔다. 추바이스는 근거 없는 인사 순환이 정권의 합법성과 존속을 동시에 심각하게 해칠 수 있다고 걱정하며 직접 개입했다. 유명한 러시아 정치학자들은 그들의 눈에는 체계 없는 정권, 즉 더 이상 어떤 규칙도 따르지 않고 그렇기 때문에 어떤 통치체제로도 분류될 수 없는 정권이 생겨나면서 정치적 상황이 심각한 통제 불능의 상태에 빠져 있다고 보았다.

그러나 크렘린 패밀리는 이런 정치적 혼돈에도 전혀 흔들림이 없었고 계속해서 푸틴을 옐친의 후임으로 밀고 나갔다. 킹메이커들이 푸틴에게 기대한 것은 무엇이었나? 그들은 푸틴에게서 국내에서는 러시아의 질서를 위해, 국제정치에서는 러시아의 입지 확보를 위해 힘쓰는 강한 인물이자 통치자의 모습을 보았는가? 아니면 보안국 국장으로서 푸틴이 러시아에서 일어난 모든 일을 알고 있는 사람이고 그렇기 때문에 옐친과 그 가족들의 법적 타당성을 보장하기 위한 적임자였는가? 분명히 이런 생각들도 한몫을 했다. 옐친은 앞서 언급한 빌 클린턴 대통령과의 대화에서 푸틴에 대해 계속해서 젊고 강하다고 표현했다. 옐친은 그의 회고록에서 푸틴이 – 스테파신과 달리 – 정치적 지도자로서의 능력이 있다는 확신을 드러냈다.[34]

보안국장인 푸틴이 대통령 후보로 낙점된 적절한 이유는 여러 가지다. 그는 강력한 연방보안국인 FSB를 이끈 동시에 러시아 국가안전보장회의의 서기였다. 이런 경력을 통해 그는 뒷배경에 거대한 권력을 얻었다. 푸틴의 이력은 그의 엄청난 적극성을 의미했다. 게다가 푸틴은 계속해서 상급 관리들에 대한 최고의 충성심과 신의를 증명했는데, 당시에도 이런 점이 다시 기대되었을 것이다. 이런 푸틴의 인간성을 증명한 두 사건이 있

었다. 푸틴은 자신의 후원자이자 은사였던 상트페테르부르크 시장 아나
톨리 숍차크Anatoly Sobchak가 커다란 어려움을 겪었을 때 헌신적으로 도왔
다. 또한 푸틴은 연방보안국 국장으로서 유리 스쿠라토프Yurii Skuratov 기
소 당시 옐친 대통령이 원하는 지원을 해주기 위해 최선을 다했다. 그는
유리 스쿠라토프 검찰총장의 명예 실추를 목적으로 비디오를 제작했다.
스쿠라토프는 옐친 패밀리가 자신들의 부패를 계속 수사할까봐 두려워했
던 인물이었다. 어쨌든 푸틴은 그 비디오에 등장하는 **스쿠라토프를 닮은**
인물의 명예를 부도덕한 스캔들로 먹칠한 비디오를 만들었다. 스쿠라토
프의 도플갱어로 보이는 사람이 두 명의 매춘부와 즐거운 시간을 보내는
장면이 녹화된 비디오였다. 이 계략은 원하는 효과를 얻어냈다. 스쿠라
토프를 검찰총장 자리에서 끌어내렸고, 이로써 **옐친 패밀리**는 악몽에서
벗어날 수 있었다.[35]

## 무無에서 시작한 남자

푸틴의 선출이 그의 개인적인 성격과 성과 덕분이었는지, 아니면 옐친
패밀리가 연방보안국 국장인 푸틴을 옐친의 후임으로서 체계적으로 소상
히 조사하면서 주시했기 때문이었는지는 분명하지 않다. 레프 구드코프
와 게오르기 사타로프Georgy Satarov 같은 저명한 평론가들은 옐친 시스템이
일차적으로 보안국에 뿌리를 두고 있기 때문에, 어쨌든 연방보안국 출신
이라는 타이틀이 푸틴을 선출하는 데 결정적이었다고 주장한다. 그러나
푸틴이 선택된 것은 오히려 우연에 가까웠는데, 후계자 후보는 보안기관

출신의 어느 누구라도 될 수 있었기 때문이다.[36] 2009년 12월, 옐친의 딸 유마셰바는 다시 한 번, 왜 하필 푸틴이 아버지의 후임으로 선택되었는지 밝혔다. 그녀는 진보주의자들부터 프리마코프까지 모든 잠재적 후보자들이 더 부적합했고 선거에서 전망이 더 어두웠다고 블로그에 썼다.[37]

1999년 8월 9일, 옐친 대통령의 TV 연설에서 푸틴은 새로운 총리 후보자로 천거되었다. 게다가 동시에 옐친의 후임 대통령 희망 후보자로 소개되었다. 옐친은 추천의 근거로 푸틴에 대해 경험 많은 행정 전문가이자 새로운 유형의 인간을 대표하는 정치가라고 말했는데, 왜냐하면 푸틴은 과거와 미래 사이에서 헤맬 필요가 없기 때문이었다. 이 소식은 폭탄처럼 터졌다. 정치 엘리트 집단의 대표자들은 불신하거나 거부하는 등의 반응을 보였다. 푸틴의 KGB 출신과 관련해 그가 새로운 유형의 정치인일 수가 있냐는 의문이 제기되었다. 오히려 푸틴에게서 현대의 안드로포프를 발견할 것이라는 말이 있었다. 이는 1982년 러시아 KGB 국장에서 크렘린 정권의 최상위에 올라 엄격한 법과 질서의 정치 지지자로서 이름을 알린 유리 안드로포프Yurii Andropov를 가리키는 것인데, 즉 근본적으로 푸틴에게서 그와 다른 정치를 전혀 기대할 수 없다는 의미였다. 실제로 푸틴은 언론과의 첫 만남에서 소련의 화석 혹은 현시대의 안드로포프라는 인상을 남겼다. 언론은 푸틴에 대해 말린 상어 정도의 매력이라고 덧붙여 설명하기도 했다. 정계의 모든 저명인사들은 푸틴 임명에 대해 온갖 조롱과 모욕을 서슴지 않았다. 민주주의적 국회의원 블라디미르 리시코프Vladimir Ryzhkov는 푸틴을 그저 기교적인 총리로 보았다. 진보주의의 젊은 개혁가였던 넴초프는 몰지각한 행위라고 말했고, 공산당 당수였던 겐다니 주가노프는 치료가 시급한 병리학적 사건이라고 표현했다. 유리 루시코프Yurii Luzhkov 전 모스크바 시장은 지금 정치체제는 부조리의 극치에 다다랐다고 주장했다.[38] 이 무에서 시작한 남자에 대한 존중심이 얼마나 없었는지는 두마에서 이루어진 새로운 총리 선거에서 옐친의 총아가 당시까지 가장 적은 찬성표인 233표밖에 얻지 못했다는 사실만으로도 알 수 있었다.

 푸틴이 무에서 시작한 남자로 불렸던 이유는 극소수만이 이 새로운 총리가 실제로 누구였고 무엇을 대변했는지 알고 있었기 때문이다. 총리 임명 시점까지의 푸틴의 인생행로를 죽 훑어보면 우선 그의 특징들이 눈에 띌 것이다. 레닌그라드의 노동자 집안에서 유년기와 청년기를 보낸 푸틴은 도시의 뒷동산에서 다른 부랑아들과 함께 여가 시간을 보냈다. 레닌그라드 국립대학교에서는 법학을 전공한 다음 소련 KGB 요원이 되어 17년 동안 수습 및 편력 근무를 했는데, 그중 5년 동안은 드레스덴에서 소련의 국가보안위원회 책임자로 재직했다. 전환기 이후 푸틴은 이제 다시 상트페테르부르크라고 불리게 된 레닌그라드로 되돌아갔다. 그는 민주화 운동에 참여하고 1994년 초 상트페테르부르크 시장으로 선출되었던 푸틴의 옛 법학교수인 아나톨리 숍차크와 연락을 취했다. 푸틴은 제1부시장으로 발탁되어 시 당국에서 숍차크의 회색 추기경(막후 실력자)으로 두각을 드러냈다. 이후 1996년 선거에서 숍차크가 선거에서 패배하자 아나톨리 추바이스는 푸틴을 모스크바 크렘린궁으로 데려갔다. 1997년 3월 말, 푸틴은 대통령 총무실 부실장이 되었고 동시에 행정실 제1부실장으로 승진했다. 1998년 7월 말에는 연방보안국 국장으로 임명되었고, 1999년 3월 말에는 러시아 국가안전보장회의 서기도 연임했다. 이는 분명히 러시아

KGB 요원으로서는 굉장히 급격한 출세였다. 푸틴은 상트페테르부르크 시에서 근무할 때 국내외 경제 관계 관리자로서 사업적 능력도 키울 수 있었다. 숍차크는 민주주의와 관련해 푸틴의 멘토이기도 했다. 그러나 푸틴의 자의식에서 중요한 부분은 보안기관에서 일할 당시의 능력과 이후 다양한 기관에서 고위 기관원으로서의 활동이었다. 실제로 푸틴은 기자의 질문에 정치인이라는 그의 지위를 부인했다. 2001년 말, 그의 직업적 배경에 관한 질문에 대해 푸틴은 평범한 공무원이라고 대답했다.[39]

피오나 힐Fiona Hill과 클리포드 개디Clifford Gaddy는 자신들의 책 『푸틴: 크렘린의 요원Mr. Putin: Operative in the Kremlin』에서 푸틴의 정체성을 묻는 질문의 답을 탐색했다. 그들은 푸틴의 여섯 가지 정체성을 찾아냈는데, 아웃사이더와 자유 시장경제 추종자, 비밀경찰, 강력한 국가 숭배자, 역사 인식을 가진 인물, 생존주의자survivalist였다. 다른 저자들도 공감하는 푸틴의 아웃사이더로서의 이미지는 푸틴이 상트페테르부르크에서 온 외지인이고, 따라서 그 어떤 네트워크나 모스크바의 정치 엘리트들 그룹에 속하지 않는다는 사실을 함축하고 있다. 그들에 의하면 푸틴은 숨겨진 정체성 여섯 가지 가운데 특히 아웃사이더, 비밀경찰, 자유 시장경제 추종자라는 정체성을 크렘린궁에 입성할 때 포기했다. 당연히 이 정체성들은 정치 지도자의 특징이 아니었다. 어쨌든 이런 정체성들은 푸틴을 능력 있는 지도자, 또한 막후의 조종자로 만들어주었다.[40]

푸틴은 대선 전에 유권자들의 표를 유도하기 위해 『푸틴 자서전First Person』이라는 제목으로 출판된 세 명의 러시아 기자들과의 자전적인 대화에서 유년기와 청년기에 다양한 영향을 받았다고 진술했다. 푸틴은 레닌그라드의 뒤뜰에서 또래들과 했던 무모한 장난들이 최고의 기억으로 남아 있다고 말했다. 그가 비교적 늦게 소련공산당 청년공산주의자 연맹인 콤소몰Komsomol의 개척자로 입성한 것은 — 그가 직접 말하기를 — 길거리의 비행 청소년과 양아치로 자유로운 삶을 더 즐겼기 때문이었다. 그는 십 대에 이르러 비로소 또래 패거리들과 함께하는 작은 악당의 삶을 포기하고 강렬한 스포츠 활동에 전념하기 시작했다. 삼보와 유도의 즐거움, 그리고 그가 굉장히 존경했던 사범인 아나톨리 세묘노비치 라클린의 도움으로 푸틴은 부랑아 생활을 영원히 끝냈다.[41]

수년이 지나 2014~2015년의 우크라이나 위기 때 푸틴의 정체성에 대한 의문이 다시 제기되었다. 특히 서방세계의 관측통들은 공공연히 알려진 푸틴의 예측 불가한 성향의 뒷배경을 물었다. 그는 불량배인가, 독재자인가 아니면 고도로 숙련되고 상상력이 풍부하며 경탄할 만한 국가 지도자인가? 러시아의 반정부 정치학자인 게오르기 사타로프는 서방세계의 의견이 갖가지인 이유에 대해서 실제로는 콤플렉스로 가득 찬 작은 부랑아라는 세계적 통치자의 유형이 서구에는 알려지지 않았기 때문이라고 설명했다. 서방은 지배적 위치에 있는 독재자와 건달은 경험해봤지만 상트페테르부르크의 불량 청소년 유형은 겪어보지 못했다는 것이다.[42]

### 첩보기관의 갈퀴에 걸린 러시아

피오나 힐과 클리포드 개리가 묘사한 것처럼 푸틴은 국가보안위원회 요원으로서 실제로 마지막까지 막후의 보이지 않는 조종자로 남아 있었다. 그러나 마샤 게센Masha Gessen이 푸틴에 대해 쓴 책에서 나오는 표현처럼 이 얼굴 없는 남자는[43] 나라의 최고위직의 공식 후보로서 프로필과 입장을 공개적으로 표명해야 했고, 그의 정치 지도자적 자질에 어떤 의심도 생기지 않도록 해야 했다. 1999년 가을에 푸틴은 아직 그의 새로운 역할에서 완전히 자리 잡지 못했다. 독일의 주간지 《디 차이트Die Zeit》의 기자들은 − 2016년 2월 그들이 비판적으로 검토한 − 1999년 9월 푸틴과의 인터뷰에서 다음과 같은 인상을 받았다.

우리는 시끄럽고, 힘을 과시하고, 강압적으로 존경을 요구하는 사람이 아니라 오히려 수줍고 겸손한 남자를 만났다. 매우 절제되어 있고 움직임이 거의 조금은 서투른 느낌이었다. …… 당시 푸틴은 타고난 지도자라기보다는 오히려 첩보기관 내 깊숙한 곳의 눈에 띄지 않는 관료에 가까웠다. 그저 우연이 연방보안국의 전 국장이었던 그를 이 자리로 데리고 온 것뿐이다.

그러나 《디 차이트》 기자들은 푸틴에게서 다른 느낌도 받았다. 그들이 인터뷰 직전에 발발한 두 번째 체첸 전쟁을 언급하자 푸틴이 한순간에 난폭한 반응을 보였기 때문이다. 그들은 이렇게 추론했다.

여기에서 이미 그 당시에 겉으로는 눈에 띄지 않는 관료의 다른 측면이 보였다. 푸틴은 전쟁에 관해서는 다른 사람이 되었다. 두 번째 체첸 전쟁은 그의 출세를 위한 전쟁이었다.[44]

푸틴의 대통령 당선을 위한 준비운동은 아무도 그의 뛰어난 지도자적 자질에 대해 의구심을 품지 못할 정도로 푸틴에게 유리한 환경에서 시작되었다. 그는 캅카스산맥의 사령관으로서, 그리고 모스크바 대상 테러 공격에 대한 최고 수호자로서의 위치를 확고히 해야 했다. 그는 단호함과 용기, 엄격함을 드러내야 했다. 게다가 매력 있고 서민적인 태도도 보여야 했다. 이미지 메이커들과 정치기술자들이 물심양면으로 지원하면서 푸틴은 총리 재임 기간에 이 모든 역할을 더욱 성공적으로 수행할 수 있었다. 푸틴은 테러에 대해서는 냉혹한 모습을 보였다. 캅카스산맥에서 폭력적인 반테러 작전을 시작했고 반란군에 대해 그 어떤 격한 말도 서슴지 않았다. 푸틴은 반란군들을 화장실에서도 두들겨 패야 한다고 말했다. 이 발언은 추후 그의 서민적인 스타일에 대한 예시로 많이 인용되었다. 실제로 이런 거친 언사는 국민에게 좋은 반응을 얻었다. 국민들은 푸틴이 서민 출신이며 우리와 같은 사람이라는 인상을 받았다.[45]

푸틴은 새로운 국가 지도자로서 TV 채널 화면의 대부분을 장악했다. 무엇보다도 대중매체에서 강조한 캅카스산맥의 장군 역할 덕분에 인기가 높아졌다. 앤드류 윌슨Andrew Wilson과 미하일 지가르Mikhail Zygar에 의하면, 푸틴은 그저 가상의 정치 지도자였다. 정치기술자, 언론인 그리고 옐친에 의해 만들어진 인물이었다는 것이다.[46] 저명한 저널리스트인 레오니드 파르페노프Leonid Parfenov는 푸틴에 대해 순수한 창작품이자, 스핀닥터들과 크렘린궁이 조종하는 언론인들의 집단적인 상품이라고 말했다.[47] 어쨌든 푸틴의 지지율이 급속도로 상승해 1999년 8월의 1퍼센트에서 연말에는 52퍼센트까지 치솟았다. 앞으로 살펴보겠지만 굉장히 성공적인 통치 전략으로서 푸티니즘이 완전히 새로운 형태로 탄생하게 된 것이다. 푸틴의 독재정치는 전체정치 기술진들을 통해 구상되고 TV 화면을 통해 전파되었기 때문에, 벤 주다는 이를 비디오크라시(비디오에 의한 정치)와 텔레포퓰리즘의 시작이라고 표현했다.[48]

1999년 말, 대통령을 향한 푸틴의 길에 또 다른 중요한 포석이 성공적으로 마련되었다. 1999년 12월 초에 있을 두마 선거를 대비해 시의적절하게 통일-곰Jedinstvo-Medwed이라는 이름의 새로운 정당이 푸틴의 세력권 안에서 탄생했다. 이 정당은 결코 크렘린이 통제하는 정당이 아니라 — 엘친의 허락하에 — 부패한 정치 엘리트들에 대항하는 세력으로 인식되어야 했다. 이런 기습도 효과적인 TV 선전 덕분에 성공했다. 이 사회적 낙관주의를 표방한 정당은 공산당 다음으로 2위를 차지했다.[49]

크렘린 패밀리와 푸틴을 계속해서 성공적으로 지원하기 위해 결정적이었던 사건은 바로 공산주의 진영 다음으로 지금까지 가장 강력했던 정치 단체인, 루시코프 전 모스크바 시장이 주도해 강력한 주지사들과 함께 결성한 조국-전 러시아Fatherland-All Russia라는 품위 있는 이름의 정당이 의회 선거에서 확연히 3위로 하락한 것이다. 결국 이 정당은 계속해서 신임을 잃지 않았던 예브게니 프리마코프를 끌어오는 데 성공했다. 따라서 프리마코프가 대통령 후보로 나설 경우 크렘린의 총아에게 위협이 될 수 있었기 때문에 크렘린 패밀리는 가장 강력한 조치를 취할 수밖에 없었다. 킬러 저널리스트로 유명한 세르게이 도렌코Sergei Dorenko가 그 역할을 맡았다. 크렘린 패밀리를 비롯해 푸틴과 가까운 올리가르히이자 언론계 거물인 보리스 베레좁스키는 제1채널에 도렌코를 고용했다. 그는 조국-전 러시아 당의 지도자들을 공개적으로 망신을 주라는 임무를 받았다. 스스로를 화술의 **기관총 사수**라고 생각했던 세르게이 도렌코는 이 임무를 성공적으로 수행했다. 그는 프리마코프를 늙고 **약한 소련 시대 사람**처럼 보이게 했고, 루시코프를 일종의 마피아 두목처럼 묘사했다. 게다가 TV에서 절묘한 사진을 이용해 두 사람의 심각한 신체적 결함과 질병에 대한 소문을 퍼뜨렸다.[50] 그렇게 크렘린 패밀리는 성공적으로 정적을 물리치고 푸틴이 대통령에 한 걸음 더 다가갈 수 있도록 만들었다.

푸틴이 대통령 취임으로 가는 길에서 이 사건 다음으로 중요했던 사건은 1999년 12월 3일에 이루어진 옐친의 조기 퇴진이었다. 이 사건은 당시 총리였던 푸틴을 헌법의 힘을 통해 **대통령 권한대행**의 자리로 곧바로 올려 보냈다. 이런 직무의 이점은 대선에서 푸틴을 유리하게 만들었고 그의 입법권력을 강화했다. 푸틴은 즉시 보리스 옐친에게 면책 특권을 보장하는 행정명령을 내렸다. 한눈에 봐도 이 행정명령은 갓 선출된 대통령이 할 정치적으로 올바른 행동으로는 보이지 않았다. 실제로 이 행위에는 훨씬 더 포괄적인 의미가 내포되어 있었다. 이 행정명령은 옐친이 푸틴을 지명함으로써 비밀경찰들이 권력의 길로 진입할 수 있도록 문을 활짝 개방해준 것에 대해 고마움과 존경의 표현이었다. 동시에 여기에는 러시아가 보안기관의 인질이 되었다는 사실도 드러난다. 수년 후 보안기관의 한 고위 인사가 묘사했듯이 국가와 사회는 이제 **첩보기관의 갈퀴**에 걸리게 되었다.[51] 옐친에서 푸틴으로의 정권 위임이 협상을 기반으로 이루어졌다는 것은 앞서 언급한 행정명령뿐만 아니라 푸틴의 첫 대통령 재임 기간에 옐친 측근들이 고위직에 남아 있었다는 사실만으로도 알 수 있었다.

하지만 당연히 공식적으로는 어떤 협상의 존재도 부정되었다.

대통령 권한대행으로서 그리고 장차 옐친 후임인 최고위직 승계자로서 푸틴은 새 천년을 앞두고 밀레니엄 성명문을 발표했다. 이 글을 통해 푸틴의 세계상과 러시아의 국가적 정체성에 대한 그의 생각을 처음으로 알 수 있었다. 비록 많은 작가들이 이 성명문을 작성했을지라도 푸틴은 이것을 공식적으로 자기 것으로 만들었다. 그때까지 그 선언문은 이데올로기적 프로젝트로서의 푸티니즘을 다룬 선언문이었다. 선언문에서는 러시아의 문명적 자주성이 강조되었다.[52] 이는 포스트 소비에트 시대 초기에 유행했던 유럽주의와 대서양주의라는 흐름에서 방향을 선회했음을 상징했다. 그의 선언에서는 러시아에서 국가권력의 역할이 서구 정치 문화보다 항상 더 컸다고 강조되었다. 그렇기 때문에 러시아가 자유주의적 가치가 오랜 역사적 전통을 갖는 미국이나 영국의 복제품이 될 수 없다고 주장했다. 이 성명은 이런 서구적 가치의 거부와 국가권력의 강력한 역할의 필요성을 강조하면서 동시에 민주주의적이고 법치주의적인 러시아 헌법의 내용과 정신을 인정하지 않았다. 게다가 러시아는 항상 강대국이었고, 앞으로도 그럴 것이고, 그래야만 한다는 전반적으로 다시 만연해진 생각을 강조했다. 그리고 이런 러시아의 위상은 러시아의 지정학적·경제적·문화적 존재와의 불가분적 특징으로 정해진 것이라고 주장했다. 이 특징들이 국가의 전체 역사를 통틀어 러시아 민족의 정신력과 러시아 지도부의 정책에 영향을 미쳤다는 것이다.

이런 방식의 설명은 소련이 붕괴한 이후 탐색해왔던 국가 정체성을 차르 시대와 소련 시대의 제국적 사고방식을 받아들이면서 비로소 찾았다는 것을 시사한다. 또 이 성명문은 역사적으로 이어받은 러시아의 정체성이 현재 위협받고 있다고 주장한다. 러시아가 2인자, 심지어는 3인자의 위치로 내려앉을 위기에 처해 있고, 이를 막기 위해서는 우선 국력을 키워야 한다고 말이다. 그리고 이런 위기는 또한 러시아인들에게 맞서 싸워야 할 변칙이 아니라 오히려 반대로 모든 변화의 질서, 발기인, 동력 등의 원천이자 보증이라는 것이다.[53]

푸틴은 이 성명문으로 강력한 국가의 신봉자이자 강대국 이념의 신봉자로서 확실히 입지를 다졌다. 게다가 이 텍스트는 의견 표출의 자유와 자유로운 기업가 정신의 보편적 가치를 인정하는 내용을 담고 있었다. 이로써 이 성명문은 약간 더 현대적인 모습을 띠었다. 그뿐만 아니라 냉전의 모든 이데올로기적 대립을 넘어서는 보편적인 법적 기조와 인권의 의미로서 인류 보편적인 가치에 대한 고르바초프의 비전이 다뤄졌다. 이 밀레니엄 성명문에 대해 굉장히 엇갈린 반응들이 나타났다. 푸틴의 성명문에 대한 고르바초프 개인의 반응은 별로 흡족하지 않은 듯 보였다. 그는 그 성명문에 대해 상투적인 말들이 난잡하게 나열되어 있고, 단순한 절충주의에 불과하며, 체계가 없다고 비판했다.[54]

### 계획적으로 만들어진 새로운 대통령

푸틴은 개인적으로 선거전에 관여할 생각이 없었다. 따라서 스핀닥터와 정치기술자들이 그 일을 떠맡게 되었다. 이때 가장 중요한 역할을 한 조직은 그렙 파블롭스키와 그의 싱크탱크인 효율적인 정치를 위한 재단이었다. 이미 1996년의 대선에도 참여한 바 있는 노련한 이미지 메이커인 파블롭스키는 푸틴 프로젝트를 실행하고 대중에게 푸틴에 대해 카리스마 있는 정치인이자 국가 지도자 이미지를 전달하라는 임무를 받았다. 이 목적을 달성하기 위해서는 옐친 집권 아래에서 차츰 사라져갔던 국가 지도자를 숭배하는 분위기가 전국적으로 조성되어야 했다.[55]

선거를 앞두고 언론에서 다룬 푸틴의 성격 분석은 완전히 의도적으로 옐친의 입맛에 맞게 재단되었다. 그 결과, 푸틴은 이성, 관철력, 책임감, 직설적 성정, 강인함, 젊음, 건강함 등의 이미지로 비쳤다. 푸틴의 바람직한 이미지는 대중에게 좋은 반응을 얻었다. 거기에 푸틴의 대체 불가능성에 대한 파블롭스키의 선전 활동이 더해졌다. 이 트릭은 1996년 대선 때도 크렘린 연출가들이 성공시킨 바 있다. 비판적인 평론가들은 이런 작전의 성공이 많은 유권자들이 여전히 소련 시대에 머물러 있음을 보여준다고 말했다. 국민들은 크렘린에서 정해준 후보를 낡아빠진 태도로 수용했을 뿐만 아니라 그를 명목상의 민주 선거를 통해 인정하기까지 했다.[56]

푸틴의 선거 홍보가들은 크렘린궁 입성 후보자의 이미지를 개선하기 위해 결국 또 다른 비책을 꺼내들었다. 푸틴은 도시적이고 세계주의적인 인물로 등장해야 했다. 이런 이유로 푸틴과 그의 아내였던 류드밀라 Lyudmila는 당시 토니 블레어 신임 영국 총리와 그의 부인 체리를 상트페테르부르크의 전통 있는 마린스키 오페라하우스의 성대한 오페라 공연에 초대했다. 이는 언론의 많은 주목을 받았다. 블레어 총리는 러시아를 입에 침이 마르도록 칭찬했다. 그는 러시아를 법과 질서가 지배하는 강력한 국가라고 표현했고 민주적이고 자유로운 국가라고 말했다. 블레어 총리의 이런 반응은 모든 러시아의 기대 이상이었다. 크렘린 연출가들은 이 영국 총리에게서 푸틴의 이상적인 롤모델로서의 모습을 발견했는데, 블레어 총리가 강력한 국가 지도자와 친절하고 국제 감각이 있는 정치가의 장점들을 모두 갖추고 있었기 때문이다. 크렘린은 블레어 총리를 따라 푸틴의 이상적인 모습으로서 터프가이이자 국내에서는 엄격한 남자다운 대통령, 해외에서는 친절하면서도 똑똑하고 자신감 있는 스마트 가이를 추구했다.[57]

예술적으로 빚어진 푸틴의 이미지는 유권자에게 효과를 발휘했다. 공산당 당수인 주가노프가 29퍼센트를 얻은 반면에 푸틴은 2000년 3월 26일 선거 첫 출격에 약 53퍼센트의 득표율을 얻었다. 사회학자들은 질서 유지자로서의 푸틴의 이미지가 결정적인 역할을 했다고 생각한다. 게다가 옐친 시대에 상처받은 국가 자존심에 대한 앙갚음의 감정도 더해졌다. 그렇게 상처받은 강대국 신드롬도 푸틴의 지지율에 기여했다. 푸틴의 승리는 상당 부분 스핀닥터와 정치 자문가들의 노련한 작업 결과였다. 여기에 크렘린 패밀리와의 긴밀한 유대관계를 유지한 신임 대통령 행정실장 알렉산드르 볼로신Alexander Voloshin은 재능 있고 활력이 넘치는 유력 인사였다. 파블롭스키와 볼로신, 그리고 새로운 동료인 블라디슬라프 수르코프Vladislav Surkov는 푸티니즘과 통제된 민주주의가 확립하는 데 크게 기여했다. 이러한 푸틴 숭배와 조작된 대선을 직접 관찰한 저널리스트 세르게이 마르코프Sergei Markov는 2000년 3월 2일 ≪네자비시마야 가제타Независимая газета≫의 한 기고문에서 통제된 민주주의라는 용어를 사용했고, 이후 이 표현은 널리 사용되었다.

언론에서 통치 전략으로서의 푸티니즘은 옐친에서 푸틴으로의 권력 이양 과정을 의미하는 후계자 작업과 함께 첫 시험대를 통과했다. 새로운 강한 지도자에 대한 유권자들의 희망과 더 나은 미래에 대한 기대가 성공적으로 작용했다. 반면에 2000년 2월 다보스 포럼에서 한 미국 저널리스트가 던진 미스터 푸틴은 누구인가?Who is Mister Putin?라는 질문에 대한 진지한 답변은 없었다. 그 질문에 대한 답변의 일환으로는 푸틴이 성공한 유도선수로 보이는 사진이나 캅카스 지역에서 전투 폭격기 조종사로서 직접 미사일을 발사하는 신빙성 있는 사진들이 제시되었다. 이는 푸틴에 대해 러시아 영토를 보호하는 강력한 지도자로서의 이미지를 만들어냈다. 법의 독재라는 의미의 민주주의에 대한 푸틴의 연설도 같은 방향을 겨냥했다.[58] 이 연설에서 민주주의는 엄격한 법률에 근거한 강력한 국가의 이념으로 전락했다. 의도적인 어폐가 있는 단어 선정은 질서와 법적 안정성의 새로운 시대에 대한 희망을 일깨웠다. 더 나은 미래에 대한 전망은 실제로 전혀 나쁘지 않았다. 1999년에 다시 국제 유가가 대폭 상승했기 때문이다. 이는 이미 1999년에 시작된 러시아 경제의 재부흥을 위한 전제조건이었다.

옐친 시스템에서 푸티니즘으로 넘어가는 과도기를 총평하면, 비공식적이고 불투명한 정치적 의사 결정 과정과 경제와 정치의 긴밀한 결합이 두드러진다. 헌법의 의미와 관련한 불안정성도 두드러진다. 정치인들은 러시아 헌법의 근본 원칙을 이해하지 못했거나 의도적으로 틀리게 해석했다. 절차의 안정성을 보장하면서도 정치적 경쟁의 출구를 마련해두어야 하는 민주주의의 근본 핵심은 짓밟혔다. 총선이나 대선의 결과로 발생하는 권력 정세의 변화는 더 이상 상상할 수 없었다. 정치기술을 이용하고 미디어에 대한 영향력을 키웠으며 야권으로의 권력 이동을 막기 위해 점점 더 많은 수단을 동원했다. 결과는 성공적이었다. 하지만 비평가들에게 가장된 민주주의 혹은 비자유적인 민주주의라고도 불리는 통제된 민주주의라는 큰 대가를 치러야 했다.

2000×2007

—

## 시스템

—

강력한 대통령과 비공식적 다원주의

크렘린 패밀리의 지시를 받은 정치기술자들은 러시아의 새로운 지도자를 화려하게 데뷔시키고 옐친에서 비밀요원 출신의 푸틴으로 권력을 평탄하게 위임하는 임무를 성공시켰다. 이때부터 푸티니즘은 정치권력의 근거로 두고 권력을 주장하기 위한 새로운 방식의 정치적 통치 전략으로서 점차 생겨나기 시작했다. 이 장에서는 새로운 정치적 지도부가 어떤 동기와 방식으로 옐친의 결손 민주주의를 통제된 민주주의로 바꿨는가 하는 문제를 다룰 것이다. 또 1990년대의 경쟁하는 올리가르히들 내부에서 국가의 진정한 정치적 의사를 결정했던 비공식적 다원주의는 얼마나 존속되었는가?

## 통제된 민주주의와 크렘린 주식회사

통제된 민주주의라는 용어는 이미 푸틴의 첫 번째 대통령 임기부터 많이 사용되었고, 이 개념은 수직적 권력power vertical이라는 용어처럼 빠르게 호응을 얻으며 확산되었다. 처음에는 개혁들이 종합 계획을 토대로 이루어졌는지, 혹은 질서 의지와 즉흥성이 혼합되어 차차 생겨났는지 불분명했다. 그러나 곧 이웃 국가에서 일어난 테러나 민중 시위 등 위협적인 사건들이 새로운 크렘린 정권의 권위주의적인 방어 행동을 유발하는 데 상당 부분 기여했다는 것을 알 수 있었다. 푸틴이 모스크바로 데려온 많은 비밀경찰을 고려하면, 열려 있는 민주주의적 절차의 신뢰보다 오히려 중상모략이 그들의 생각과 행동을 지배했다는 가정은 틀린 것이 아니었다. 이런 상황은 푸티니즘의 계속되는 상승세를 권위주의적인 체제의 심화로 설명할 수 있을 것이다. 또한, 붕괴되는 국가를 다시 통일하고 강화하려는 순수한 노력의 과정에서 푸틴 대통령이 여러 덫에 놓여 있던 독재의 유혹에 걸려 넘어졌다고 생각할 수도 있다. 예를 들어 비밀경찰과 정치기술자로 구성된 새로운 지배 세력이 언론과 의회, 정당들을 과도하게 엄격히 통제해 생겨나는 부정적인 영향들이 옳다고 생각하지는 않았을 것이다. 아마 그들도 기껏해야 권력의 강한 개인화가 강한 국력으로 그럴듯하게 꾸며져 보일 수 있다고 생각하지는 않았을 것이다. 그러나 현실에서는 선동적인 기술과 극단적인 지도자 숭배를 조장했다.

푸티니즘이 실제로 통치체제로 발전하게 된 것은 옐친 시대의 기본 특징과 연관되어 있다. 바로 초대통령중심제와 과두적 자본주의다. 모든 것을 능가하는 대통령의 권위에 대한 오해가 계속되었다. 러시아 작가들에 의하면 푸틴 때문에 단일 중심 체제가 생겨났다. 전문 관측통들은 그럼에도 완전한 1인 독재 체제는 말도 안 된다는 것을 알고 있었다. 오히려 푸틴 대통령은 정치적으로 결정해야 할 사안들에 대해 처음에는 잔류해 있던 옐친의 측근들과 상의했고, 나중에는 상트페테르부르크에서 데려온 최측근들과 상의했다. 그들이 하나의 이너서클, 즉 비공식적인 권력 카르텔을 형성했다. 어떤 이들은 그것을 푸틴 신디케이트, 크렘린 주식회사 혹은 새로운 정치국이라고 불렀다. 권력 시스템의 불투명한 속성은 계속해서 늘어났다. 과두적 자본주의는 푸틴 측근 출신의 올리가르히들이 옐친 시대의 재력가들과도 잘 어울렸다는 점에서 예전과는 달랐다. 정경 유착은 이 시스템의 중심적인 기본 구조로 남았다.

푸틴을 성공적인 옐친의 후계자로 설계할 때와 마찬가지로 그를 새로운 국가원수로 각인시키고 선전할 때도 크렘린 연출가와 정치 자문가, 스핀닥터, 서양식으로 Prciki public relations agents라고도 불리는 홍보 전문가들이 대통령 행정부의 고위 공직자들과 함께 중요한 역할을 수행했다. 이때 선두에 섰던 사람들은 2003년 6월까지 대통령 행정부 실장을 지낸 알렉산드르 볼로신과 1999년 3월부터 2011년 말까지 대통령 행정실 제1부실장으로 재임한 블라디슬라프 수르코프였다. 볼로신은 본래 옐친의 경제 자문가였다. 그는 옐친 패밀리와 긴밀한 관계를 유지했고, 행정실 실장으로서 다양한 비공식적 크렘린 그룹들 사이의 실세로 명성을 떨쳤다. 수르코프는 볼로신의 추천으로 이 새로운 직위에 오르게 되었다. 이미 그 전에 그는 홍보 전문가로서 특히 미하일 호도르콥스키가 경영했던 석유기업 유코스 Yukos에서 근무했었다. 수르코프는 새로운 크렘린 정권이 요하는 정치기술적인 측면에 안성맞춤인 인물이었다. 향후 그는 통제된 민주주의의 건축가이자 대통령 설계자가 되었다. 특히 창의적인 연출 덕분에 위에서부터 통제되는 정치적 다원주의를 확립할 때는 정치 조작의 천재로, 새로운 가치 세계를 선동할 때는 국가적 주요 관념가로 통했다.

푸틴 시스템의 특징은 여러 가지 매우 다양한 요소를 통해 형성되었다. 새 대통령의 직무 이해도와 정치적 정체성, 17년 동안 국가보안위원회 근무를 통해 얻은 사고방식, 그의 정치기술 자문가들의 연출, 보안기관과 옐친 패밀리 출신의 조력자들, 젊은 대통령의 국내 정치와 세계적 무대에서의 첫 경험 등이었다. 실제로 푸틴의 정체성과 그의 정치 신조는 오랫동안 불분명한 상태였다. 2000년 3월 대선에서 크렘린 연출가들은 푸틴을 진보적 정치인인 동시에 권위주의적 통치자의 모습으로 연출했다. 이런 이중적인 연출은 매우 성공적이었고, 즉시 푸틴은 첫 번째 선거에서 52.9퍼센트의 득표율로 승리를 거두었다.[1]

푸틴의 대통령 취임 무대는 매우 화려하게 꾸며졌다. 취임 무대의 사회자는 매우 의도적으로 차르와 소련 시대, 포스트 소비에트 시대의 상징들을 빌려왔다. 그리고 푸틴을 러시아 전체 역사 그 자체인 것처럼 묘사했다. 카메라는 푸틴을 위로, 관중석을 아래로 내려다보듯이 찍음으로써 푸틴에 대해 숭배 인물이자 유일무이하고 부인할 수 없는 지도자 이미지를 구축했다.[2] 새로운 시대의 시작과 독재국가의 탄생이 선포되었다. 화려한 취임식뿐만 아니라 특히 처음으로 물러나는 대통령과 새로 취임한 대통령이 러시아 최고위직의 정권 이양 과정이 민주적이었다는 것을 찬양한다는 점이 눈에 띄었다. 그러나 사실상 옐친에서 푸틴으로의 권력 이양이 조작되었기 때문에 이는 냉소적인 그로테스크나 다름없었다. 따라서 푸틴 대통령 집권의 시작에 대해 러시아 사회에 대한 커다란 사기극이라는 오명이 따라붙었다. 이와 관련해 2000년 5월 11일 사회학자 유리 레바다Yuri Levada는 러시아 일간지 ≪네자비시마야 가제타≫에 기고문을 보냈다. 그를 비롯한 다른 비판가들은 사회가 순종적인 태도를 보이는 것은 술수가 만연한 프로파간다에 빠르게 굴복해버리는 소련 시대 국민의 성향이 여전히 우세하기 때문이라고 주장했다.

**얼굴 없는 남자**

푸틴의 정치적 정체성은 오랫동안 불분명했다. 푸틴 스스로도 그의 출신에 대해 겸손한 공직자라고 말했고 정치가로서의 신분을 강하게 부정했다. 2006년 9월에도 푸틴은 자신에 대해 아직 정치 분야에서 경력도 없고 정치적 교육도 받지 않았기 때문에 전형적인 정치가는 전혀 아니라고 말했다. 그의 집권기 초반 수년 동안 그는 스스로의 정체성을 관리자 대통령, 국민이 뽑은 러시아라는 대기업에 고용된 관리자라고 주장했다.[3] 푸틴의 주장은 기술 관료적 사고와 기업의 이익을 반영했다. 동시에 푸틴은 이런 방식으로 역대 대통령들의 군주적인 행태와 차별성을 두었다. 그는 처음부터 민주주의를 불신했는데, 민주주의가 국가에 혼란을 일으키거나 최악의 경우에는 국가 자체를 해산할 수도 있다고 두려워했기 때문이다. 이런 생각에는 고르바초프의 정치적 자유화에 따른 소련 붕괴의 트라우마도 기여했다.

민주주의라는 사치는 경제가 안정된 후에 즐겨도 늦지 않다고 푸틴은 반복해서 말했다. 그렇게 민주주의를 유보했음에도 불구하고 푸틴은 계속해서 말뿐인 민주주의, 심지어는 유럽 통합의 가치를 절대적으로 외치기도 했다. 반대로 푸틴은 강력한 국가의 건설과 특히 러시아의 국가적 지위 회복을 미룰 수 없는 과제로 내세웠다. 국가 경제와 국제사회에서 러시아의 지위를 강화하려는 그의 목표도 마찬가지였다.[4]

민주주의를 믿는다는 푸틴의 말은 모순과 불안정성을 매우 명백히 보여주었다. 이에 대해 한 기자는 다음처럼 묘사했다. "한쪽에서 보면 그는 진보주의자이지만, 뒤집어 보면 볼셰비키이고, 또 한 번 뒤집어 보면 반공산주의자다."[5] 사회학자들은 푸틴에게서 일관된 세계상을 찾아내려는 헛된 노력을 했다. 그들은 푸틴의 얼굴 뒤에서 그 어떤 이념도, 프로그램도 찾을 수 없었다. 그곳에는 그저 빈껍데기만이 있었을 뿐이다. 따라서 그들은 **규정되지 않은 대통령** 유형과 러시아 지도부의 **절충적 사상**이라는 용어를 사용하게 되었다.[6]

보리스 카갈리츠키Boris kagarlitskii는 2001년 8월 영자 신문 ≪모스크바 타임스The Moscow Times≫에 "얼굴 없는 남자"라는 제목의 글을 게재했다. 그는 푸틴의 지지율이 지속적으로 높은 것은 사람들이 일단은 대통령직의 권위를 존중하기 때문이고 푸틴의 성과나 사람 그 자체를 따르는 것은 아니라고 설명했다. 또한 이 사회학자는 옐친이 자신의 성격으로 정치적 색깔과 영향력을 퍼트리며 사람들이 사랑하거나 증오한 정치인인 반면에 푸틴은 그보다 매력적이지 않고 표정도 없어 보이며 대통령 직무에 딸린 장신구에 불과하다고 주장했다. 이 새로운 대통령을 처음부터 국가적 지도자로 연출하려던 푸틴의 이미지 메이커들의 노력은 비판적인 사회학자들에게는 전혀 통하지 않았고 오히려 그 반대였다. 카갈리츠키는 오늘날 러시아에는 지배자라고는 전혀 없고 기껏해야 관리자의 관리자가 있을 뿐이라고 말했다.[7]

## 언론 장악

푸틴이 대중 앞에 등장할 때 그가 스스로 만든 **정치 교육의 부족**이라는 이미지 때문에 당연히 이제야 대중 정치인의 기본 중 기본부터 차근차근 익혀야 한다는 점이 고려되었다. 처음에는 푸틴이 실전에 투입되어 일을 배워가는 것에 어려움이 있었는데, 특히 그의 뒷배를 봐주던 스핀닥터들이 갑자기 물러났을 때 그랬다. 그중 한 예가 잠수함 **쿠르스크호**에 일어난 재앙이었다. 2000년 8월 **쿠르스크호**가 바렌츠해에서 침몰하는 순간에 푸틴은 흑해에서 휴가를 즐기고 있었고, 며칠이 지나도록 재해 현장을 방문하거나 어떤 형식으로든 관심을 표현해야 할 필요성을 느끼지 못했다. 이런 푸틴의 행동을 언론은 신랄하게 비판했다. 푸틴의 지지율도 일시적으로 10퍼센트 감소했다. 푸틴 대통령은 118명의 사망자들의 격분한 유가족들을 만나기 위해 무르만스크로 갔을 때, 자신의 실책으로부터 관심을 돌리기 위해 언론의 잘못된 보도를 비난했다.[8] 얼마 지나지 않아 그는 언론에 대한 국가의 통제력을 높이는 **정보보안 독트린**을 가결했다.

푸틴은 예나 지금이나 자신에 대한 공개적인 비판을 용인하지 못한다. 스피팅 이미지spitting image를 본 떠 제작된 TV 풍자쇼 〈쿠클리Kukly(인형)〉는 옐친 대통령 시절에는 많은 사랑을 받았다. 그 쇼에서 옐친은 항상 희화화되었지만 그는 그것을 용인했다. 이제 푸틴이 그 야유의 대상이 되자 푸틴은 곧바로 공황상태에 빠졌다. 예를 들어 푸틴은 자신이 에른스트 호프만Ernst Hoffmann의 『키 작은 차헤스Klein Zaches』에서 탄생한 인물에 비유되어 웃음거리가 되는 것을 참지 못했다. 난쟁이 차헤스는 푸틴의 아담한 신장만을 비꼰 것이 아니었다. 이 풍자쇼는 크렘린에서 조작된 권력 이양을 분명히 지적했다. 이에 푸틴은 격노했던 것으로 보인다.[9] 그는 자신에 대한 공개적인 조롱을 금지하기 위해 온갖 수단을 동원했다.[10]

미디어, 특히 국영 채널을 엄격히 통제하려는 푸틴의 욕망은 그것이 끝이 아니었다. 그는 자신과 자신의 정책에 대한 그 어떤 비판도 수용하지 않았다. 푸틴이 자유로운 언론에 전반적으로 굉장한 불신을 가졌던 것은 아마 비밀경찰의 전형적인 반응이었을 것이다. 유명한 저널리스트 예브게니 키셀료프Evgeny Kiselyov에 의하면, 푸틴이 이런 반응을 보인 것은 우선 푸틴이 대통령실에서 조종하는 인위적인 대통령이었기 때문이다. 실제로 푸틴은 이미 의회에서의 첫 담화에서 모든 민간 자본으로 굴러가는 미디어들을 대량 허위정보의 수단이자 국가에 대항하는 수단이라고 표현했다. 푸틴의 시점에서는 그런 국가의 적들이 시급히 이루어져야 할 강력한 국가의 건립을 방해했다. 그래서 크렘린은 즉시 사법기관의 도움을 받아 모든 독립적인 전자 매체의 라이선스를 빼앗기 시작했다. 첫 번째 목표는 언론 거물인 보리스 베레좁스키와 블라디미르 구신스키가 소유했던 대형 TV 채널 ORT와 NTV였다. 세무경찰은 우선 미디어 그룹인 미디어 모스트를 이끌고 있던 구신스키를 압박했고 그를 탈세 혐의로 구속했다. 그리고 나서 러시아 정부는 그와 뒷거래를 했다. 구신스키는 미디어 모스트의 지분을 채권자인 독점가스회사 가즈프롬에 매각하는 데 동의하는 조건으로 러시아를 떠날 수 있었다. 그렇게 크렘린은 채널에 대한 통제권을 손에 쥐기 위해 최대 국영기업을 동원했다.[11]

구신스키에 대한 압제의 직접적인 동기 중에는 NTV가 대선 싸움에서 푸틴을 지원하지 않았던 것에 대한 복수심도 분명히 있었다. 베레좁스키는 그가 소유한 채널인 ORT에서 **쿠르스크호** 사건에서의 푸틴의 실책을 맹렬히 비판해 푸틴의 분노를 불러일으켰다. 이에 푸틴은 심지어 ORT의 경영권을 직접 넘겨받으려 했고, 이를 베레좁스키에게 강요했다.[12] 이 일은 이 신임 대통령이 당시 TV의 정치적 전능함을 얼마나 확신했는지를 잘 보여준다. 실제로 푸틴은 정치적으로 발돋움할 때 전자 매체가 지닌 영향력의 많은 도움을 받았다. 미디어 거물인 베레좁스키는 푸틴과의 갈등에서 패배했다. 베레좁스키는 ORT에 대한 자신의 지분을 매각하도록 강요받았다. 매입자는 크렘린 패밀리와 긴밀한 관계에 있던 올리가르히인 로만 아브라모비치였다. 베레좁스키 역시 구신스키처럼 해외로 도피했다. 기자들이 베레좁스키에게 왜 하필이면 옐친의 후계자로서 푸틴을 비호했는지 질문했을 때, 그는 달리 더 좋은 대안이 없었기 때문이라고 조심스럽게 인정했다. 이 발언은 이후 옐친의 딸 유마셰바가 했던 다른 모든 후보자들이 더 나빴기 때문이라는 발언과 유사하다.

실제로 푸틴 정부는 모든 TV 채널을 차츰차츰 순종적으로 만드는 데 성공했다. TV 채널들은 크렘린의 프로파간다 도구로 확대되었다. 푸틴에 대한 비판이 결여되어 있을 뿐만 아니라 오히려 푸틴과 정부를 위해 끊임없이 선전해주는 평행 우주가 생겨났다. 진보 정치가 블라디미르 리시코프는 국가 의식이 매일매일 시시각각 TV의 영향을 받으며 조작되고 있다고 당당히 비판했다.[13] 이는 푸틴의 지속적인 높은 지지율을 바탕으로 여론이 대통령을 향하도록 주도면밀하게 선동했음을 의미한다. 이 현상에 대해 앤드류 윌슨은 방송 채널들의 전면적인 주도로 선전국가가 형성되었다고 설명했다. 이를 두고 벤 주다는 앞서 언급했듯이 텔레포퓰리즘과 비디오크라시라는 용어를 사용하기 시작했다. 크렘린의 목표는 스크린의 도움으로 대중에 대한 통치권을 장악하는 것이었다.[14]

## 수직적 권력: 지방 및 정당 통제

푸틴이 강력한 국가를 건립하고 싶어 했던 이유는 바로 옐친이 집권할 당시에 권력이 중앙에서 지방으로 얼마나 많이 옮겨갔는지 누구보다 잘 알고 있었기 때문이다. 지방은 모스크바의 지시를 무시하고 그들만의 법안을 결의했다. 푸틴은 옐친 대통령 시절 대통령 총무실의 부실장으로 일하면서 러시아의 이런 급격한 분권화 과정에 대해 통찰력을 얻었다. 그래서 최대한 빨리 지방들을 다시 모스크바의 중앙권력에 예속시키는 일을 중요하게 생각했다. 이를 위해 푸틴은 새로운 수직적 권력구조를 구성하기 시작했다. 대통령이 임명한 전권위원을 7개 연방관구로 파견해 지방 권력을 국가의 통제 아래에 두는 것이 개혁의 핵심이었다.[15] 이는 일석이조의 효과를 가져왔다. 하나는 주지사들이 대통령 지역 전권위원의 통제를 받게 된 것이고, 다른 하나는 지금까지 강력했던 지방정부의 수반들이 연방의회 하원(두마)과 연방평의회에서 의석을 잃은 것이다. 새로운 전권위원들은 특히 차르 시절 총독을 떠올리게 했다. 전권위원 7명 가운데 5명은 장군 출신이었고, 새로운 연방관구들은 대부분 러시아의 군관구이기도 했다. 두 가지 특징 모두 정치의 군국화를 상징했다. 게다가 다른 모든 국가기관 상위에 있는 크렘린의 엄격한 지휘체계였던 수직적 권력은 헌법에 기반한 권력분립의 원칙을 위반했다.[16] 정치적 갈등이 있을 때 협상을 하는 옐친식에서 소련식 명령행정 시스템으로 불리는 새로운 고르바초프식으로의 갑작스러운 변화는 예상하지 못한 일이었다.

새로운 크렘린 지도부 시각에서는 지방 장악 — 이른바 권력의 개혁 —

을 통해 그토록 바라던 강력한 국가에 어느 정도 더 가까워졌다. 이제 남은 일은 정당과 협회처럼 사회적 기관들 또한 이런 수직 구조에 편입시키는 것이었다. 이 임무는 당시의 정당들이 인위적으로 만들어졌고, 그래서 빠르게 개편될 수 있었다는 점에서 어려운 일은 아니었다. 사회적 가치로 인해 사회적 정당으로 여겨졌던 러시아연방공산당이나 더 소규모의 민주정당들과 달리 인위적인 정당들은 설립 목적이 관료주의적인 데다가 사회적으로 인정받지도 못했기 때문에 행정상의 정당으로 불렸다.

2003년 대선을 앞두고 통일-곰당과 조국-전 러시아당이 합당해 새로운 정당인 통합 러시아당이 출범했다. 그것이 당시의 새로운 권력당이었다. 공산당의 득표율이 13퍼센트로 추락한 반면에 통합 러시아당은 선거에서 거의 38퍼센트를 득표했다. 블라디미르 지리놉스키Vladimir Zhirinovskii의 러시아자유민주당은 11.6퍼센트를 얻었고, 공산주의 유권자들의 표를 얻기 위해 크렘린이 창당한 또 하나의 국가주의 정당인 로디나('조국'이라는 의미)당은 단번에 9.07퍼센트의 득표율을 차지했다. 소규모 민주주의 정당인 야블로코('사과'라는 의미)당과 진보주의 정당 우파 연합은 봉쇄 조항인 5퍼센트를 넘기지 못했다.[17]

크렘린이 통합 러시아당을 위한 의석을 충분히 확보하고, 로디나당과 러시아 자유민주당 등 위성 정당들의 분명한 지지에 만족하지 않고 더 많은 의석을 확보하려고 노력한 것은 새로운 권위주의적 추세에 전형적인 일이었다. 두마가 구성되자마자 많은 독립적인 직접 후보들 가운데 많은 수가 공공연히 새로운 권력당의 교섭단체에 포섭되었다. 이런 방식으로 정치적 지도부는 68.01퍼센트라는 비현실적인 득표율을 거두었다. 이는 입법할 수 있는 과반수에 해당하는 득표율이었다. 공산당은 450석 가운데 52석을 차지하면서 훨씬 뒤떨어졌다. 성공을 거둔 통합 러시아당은 선행 조직인 통일당이 그랬던 것처럼 집권당이라는 별명을 획득할 수 있었지만 내각 구성이나 정치적 결정 같은 사안에서는 철저히 배제되었다. 누구도 이 거짓 명칭에 불만을 드러내지 않았다는 것은 통합 러시아당이 크렘린의 통제 아래에 있었다는 사실을 분명하게 보여준다. 의회는 곧 크렘린에서 나온 법안을 동의하는 기계로 전락했다. 실제로 두마는 행정부의 일부에 불과했다.[18] 의회와 정당을 수직적 권력구조에 성공적으로 통합하려던 정치 지도부의 목표는 성공적이었다. 그러나 과연 이런 방식을 통해 실제로 정부 시스템이 그렇게 열망했던 강력한 국가에 가까워졌을까? 그 부분은 의심스럽다. 오히려 효율적이고 견고한 정권을 위해 필수적인 사회적 피드백이 확연히 어려워졌기 때문이다.

### 충성심 증명: 국민 담화 시간과 올리가르히의 충성

권위주의적인 정치 문화는 국가 지도자와 국민들의 직접 대담이 도입되기에 적합했다. 푸틴과 시민사회 사이에 대화를 마련하자는 아이디어는 2001년에 나왔다. 이 제안은 인권 단체 메모리얼과 모스크바 헬싱키 그룹 같은 저명한 비정부기구 대표들이 첫 시민 포럼에 초대받으면서 민주주의 형태로 시작되었다. 이후 이 포맷은 대통령과 모든 국민이 최신 기술을 이용해 소통하는 다이렉트 라인으로 변모했다. 이후 시민과의 대화는 정례적인 행사가 되었다. 몇 시간 동안 이루어지는 담화에서 주로 다루는 주제는 소시민의 일상적인 사안들이었다. 그리고 이 대화는 - 당연히 사전에 선별된 - 다양한 질문에 막힘없이 훌륭한 답변들을 내놓으면서 훌륭한 기술 관료적인 관리인으로서의 역할을 증명할 수 있는 현대 지도자의 화려한 자기과시 시간이기도 했다. 그러나 근본적으로는 국가 지도자와 국민들이 정치적으로 소통하는 원시적인 형태였다. 그래서 현대적 기업가의 이미지보다는 민생을 돌보는 차르의 이미지가 생겨났다.[19]

대통령과 국민들이 관례적으로 서로에 대한 충성을 맹세하는 데 비해 푸틴과 재계 지도자들, 이른바 올리가르히들과의 관계에는 오히려 긴장감이 더해졌다. 이 관계에서 충의는 특히 크렘린에 대해 기업가들이 갖는 필연적인 채무와 같은 것이었다. 새로운 크렘린 지도부와 대기업가들의 관계가 중세 시대 봉건국가의 영주와 봉신의 신의 관계와 비교된 것은 우연이 아니었다. 실제로 이는 2000년도 여름에 푸틴이 가장 유명한 올리가르히들을 **샤슬릭 파티**Shashlik Party로 역사에 이름을 남긴 모임에 초대하는 것에서 시작되었다. 이때 푸틴은 아직 옐친 패밀리의 전폭적인 총애를 받던 재계 거물들과 비공식적인 합의를 했다. 푸틴은 그들에게 자신이 그들의 기업을 건드리지 않는 대가로 그들의 정치적 영향력을 포기하고 자신에게 절대적인 복종을 맹세할 것을 넌지시 암시했다.[20] 이런 거래는 명백히 국가권력과 재계 거물들의 새로운 관계의 시작을 의미했다. 또한 크렘린은 재계 리더들이 함께 설립한 러시아산업경영인연합RSPP을 국가 경제 분야의 하급 동업자로 인정했다.

이런 개혁은 푸틴이 과두적 자본주의를 극단적으로 핍박하려는 노력을 하지는 않았다는 것을 의미한다. 그는 적어도 모든 재계 거물들을 똑같이 대할 것이라고 확언했다. 그러나 얼마 지나지 않아 푸틴이 가용 자산을 전적으로 그의 주변 인물들에게 유리하게 분배하려고 한 사실이 밝혀졌다. 그중에는 다수의 오랜 지인들과 친구들, 보리스Boris와 아르카디 로텐베르크Arkadi Rotenberg 기업가 형제, 게나디 팀첸코Gennadi Timchenko 같은 상트페테르부르크에서 함께 일한 동료들도 있었다.[21] 유리 코발추크와 블라디미로 야쿠닌 등 다차협동조합 오제로Ozero 출신의 동료들도 마찬가지였다.[22] 반정부 성향의 정치인 안드레이 피온트콥스키Andrei Piontkovski는 푸틴이 마치 옛날 봉건시대 군주처럼 봉신들에게 특권과 영토를 하사하듯이 친구들에게 기업을 하사했다고 비판했다.[23] 1990년대의 약탈 자본주의는 실제로 국가권력이 직접 승자와 패자를 결정하는 일종의 국가자본주의로 차츰 바뀌었다. 그에 따른 혜택을 입은 사람은 누구보다도 새로운 기업 관료들이었다. 재계 인사인 이들은 비밀경찰이나 상트페테르부르크시 행정부 출신이라는 이유에서 그렇게 불렸다. 그리고 그들과 함께 관료주의적 자본주의가 시작되었다.[24]

이런 근본적인 변화는 푸틴이 옐친 패밀리의 그늘에서 벗어났을 때 비로소 볼 수 있었다. 그 기회를 마련한 것은 2003년 크렘린과 유코스 회장이었던 미하일 호도르콥스키 사이에서 발생한 갈등이었다. 석유 재벌이었던 호도르콥스키는 체포되었고 2년 후 징역 9년형을 선고받았다. 급기야 유코스는 회사의 핵심 부문까지도 국영기업 로스네프트Rosneft에 빼앗겼다. 로스네프트의 사장은 푸틴의 최측근이자 대통령 행정부의 고위 공무원인 이고리 세친Igor Sechin이었다. 이후 푸틴과 호도르콥스키의 갈등은 또 다른 사건들의 원인이 되어 영향을 미쳤는데, 이에 대해서는 차후에 다룰 것이다.

　이 공개적인 비극의 발단이 된 것은 재정적 이익을 보호하기 위한 호도르콥스키의 강경한 태도였다. 게다가 그는 크렘린 정부를 얕보는 태도를 감추지 않았고, 심지어는 푸틴에 대한 자신의 불충을 공개적으로 선언했다. 유코스 스캔들은 러시아 정계에 파란을 일으켰다. 알렉산드르 볼로신은 정치적 다리를 놓으려는 헛된 시도를 했지만 결국 대통령 행정부 수반 자리를 내려놓아야 했다. 이 일로 푸틴은 이익을 취했는데, 이것이 볼로신에 의한 감시가 끝나고 옐친 패밀리와의 연결고리가 완전히 단절되었음을 의미했기 때문이다. 지금까지 볼로신은 푸틴과의 정무에서 보조하는 역할보다는 지배하는 역할에 가까웠다. 무엇보다도 그렇게 중요한 인사정책에서 그는 대통령을 대신해 고위 관직을 직접 임명했는데, 푸틴은 그 직위에 완전히 다른 후보들을 선호했었다.[25] 결국 두 명의 대통령이 동시에 존재하고 있다는 이야기가 공공연하게 퍼지게 되었다. 심지어는 푸틴이 볼로신 정부에서 대통령 역할을 맡았을 뿐이라는 악의적인 말이 퍼지기도 했다.[26] 일부 관측통들은 푸틴이 질투하는 것을 느낄 수 있었고, 볼로신의 퇴진으로 푸틴은 종속적 역할이라는 불명예에서 벗어날 수 있었다.[27] 푸틴은 비로소 그의 인사정책에서뿐만 아니라 엘리트 관리에서도 자유로워졌다.[28] 이후 호도르콥스키의 참패는 잠재적인 모든 불복종적인 올리가르히에 대한 성공적인 본보기로 작용했다.

　2005년 5월 호도르콥스키의 유죄 판결 이후 자유주의 경제인이자 러시아기업가협회 회장에 오른 알렉산드르 쇼힌Aleksandr Shokhin은 유코스 스캔들이 규제정책적으로 중요한 전환점이었다고 말했다. 쇼힌은 다음과 같이 말했다.

유코스가 완전히 몰락할 때, 유코스 스캔들이 자본의 재분배를 위한 수단에 불과했다는 것을 모두가 분명히 알게 될 것이다. 그리고 우리는 1990년대의 과두적 자본주의의 종말이 아니라 오히려 이 시스템의 발전된 버전을 볼 수 있을 것이다. 대기업가들의 계획 덕분에 국가와 자본이 융합했던 이전 모델과 달리 새로운 자본주의는 국가에 의한 동군연합의 원칙을 이용해 선택받고 조종받는 올리가르히를 배출했다. 실제로 올리가르히들은 국가가 임명한 관리자이자 경영주가 될 것이다.[29]

이 새로운 상황에 대해 이보다 더 정확히 요약할 수는 없었을 것이다.

## 네트워크 국가의 통제

일부 경제인들이 일방적으로 혜택을 보면서 정치 시스템에 새로운 권력 정세가 탄생하게 되었다. 이렇게 정세가 뒤바뀔 때, 이미 존재하던 비공식적 네트워크 국가는 도움을 주는 동시에 신중함을 보여주었다. 이미 옐친 집권 당시에 공직과 민간의 관계자들로 구성된 복잡한 네트워크가 공식적인 기관들과 치밀하게 엮여 형성되었다. 사회학자들은 당시 소련 국영기업의 사유화라는 배경 앞에서 진행된, 권력과 재력을 차지하기 위한 치열한 경쟁을 두고 **경쟁적인 과두정치**라고 불렀다.[30] 푸틴은 그 네트워크 국가를 물려받았고, 이와 함께 이미 고위 관료들 사이의 협력집단들과 분파들의 비공식적인 경쟁도 진행되고 있었다. 푸틴은 볼로신처럼 다양한 인사들 사이의 균형 유지를 중요시했고 직접 최고 심판관이 되었다. 이런 역할은 내부와 외부에서 그의 권위를 높였다.

러시아 사회학자들은 비공식적인 평행국가 안에 권력을 행사하는 모든 손잡이를 작동하는 중심 기어가 있다고 주장했다. 알렉세이 수딘Alexei Sudin은 이익집단이 고객들을 바로 국가 행정부에 연결해주고 정부와 행정부는 거꾸로 그들의 일원들을 직접적으로 이익집단 네트워크에 연결해주는 행태와 관련해 이해관계에 따른 과두적 협력 체제라는 용어를 만들었다.[31] 런던에서 사회학 교수로 활동하는 알레나 레데네바는 이 평행국가를 일련의 법칙이자 대부분 옛 노멘클라투라 일원이었던 사람들이 어려움 없이 지낼 수 있도록 길을 제시하는 일종의 행동 수칙이라고 묘사했다. 레데네바는 자신의 여러 책에서 러시아는 실제로 어떻게 통치되는가라는 핵심적인 질문과 관련해 공식적 국가와 비공식적 국가의 공생을 푸틴 시스템의 내부적 논리 자체를 의미하는 시스테마로 간단히 규정했다.[32] 푸틴은 계속해서 국가의 위기 상황에서 정부가 취할 수단으로 통제가 필수적이라고 말했다. 그는 통제를 통해 시스테마 내부의 갈등을 중재했다.[33]

올가 크리스타놉스카야Olga Krystanovskaya는 네트워크 국가의 전성기가 푸틴 집권 1기와 2기 동안에 일어난 정권의 단계적인 소비에트화의 전형적인 특징이라고 말했다. 이 저명한 사회학자와 다른 저자들은 강력한 국가를 표명한 공식적인 선언과 부패한 네트워크 국가의 실제 작동방식 사이의 간극에 대해 비난했다. 전반적으로 후기 소비에트 정권과 새로운 푸틴 정권이 스스로 견고화된 과두 지배라는 점에서 놀라울 정도로 유사하다고 말했다.[34] 이런 관점은 분명히 옳다. 그러나 강력한 공산주의 일당 국가는 소련의 비공식적 네트워크에 단단히 얽혀 있던 반면에 오늘날 러시아의 수직적 권력은 비공식 협력집단에 개방되어 있고 진입이 가능하다는 차이점이 있다.

푸틴 시스템의 내부 구조는 특히 경쟁적 올리가르히 유형과 유사했고, 포스트 소비에트의 러시아 초기에 형성된 비공식적인 다원주의와 비슷했다. 그러나 전과는 달리 초기의 재계 거물들이 아닌 기업 관료들이 지배하기 시작했다. 예전에 기업인들에 의한 국가의 사유화가 언급되었던 상황은 이제 푸틴 지지 세력을 통한 국영기업의 사유화로 바뀌었다. 그러나 이는 동일한 것이 아니어서 영향력과 부를 위한 줄다리기가 계속되었다. 푸틴의 사람들을 대체적으로 진보적인 성향의 대표자나 비밀경찰의 일원으로 배치하는 것이 관례가 되었다. 비밀경찰의 일원이 된 자들은 국가권력을 독점하기 때문에 실로비키|siloviki(러시아어의 'sila'는 권력, 힘을 의미)라고 불렸다. 한편으로는 새로운 권력 엘리트들이 그들이 가진 인맥에 따라 가즈프롬이나 로스네프트 등 거대 국영기업으로 가게 되었다. 연이어 정부의 고위관직에 오른 비밀경찰 장교들은 새로운 자본주의에 완전히 열려 있었다. 파블롭스키는 실로비키가 그들의 지속적인 사업 활동과 심지어는 조직범죄와의 관계를 새로운 관직에서도 계속 이어나갔다고 말한다.[35]

새로운 시대의 평론가들은 푸틴의 동료들 그리고 가끔은 푸틴의 직접적 개입을 통한 유코스 및 기타 미심쩍은 회사들의 인수와 관련해 집권층의 물질적 이익 추구를 표현하기 위해 도적 지배체제Kleptocracy라는 용어를 사용하는 것을 두려워하지 않았다. 특히 러시아의 스타니슬라프 벨콥스키Stanislav Belkovskii와 안드레이 피온트콥스키, 세계 체스 챔피언이었던 가리 카스파로프Garri Kasparov 같은 체제 비판적인 인물들이 그런 평가를 서슴지 않았다. 서구의 러시아 전문가들 가운데 특히 미국의 정치학자 카렌 다위샤Karen Dawisha는 푸틴의 사적인 경제적 이익에 관심을 두었다. 다위샤는 자신의 책『푸틴의 도적 지배체제Putin's Kleptocracy』에서 푸틴을 위한 흑해에서의 거대한 성 건축과 같은 추문의 실제 증거들과 계속해서 생겨나는 소문들을 추적했다.[36]

보리스 라이추스터Boris Reitschuster와 다른 작가들은 푸틴 지지 세력과 국내외 마피아의 연계에 대해 파고들었다.[37] 실제로 스페인 사법기관은 이 사안과 관련해 반복적으로 - 가장 최근에는 2016년 초에 - 확실한 유죄 판결을 내렸다. 이 모든 것으로 미루어 보아, 네트워크 국가에서 많은 러시아의 엘리트 지도층에 대한 **콤프로마트**komprotat(낯뜨거운 자료)를 수집할 수 있으리라고 예상할 수 있다.

### 푸틴의 재선, 조롱거리가 되다

앞서 언급한 카렌 다위샤의 책에서 견지된 관점은 우선 완전히 공개적으로 드러난 푸틴 통치체제의 특징에 초점을 맞추고 있었다. 이 특징들은 푸틴의 두 번째 집권기로 넘어가는 과도기에 주변 국가에서 일어난 이른바 **색깔 혁명**의 결과로 권위주의적인 윤곽을 더욱 뚜렷하게 드러내기 시작했다. 테러 공격은 음모론을 확산시켰고, 러시아가 포위된 성채 같다는 인식이 커지면서 적개심도 커져갔다.

예상한 대로, 푸틴이 재출마했던 2004년 3월 대선을 앞두고 발생한 당시 미하일 카시야노프Mikhail Kasyanov 총리의 갑작스러운 해임으로 인해 정계의 지축이 뒤흔들렸다. 카시야노프 총리가 옐친 패밀리의 마지막 대표자였고 호도르콥스키에 대한 푸틴의 행동을 공개적으로 비판했기 때문에 그의 해임은 그다지 놀라운 일은 아니었다. 그럼에도 이런 조치를 예상할 수 없었던 이유는 헌법에 의하면 대선 전에는 정부를 새로 구성할 수 없기 때문이었다. 모스크바에는 가장 유력한 차기 대통령 후보였던 카시야노프와 이 사건에 대한 온갖 추측들이 나돌았다. 푸틴은 이에 대해 어정쩡한 태도를 보였다. 처음에 푸틴은 해임의 이유에 대해 어색하고 무기력하게 말했다. "나는 이 일을 할 수 있었다. 즉, 해야만 하는 일이었다." 그리고 한편으로는 카시야노프 정부의 만족스러운 성과를 높이 평가했다.[38]

푸틴이 미리 계산하지 않았던 것 같은 이 일을 하게끔 만든 동기는 무엇이었을까? 명백히 푸틴은 낙선할 수도 있다는 소문을 믿었던 것이다. 투표율이 너무 적으면 대선이 무효가 될 수도 있다는 루머가 돌았다. 그러면 당시 카시야노프 총리가 주목받게 될 것이고, 푸틴은 후방으로 밀려났을 것이다. 미하일 지가르에 의하면 경제적 이익을 위해 카시야노프의 퇴진을 바랐던 푸틴의 측근들이 증거가 명백한 쿠데타에 대한 낭설을 푸틴에게 주입했다. 새해맞이를 위해 볼프강 쉬셀Wolfgang Schüssel 오스트리아 총리와 알프스산맥으로 스키를 타러 갔던 카시야노프는 우연히 야당 정치인인 보리스 넴초프를 만났다. 지가르에 의하면, 대선이 무효될 경우 푸틴이 몰락할 것이라는 내용의 통화가 넴초프와 카시야노프 사이에서 이루어졌다는 거짓된 보고가 푸틴에게 전해졌다. 분명히 푸틴은 이 보고 내용을 믿었다. 푸틴이 카시야노프에게 쿠데타에 대한 소문을 물었을 때 카시야노프는 깜짝 놀랐고 모든 혐의를 단호히 거부했다.[39]

푸틴은 카시야노프의 후임자 임명을 서두르지 않았다. 동시에 집권당과 의논할 시간이 없다는, 별로 신뢰가 가지 않는 주장을 했다. 결국 그는 대외적으로 잘 알려지지 않은 관료였던 미하일 프랏코프Mikhail Fradkov를 후임 총리로 결정했다. 알렉세이 쿠드린Alexei Kudrin과 세르게이 이바노프 Sergei Ivanov 같은 정계 유력자들이 제외되었다는 사실은 아마도 프랏코프가 푸틴 이너서클의 최소 공통분모였을 것이라는 사실을 보여준다. 특히 푸틴은 실로비키의 일원이었던 프랏코프가 자신만의 정치적 야망을 전혀 드러내지 않고 굉장히 충직하다고 평가된 점을 마음에 들어 했다.[40]

대선 결과는 저조한 참여율에 대한 모든 걱정이 전혀 근거가 없었다는 사실을 분명히 보여주었다. 푸틴은 투표율 64퍼센트 가운데 71.31퍼센트의 득표율로 재선되었다. 푸틴에게 선거에서의 승리는 당연히 식은 죽 먹기였다. 우선 공영방송의 편파적인 홍보로 인해 푸틴이 굉장히 유리했고, 또 주요 후보자들은 전부 출마하지 않았기 때문이었다. 이들은 2003년 12월 두마 선거에서 일어난 민주주의 정당들에 대한 차별에 항의하기 위해 대선 참여를 거부했다. 여기에 공산주의자들도 동참했고, 지리놉스키마저도 함께했다. 그는 자신의 옛 경호원이자 복싱 챔피언을 선거에 내보냈다. 연방평의회 의장이자 푸틴의 최측근이었던 세르게이 미로노프Sergei Mironov는 자신의 출마를 오로지 푸틴의 재선을 위해 이용했다. 푸틴은

2000년도에 그랬던 것처럼 직접 선거운동에 참여하기를 거부했다.[41]

민주주의의 기초 상식에 어긋나는 이런 모든 행위를 고려할 때 푸틴의 재선은 완전히 조롱거리가 될 위기에 놓여 있었다. 심지어 정치적 경쟁 모습의 유지와 같은 통제된 민주주의의 최소한의 조건들조차 무시되었다. 결국 선거는 단순한 국민의 푸틴 지지 선거가 되었다. 바로 그것이 크렘린 연출가들이 의도한 것이었다. 파블롭스키에 의하면 크렘린은 푸틴의 대통령 재임을 확인하는 국민투표를 만들기 위해 노력했다. 그렇기 때문에 단순히 꾸며낸 다원주의마저도 의식적으로 단념했다는 것이다. 푸틴의 재선과 함께 오히려 안정과 승리의 분위기가 조성되었다.[42] 이는 국민투표로 선출된 새로운 독재 정권의 메시지였다.

### 테러 공격에 따른 안보정책적 변화

같은 해 캅카스산맥에서 일어난 테러와 주변 국가에서 발생한 수차례의 민중 시위는 안정과 평안을 추구하던 정권의 노력을 무산시켰다. 푸틴 스스로 자신의 정치적 위신에 위협을 느꼈고, 국가의 안보가 위협받는 것을 두려워했다. 점점 테러 사건의 수가 늘어갔다. 2002년 10월 체첸의 테러범들이 모스크바의 한 극장을 습격했다. 그들은 체코에 주둔한 러시아 부대의 철수를 요구했다. 850명의 모든 관객들이 며칠 동안 인질로 잡혀 있었다. 수면가스를 이용한 구조작업 과정에서 테러범뿐만 아니라 100명이 넘는 인질들도 함께 사망했다. 테러 단체의 마수는 결국 수도까지 뻗쳤다. 크렘린은 충격에 휩싸였다. 푸틴은 벌써 자신의 정치적 경력이 위

태로움을 느꼈다.[43]

2004년 9월 1일, 또 한 번의 대규모 테러가 발생했다. 북오세티야의 베슬란에서 체첸과 잉구세티아 출신의 무장 세력들이 학교를 습격했다. 새 학년의 시작을 맞이해 학생, 학부모, 선생님 들이 모두 학교에 모여 있었다. 1128명의 사람들이 인질로 붙잡혔고, 테러범들은 체첸 분쟁의 중단을 위한 협상을 요구했다. 그러나 러시아는 이를 거부했고 결국 러시아군이 투입되었다. 그리고 그들의 미숙한 대처로 385명의 사상자가 발생했는데, 그중 186명은 어린이였다. 베슬란의 비극은 커다란 파장을 일으켰다. 푸틴은 다시 한 번 큰 곤경에 처했음을 느꼈다. 국가는 굉장한 타격을 입었고, 수직적 권력은 더욱 단단해졌으며, 통제는 더욱 강화되었다. 푸틴은 이 테러를 러시아 국가에 대한 전쟁으로 간주했다. 그는 크렘린의 대체첸 정책과 테러범의 소행 사이의 그 어떤 연관성도 부인했다. 오히려 그는 테러는 외부의 공격이며 러시아에 대한 음모라고 주장했다. 어떤 불특정한 외세가 이슬람 테러범과 협력해 러시아를 약화하려고 한다는 것이었다. 푸틴은 테러 이후 발표한 연설에서 외부의 국가들이 러시아 내부에 가동을 막아야 하는 위협적인 핵무기가 있을 것이라고 추측하고 있다고 말했다.[44]

외부 혹은 내부의 모든 위험성에 대응하기 위해 크렘린은 베슬란 테러 이후 수직적 권력구조와 **행정부의 일관된 권력**을 더욱 강화하기 위해 노력했다. 그런 목적으로 주지사를 선출하는 국민의 직접선거가 폐지되었고 정당 명부식 비례대표제가 도입되었다. 이는 대통령 행정부에 후보자에 대한 완전한 통제권을 주는 것이었다. 이 수직적 구조가 다시 강화된 한편 크렘린은 사회위원회를 창설했다. 오직 자문 역할만 하는 이 기구의 임무는 국가 행정기관, 사법기관, 보안기관과 미디어에 대해 사회적 통제의 수단으로 작용하는 것이었다. 이 단체는 사회의 의견 표출을 돕기도 했다. 그러나 푸틴이 직접 인정한 것처럼 사회위원회는 자신들 임무의 비정치적인 성질을 인지하고 있었다.[45]

이는 크렘린이 모든 정치적 다원주의와 민주주의적 대립 문화의 발생을 막기 위해 철저히 노력했음을 다시금 보여준다. 사회위원회 설립과 거의 동시에 두마 의장이었던 보리스 그리즐로프Boris Gryzlov는 하원의원들에게 의회는 토론의 장이 아님을 분명히 강조했다.[46] 그런 점에서 정치학자들은 푸틴의 새로운 통치체제를 통제된 민주주의가 아니라 기껏해야 협의 정권으로 구분할 수 있다고 생각했다.[47] 2005년 2월, 푸틴은 직접 조지 W. 부시 미국 대통령에게 러시아 정권은 러시아의 상황과 전통, 관습에 맞춰진 민주주의라고 말했다.[48]

### 색깔 혁명과 꽃 혁명

러시아 정치 지도자들이 계속해서 국가를 강화하고 모든 외부의 공격을 대비하려는 경향은 다수의 구소련 국가들 내부에서 민중 시위가 발생하면서 더욱 추진력을 얻었다. 이 시위들은 색깔 혁명 혹은 꽃 혁명이라고 불리고, 러시아어로는 둘 다 색깔 혁명이라고 한다. 혁명의 상징은 조지아에서는 장미였고 키르기스에서는 노란 튤립이었다. 대선 조작에 반발해 2004년 가을에 일어난 우크라이나 혁명의 상징은 오렌지색이었다. 오렌지 혁명은 모든 민중 시위 가운데 가장 역동적인 혁명이었다. 그래서 후기 사회주의적인 구소련 국가들의 권위주의적 행태에 대한 반발의 상징이 되었다. 우크라이나에서 일어난 시위는 러시아 지도부에 특히 큰 걱정을 안겨주었다. 푸틴은 친애하던 우크라이나 대선 후보인 빅토르 야누코비치Viktor Yanukovych에게 미리 대선 승리 축하 메시지를 보냈지만 그는 결국 퇴진해야 했다. 그리고 푸틴은 다시 치러진 선거에서 우크라이나의 유럽식 발전을 호소해 승리한 빅토르 유셴코Viktor Yushchenko를 대통령으로 인정해야 했다.[49] 이는 푸틴에게 큰 패배를 의미했다.

러시아 매체들은 서구가 우크라이나에 반러시아적 쿠데타를 조장했을 것이라고 추측했다. 크렘린도 굉장히 비슷한 생각을 갖고 있었다. 베슬란 테러 이후 푸틴이 처음으로 외부의 적들을 테러 행위의 공범자로 추측했을 때, 서구가 러시아를 동요시키고 구소련 국가들에 대한 러시아의 영향력을 낮추려 한다는 추측이 강해졌다. 어쨌든 색깔 혁명은 모든 종류의 민주주의화 시도에 대한 러시아 정부의 통제 강화에 크게 기여했다. 크렘린은 오렌지 혁명의 러시아 유입 예방책으로, 우크라이나를 따라 일어날 수도 있는 만약의 국민 시위에 대항하는 방벽 역할을 할 특수 청년 단체를 발족했다. 크렘린의 천재 설계자 블라디슬라프 수르코프에게 이 일은 식은 죽 먹기였다. 그는 호전적이고 크렘린에 충성하는 청년 단체 나시('우리'라는 의미)를 뚝딱 만들어냈다. 그리고 그는 러시아의 정치체제를 위한 새로운 개념을 만들어냈다. 바로 주권 민주주의다. 이 개념은 심오한 의미가 있으며 비밀스럽게 들린다. 실제로 이 개념은 러시아가 추측한 것처럼 외부에서 선동된 우크라이나의 민주주의와 다르게 스스로 자신의 민주주의의 내용을 결정하고 외국의 모든 비판적인 개입을 거부한다는 생각과 연결되어 있다.[50] 게다가 러시아의 주권 민주주의는 전 세계 경제 주체로서의 위상을 암시하는 것이기도 하다. 푸틴의 경제 수석고문이자 G8(G7+러시아)에서 일종의 셰르파Sherpa였던 이고리 슈발로프Igor Shuvalov는 이런 의미에서 러시아를 에너지 초강대국으로 연출하기 위해 노력했다. 이 호칭은 많은 지지를 받았다. 그러나 저명한 정치학자인 블라디미르 프리비롭스키Vladimir Pribylovskii 같은 비판가들은 이런 타이틀도, 주권 민주주의라는 이름도 적절하지 않다고 생각했다. 그는 러시아가 오히려 제3세계의 자원 부국을 롤모델로 삼은 주권적 과두정치라고 주장했다.[51]

## 푸틴과 미국

한동안 에너지 초강대국, 주권, 안정성은 푸틴의 통치체제를 유지하는 데 중요한 키워드였다. 새 정부는 계속해서 안정성을 강조하면서 매우 의도적으로 1990년대의 혼란과 확실한 선을 그었다. 정치적 정당성의 요소인 안정성은 심지어 푸틴 집권 2기의 주요 상징이 되었다. 이렇게 홍보 효과가 뛰어난 정부의 마케팅 연출은 여전히 실력을 입증하는 정치기술자들의 몫이었다. 비판적인 사회학자들은 그래서 정치가 점점 더 정치적 기술이 되어가고, 오렌지 혁명에 따른 결과로 심지어는 반혁명의 기술로 타락했다고 비판했다.[52] 정치기술자들은 그 일환으로 공식적으로 러시아의 온건 국가주의를 지지하고, 푸틴을 국가적 지도자이자 국가의 근대화 운동가로 선전했다. 그리고 푸틴을 프랭클린 D. 루스벨트 미국 대통령과 비교하기 시작했다. 루스벨트는 네 차례의 대통령 임기 동안에 뉴딜 정책을 통해 경제적 위기에 처해 있던 미국을 성공적으로 재기시켰다. 루스벨트와 푸틴을 동격으로 취급하는 것은 푸틴의 재선 도전을 정당화하기도 했다.[53]

푸틴은 스스로 미국과의 관계에서 더욱더 딜레마에 빠져들었다. 개인적으로는 부시 대통령에게 호감이 있었지만, 러시아의 대외정책은 대립의 방향으로 나아갔다. 미사일 방어체계 제한에 대한 탄도탄요격미사일 협정과 이라크전쟁에 대한 양국의 입장이 일치하지 않았다. 게다가 미국은 러시아의 인접 국가인 우크라이나에 침입한 적국의 이미지도 가지고 있었다. 처음에 푸틴은 이라크에 대한 미국의 군사개입 결정을 치명적인 정치적 실수라고 비난하면서 이런 딜레마에서 빠져나오려고 시도했다. 그리고 동시에 그가 미국 대통령을 여전히 자신의 동료라고 말할 수 있어서 얼마나 자랑스러운지 강조하기도 했다.

여러 출처를 통해 오늘날 잘 알려진 것처럼 푸틴은 집권하자마자 부시를 강력한 국가 지도자로서 가장 큰 롤모델로 삼았다. 특히 부시가 2004년 재선에서 순조롭게 승리하고 심지어 미국 상하원 모두에서 과반수를 득표한 이후, 크렘린의 표현을 이용하면, 이 무력의 독불장군에 대한 푸틴의 경외심은 더욱더 커졌다.[54] 푸틴은 심지어 우크라이나 혁명이 일어나기 전에 부시 대통령을 위한 선거운동을 열심히 추진했다. 이후 푸틴은 미국 국민들이 아주 적절한 선택을 했다면서 선거 결과에 만족감을 표했다. 그는 부시가 특히 반테러 전쟁에서 빛나는 강인한 남자라고 치켜세웠다. 그렙 파블롭스키는 부시에 대한 푸틴의 태도가 질투와 존경, 그러나 동시에 걱정에서 우러나왔다고 말했다.[55] 그러나 부시 대통령이 2005년 여름 허리케인 카트리나로 인한 피해에 부적절하게 대처한 다음에는 부시에 대한 푸틴의 경외심은 사라졌다. 그 대신 푸틴의 새로운 롤모델로 이탈리아 대통령 실비오 베를루스코니Silvio Berlusconi가 새롭게 떠올랐다. 베를루스코니는 푸틴과 비슷한 세계관을 공유했고, 그가 러시아의 주권 민주주의에 대해 어떤 비판도 하지 않을 것임을 알고 있었다.[56]

그에 비해 우크라이나에서 일어난 사건들로 인해 세계의 민주주의를 위한 미국의 활동에 대해서 크렘린의 걱정과 반발이 커져갔다. 이에 따라 미국에 대한 언어적 공격이 늘기 시작했다. 2004년 12월 초에 이미 푸틴은 가짜 민주주의 어구에 감춰진 국제정치의 독재주의는 어떤 문제도 해결할 수 없다고 비난했다. 약 2년 후 2007년 2월 뮌헨에서 열린 국제안보회의에서 푸틴은 미국의 정치에 대한 비난의 강도를 더욱 높였다. 그는 무엇보다도 미국이 전 세계에 그들의 일면적인 세계관을 강요한다고 비판했다.[57] 푸틴의 연설이 서방국가에게 충격을 안겨준 반면에 러시아에서는 큰 호응을 얻었다. 이 연설은 미국에 대한 적개심을 더욱 키웠다. 비판가들은 러시아의 반미적 태도는 권위주의적 정치체제를 내부에서 정당화하고 강화하려는 크렘린의 주요 목표를 이루기 위한 것이라고 보았다.

### '주권 민주주의', '동방의 민주주의'

실제로 러시아 정부는 미국의 헤게모니적인 야망에 맞서 싸우고 자국의 주권 민주주의를 보호하기 위해 계속해서 반미적 태도를 견지했다.

2007년 9월, 푸틴은 러시아 정부의 대표와 서방의 러시아 전문가들의 열린 토론을 위한 포럼인 발다이 클럽의 연례 모임에서 미국의 개입에도 불구하고 아직 주권을 가지고 있다고 말할 수 있는 소수의 국가들을 나열했다. 이들은 중국, 인도, 러시아 그리고 다른 한두 국가들이었다. 푸틴은 러시아에는 자체적인 민주주의 형태가 있으며 인권과 표현의 자유에 대한 개념을 러시아 방식으로 새롭게 해석했다고 주장했다. "러시아의 민주주의는 러시아 국민의 힘이고 자치행정이라는 고유한 전통이 있으며, 우리는 외부에서 강요하는 기준을 따르지 않는다." 국민의 힘이라는 푸틴의 말은 기껏해야 정부에 의해 조종당하고 TV의 도움을 받는 크렘린 정당들이 선거에서 상당한 과반수의 표를 얻었다는 점에서는 정당성이 있었다. 그러나 푸틴의 수직적 권력의 가장 하단부에서 자치행정의 흔적은 전혀 찾을 수 없었다. 논쟁적인 토론에 완전히 개방적인 발다이 클럽에서도 푸틴은 외국 관중 앞에서 무엇보다도 숭고한 역사를 바탕으로 한 러시아의 독자적인 길을 찬양했다. 그리고 계속되는 외부의 간섭을 저지하는 것을 중요하게 생각했다. (물론 그럼에도 불구하고 간섭이 사라지지는 않았다.) 푸틴의 최측근이자 실로비키의 강경파인 세르게이 이바노프는 이런 서방의 성가신 훈계를 막기 위해 이미 오래전부터 간단한 해답을 준비해놓았다. 러시아에는 다른 형태의 민주주의, 즉 동방의 민주주의가 있다는 것이었다. [58]

푸틴 집권 2기가 끝날 무렵 국가 최고위직을 어떻게 위임할지에 대한 질문이 나왔다. 실제로 통제된 민주주의는 ─ 2000년 푸틴의 취임식 이후 ─ 두 번째 후계자 작업을 성공시키기 위해서도 굉장히 유연하다는 것이 입중되어야 했다. 이는 전체적으로 커다란 위험성을 내포하고 있었다. 비공식적인 다원주의와 체제 내부의 과두적 구조가 너무 심하게 흔들려서는 안 되었고, 또 겉으로는 민주주의로 보이는 러시아의 외면이 손상되어서도 안 되었다. 결국에는 이미 결정된 후보를 위해 대선에서 과반수를 확보해야 했고, 동방의 그리고 주권 민주주의가 이 모든 도전 과제를 해결할 수 있을지에 관심이 모아졌다.

### 2차 후계자 작업

2008년 초에 예정되어 있던 대선 준비 작업은 이미 2005년 가을에 시작되었다. 푸틴의 최측근 가운데 반공식적 후보 두 명이 대통령직 계승을 위한 일종의 시험 대상으로 선택되었다. 그들이 이른바 입후보되었다는 사실을 알 수 있었던 것은 두 사람 모두 정부 내에서 승진했기 때문이다. 드미트리 메드베데프는 대통령 행정실장에서 제1부총리로 승진했다. 국방부 장관이었던 세르게이 이바노프도 공동 제1부총리 직을 거머쥐었다. 즉, 2007년 2월 이후에 두 사람은 공동 부총리가 되었다. 메드베데프가 자유경제주의의 기술 관료이자 그의 학력을 바탕으로 특히나 자유롭고 개방적인 상트페테르부르크의 법률가로 평가받은 반면에 이바노프는 강경파라는 평판과 전형적인 실로비키로서의 경력을 가지고 비공식적인 시험대에 올랐다. 두 사람의 성향은 곧 눈에 띄게 비슷해져갔다. 그것이 의미하는 바는 러시아의 주권 민주주의에서는 이 정치적 라이벌들이 공공연히 다양한 정치적 목표를 대변하는 일이 당연하지 않다는 것이었다.[59]

2007년 8월에 실시된 설문조사에서 이바노프가 메드베데프를 앞섰다. 그리고 9월 14일에는 푸틴이 갑자기 총리를 해임하자 모든 관측통들이 이바노프가 총리에 이어 대통령까지 오를 것이라고 확신했다. 여기까지는 옐친이 푸틴을 후계자로 삼을 때 짠 시나리오와 비슷하게 흘러갔다. 그러나 놀랍게도 푸틴은 대중에 잘 알려지지 않고 전형적인 소련식 관료였던 66세의 빅토르 숩코프Viktor Subkov를 새 국무총리로 임명했다. 예전에도 옐친의 크렘린 패밀리가 당시에 유명했던 예브게니 프리마코프 총리와 잘 알려지지 않은 푸틴 사이에서 세르게이 스테파신을 완충제 역할로 배치한 적이 있었지만 이와 같은 옐친에서 푸틴으로의 권력 이양 방식이 똑같이 반복되지는 않았다. 숩코프가 후계자 임명을 확정하는 과정에서 시간을 벌기 위한 완충제 역할을 했는가? 푸틴은 우선 앞두고 있는 대선에서 **통합** 러시아당이라는 크렘린 정당의 지지율을 끌어올려서 정권 이양 시 최종적으로 선발된 후계자를 상대로 보이지 않는 정치국이 가능한 한 큰 통제권을 가질 수 있게 유도한 것인가? 이런 주장에 힘을 실어주는 정황은 실제로 유권자의 폭넓은 지지율을 이끌어내기 위해 온갖 수단을 가리지 않았다는 것이다. 푸틴은 만일의 반발을 막기 위해서 비공식 정부 내 그룹에서도 이런 이점을 십분 활용했다.

그러나 2007년 9월 푸틴의 이너서클은 이미 메드베데프가 선택받은 것을 알고 있었다. 이제 2차 후계자 작업을 위한 계획이 세부적으로 마련되었다. 푸틴은 곧 최측근들에게 "우리는 이미 모든 것을 계획했다!"라고 말했다.[60] 그 계획을 실행하기 위해서는 몇 단계를 거쳐야 했다. 우선 숩코프에게는 단순한 완충제 역할만 하면 된다고 분명히 말해야 했다. 그다음에 메드베데프 임명을 더욱 확실히 하기 위해서 총선을 푸틴을 위한 국민투표로 만들어야 했다. 그리고 결국 국민은 선거를 통해 이런 계획에 동의해야 했다. 이를 위해서는 난처한 선거전을 피해야만 했다.

처음에는 계획이 순조롭게 흘러갔다. 선거에 출마하려던 숩코프의 야망을 성공적으로 저지했다. 푸틴은 스스로를 **국가적 지도자**라고 칭했다. 당시 보리스 그리즐로프 두마 의장은 러시아의 국가 정체성은 곧 푸틴이라고 망설임 없이 말했다. "오늘의 러시아는 곧 푸틴이다. 푸틴 없는 러시아는 지도자 없는 러시아, 의지 없는 러시아이며 한낱 먹잇감에 불과한 ⋯⋯ 러시아다."[61]

이런 푸틴의 리더십에 대한 이미지는 무엇보다도 적대적인 외국을 향한 것처럼 보였지만, 실제로 2007년 가을에는 국내에서 푸틴의 지휘 능력이 요구되었다. 비공식적 크렘린 그룹은 임박해 있던 대통령직의 위임을 이해하지 못했다. 특히 실로비키들 사이에서 불안감이 컸다. 옐친의 KGB의 후신으로, 머리가 많은 히드라로 만들어진 러시아연방보안국은 자신들 사이의 세력 다툼을 공개적으로 드러냈다. 그렇게 모든 사람은 그렇게 찬양받던 견고한 정권이 실제로는 사상누각이었다는 것을 알게 되었다.

보안기관 내부가 동요할 때가 총선을 국가 지도자에 충성하는 성공적인 국민투표로 바꾸기 위한 적기였다. 푸틴은 스스로 **통합 러시아당** 정당명부에 자신을 1번 후보로 올렸지만 정당에 가입하지는 않은 채였다. 보리스 그리즐로프 의장은 유권자들에게 두마 선거는 **정당 간 의석 싸움**이 아니라 전국적인 **푸틴 지지 국민투표**라고 지치지도 않고 세뇌시켰다.[62] 그리즐로프는 2005년에 이미 의회는 정치적 토론을 위한 자리가 아니라는 말을 함으로써 통제된 민주주의의 전도자라는 평판을 얻었다.[63] 그리즐로프의 노력은 효과가 있었다. 2007년 12월 초, 명목상 집권당인 통합 러시아당은 희망하던 입법이 가능한 2/3 이상의 가결표를 얻었다.

이제 메드베데프의 대선 출마를 위한 마지막 준비 작업을 시작할 수 있었다. 푸틴은 대중에게 이 내정자를 다수의 정당이 추천한 대통령 후보라고 소개했다. 메드베데프는 감사해하며 그 내정을 받아들였고 즉시 푸틴에게 자신이 당선되면 총리직을 맡아줄 것을 간청했다. 그렇게 양두정치에 대한 계획이 구체적인 형태를 갖춰갔다. 언론은 대중에게 메드베데프와 푸틴의 2인 연대tandem 체제가 가져올 커다란 이익에 대해 설명했다. 나머지는 계획대로 흘러갔다. 푸틴은 자신 역시 총리로서 공식적으로 충분한 권력을 행사할 수 있다는 사실에 위안을 삼았다. 메드베데프는 공개적인 선거전을 피했다. 2008년 3월 초, 두 번째 후계자 작업이 메드베데프의 선출로 성공적으로 끝났다. 그는 70퍼센트에 가까운 투표율 가운데 70.28퍼센트의 득표율로 확실한 승리를 거두었다. 이미 선거가 있기 오래전부터 설문조사를 통해 국민의 과반수가 푸틴이 선택한 후보를 선택할 용의가 있다는 것을 알 수 있었다. 실제로 메드베데프의 선거는 결국 푸틴에 대한 신임 투표였고, 또 메드베데프의 임명 의식이었다. 메드베데프의 대통령 취임식 다음 날 푸틴은 두마로부터 거의 군주와 같은 존경을 받으며 환영받았고 의원들의 상당한 지지율(450표 중 392표)을 얻으며 새로운 직위에 앉았다.[64]

푸틴의 집권 1기와 2기 말, 옐친 시스템의 민주주의적 요소가 결국 통제 민주주의 형태로 변했다는 점에서 러시아의 지배체제는 분명한 정체성을 갖게 되었다. 내부에서는 통제를 강화하고 외부에 대해서는 세계 정치에서의 더욱 강화된 입지를 주장하는 권위주의적인 체제에서 혼란스러운 요소들은 사라져갔다. 1990년대의 언론의 다양성과 자유가 있던 자리에는 국영 채널들이 들어섰다. 크렘린이 고용한 정치기술자들은 미디어를 통해 여론을 조종했고 인정받는 국가 지도자인 푸틴의 정치를 위해 홍보했다. 푸틴은 이너서클 내부의 다른 비밀스러운 공동 섭정가들 사이에서 영향력이 컸기 때문에 자신의 후계자를 마음대로 고를 수 있었다. 그렇지만 이런 실험적인 투톱 체제가 얼마나 잘 유지될지는 두고 봐야 하는 일이었다.

하나의 새로운 통치체제로서 푸티니즘은 분명한 정체성을 가졌지만 이는 그 어떤 기존 통치체제에도 속하지 않았다. 정치학자들은 이를 하이브리드 체제라고 말하는 것을 좋아하고, 통상적으로 변혁 국가에서 전반적으로 볼 수 있는 민주주의 요소와 독재정치 요소의 혼합체라고 말한다. 그러나 푸틴이 집권하는 러시아에서는 아주 다른 방식의 혼성이 생겨났다. 바로 독재주의와 과두적 구조의 공생 관계였다. 이는 국민이 선택한 독재정치, 독재적인 수직적 권력구조, 비밀경찰과 재계 거물로 구성된 비밀스러운 올리가르히들로 이루어진 복잡한 혼합체였다. 정치적 다수 정당주의가 수직적 권력구조 내에서 의미를 잃은 반면에 비공식 크렘린 그룹들 사이의 다원주의는 날로 활발해져갔다. 그리고 푸틴 집권기의 과도기는 푸틴-메드베데프의 양두정치로서 풍부한 시사점을 제공했다. 바로 다음 장에서 이에 대해 살펴본다.

2008×2012

—

푸틴-메드베데프의 연대 체제
그리고 푸틴 신디케이트의 위기

—

오로지 푸틴 신디케이트의 권력 집단을 통해서 국가와 사회에 대한 통제가 강화되어야지만 대통령 임기 이후에도 정치적 안정성을 보장할 수 있다는 생각에서 푸틴과 메드베데프의 연대 체제가 생겨났다. 그러나 양두정치를 형성하고 이를 4년 동안 유지하는 일에는 위험성이 있었다. 더욱이 양두정치가 끝난 다음 새로운 후계자 작업이 시작될 경우 격변이 일어나거나 심지어 시스템의 위기가 올 수도 있었다.

## 비밀경찰들의 상호 중상모략

푸틴에서 메드베데프로의 형식적인 정권 이양이 일어나기도 전에 이미 재계 거물들과 비밀경찰 출신들로 이루어진 다양한 분파들 사이에서 경쟁의식은 더욱 심화되었다. 이때 보안기관 수장들의 계속되는 군림은 근본적으로 위협받지 않을 것으로 보였다. 오히려 이들 사이의 갈등과 국가 보안기관들 사이의 갈등이 첨예화되었다. 다양한 이익을 둘러싼 공공연한 갈등은 푸틴 체제의 복잡한 내부를 넓게 볼 수 있는 창을 열어주었다. 관측통들은 국가의 실질적인 정치 생활이 전개되는 러시아 그림자 국가의 관계자, 구조, 행동 전략 등에 대해 개관할 수 있었다. 비공식 분파들의 구성이 가시화된 만큼 고위 관계자들의 동기 또한 분명해졌다. 결국 푸틴의 가장 중요한 정치적 과제는 분파들의 비공식적 경쟁을 중재하는 것이라는 점이 분명해졌다. 푸틴이 대통령직에서 물러나면서 그들이 다른 이들로부터 이득을 부당하게 뺏기는 것을 막아줄 보호 지붕도 사라졌다. 이런 우려는 2007년 가을에 여러 보안기관들 사이의 공개적인 상호 비방이라는 극적인 형태로 나타났다.

이는 2007년 10월 9일 좋은 평판을 받는 《코메르산트Коммерсантъ》를 통해 마약단속국장이자 경찰 중장인 빅토르 체르케소프Viktor Cherkesov가 비밀경찰들 사이의 아주 위험한 전쟁을 경고하면서 시작되었다. 그는 "군인은 상인이 되어서는 안 된다"라는 제목의 기고문에서 논쟁적인 이권 다툼이 난타전의 실제 원인이라고 기술했다.[1] 이 일이 있기 바로 얼마 전에는 체르케소프의 대변인인 알렉산드르 불보프Alexander Bulbov 중장이 불법 도청 혐의로 연방보안국에 체포되었다. 사실 그 배경에는 모스크바의 거대 가구기업의 중국산 제품 밀수를 둘러싼 분배 갈등이 있었다. 그러자 체르케소프는 보안국 국장인 니콜라이 파트루셰프Nikolai Patrushev가 불보프 체포 같은 불법적인 보복을 지시했다고 비난하는 것을 망설이지 않았다.[2] 그러나 체르케소프의 진술은 특정한 구체적인 사건에 국한된 것이 아니었다. 그의 발언은 경찰국가의 존재 자체를 인정하는 말이었다. 그는 비밀경찰들이 러시아 국력의 주체이자 보증인으로서 내부의 전쟁에서 패배해서는 안 되고, 그렇지 않으면 국가의 전반적인 정치적 안정성이 위험해질 것이라고 주장했다. 그는 또한 체카Cheka 조직이 정해진 공통의 규칙을 지켜야 한다고 주장했다. 체르케소프는 레닌이 만든 소련의 첫 번째 비밀정보기관인 체카를 언급하면서 비밀경찰에 의해 안전하게 인도되는 국가의 본질인 체키즘이 러시아를 후기 소비에트 시대로 가는 길에서 구해냈다고 주장했다. 심연에 빠져 있는 포스트 소비에트 사회가 보안기관의 갈고리 끝에 매달려 있는 상황 자체가 체키즘이 글자 그대로 국가를 지탱하는 기능을 가짐을 보여준다는 것이다. 그는 체키스트들이 국가의 완전한 붕괴를 막은 것은 분명한 사실이라고 했다. 그리고 "그 안에는 푸틴의 시대와 러시아 대통령의 역사적 공헌의 의미가 있고, 이는 우리의 직업에 대해 허풍을 떠는 자기만족과는 거리가 먼 거대한 책임감을 지운다"라고 말했다. 그는 붕괴의 혼란 속에서 최소한의 질서가 생긴 것은 어쨌거나 기관들 덕분이라고 결론지었다.

체카 조직에 대한 체르케소프의 진술은 포스트 소비에트 국가의 청사진으로서 비판가들의 많은 주목을 받았다. 어떤 이들은 그 안에서 푸틴이 러시아에 도입한 국가 질서 모델을 발견했다.[3] 아무튼 푸틴 같은 고위 공직자의 거대한 과반수가 체카 조직 출신이었다는 사실도 이에 들어맞는다. 새로운 보안당국들의 모든 국장들은 KGB나 상트페테르부르크 시청에서 푸틴과 함께 일했던 동료이자 동반자였다. 푸틴과 함께 일하는 공직자들 사이에서의 푸틴의 권위는 바로 이런 배경에서 나온 것이었다. 그리고 푸틴은 바로 이런 이유로 그의 측근들에게 절대적인 충성을 요구했다. 상트페테르부르크 출신 측근들의 공통적인 특징은 한결같은 성향과 세계관, 특히 강력한 국가 건설의 필요성과 조직의 더욱 지속적인 주도권에 대한 인식이었다. 경제학자 블라디슬라프 이노젬체프Vladislav Inozemtsev와 사회학자 올가 크리스타놉스카야는 푸틴의 핵심 인사들에게 비밀경찰로서의 단체정신 외에도 틀림없이 후기 소비에트적인 성향이 있다고 생각했다.[4] 또한 이 저명한 두 경제학자를 비롯해 많은 작가들이 엘리트 지배층을 연결하는 것은 체카의 단체정신이 아니라 경제적 기회와 물적 자산의 축적에 대한 관심, 즉 사업가로서의 정신이라고 강조했다. 이것이 체르케소프가 자신의 발언을 통해 단호하게 비난했던 내용이었다.[5]

## '푸틴가르히들'과 경쟁하는 분파들

실로비키의 관심은 사업 — 러시아 신조어로는 자본주의와 실업계를 의미하는 bisines — 으로까지 확장되어 새로운 비즈니스맨들의 비공식적인 다원주의가 생겨났다. 푸틴 측근들 가운데 각자의 경제적인 이해관계와 어느 정도 개인적으로 친밀한 관계를 기준으로 여러 그룹이 구성되었다. 그 중에서 특히 이른바 파트루셰프-세친 분파와 체르케소프-졸로토프 분파가 독보적이었다. 이 네 명의 인물들은 두 분파의 핵심 인물일 뿐만 아니라 더 큰 푸틴 신디케이트에 소속되어 있었다. 관계자들은 푸틴과 특별히 가까워지기 위해, 또 정치적 영향력과 러시아 경제시장에서 이익을 얻기 위해 고투했다. 호도르콥스키 스캔들에 반대한 이유로 반정부 인사로 분류될 때까지 푸틴의 경제 고문으로 일했던 안드레이 일라리오노프Andrei Illarionov는 푸틴가르히들의 야망에 대해 간단하게 설명했다. 그에 의하면, 크렘린 조직 일원들은 국가가 통제하는 기업의 회장직에 앉기 위해 온갖 노력을 했다. 본인이 맡게 되는 기업의 재무흐름의 크기가 조직 내 질서, 즉 크렘린의 권력구조에서 본인의 위치를 결정한다는 것이었다.[6]

푸틴 신디케이트는 러시아에서 가장 영향력 있는 경제적·정치적 인물들의 집단이다. 그들은 정계에서 결정권을 갖는 이들이며 가장 막강한 대기업의 총수나 최고위 공직 등 곳곳에 포진해 있다. 크리스타놉스카야는 이를 다음과 같이 표현했다. "러시아는 오직 세 그룹이 지배한다. 재계, 무력 부처(국가적 권력 독점을 관리하는 국가기관들의 지도부), 그리고 이 두 그룹의 일원들이 이끄는 정부 관료 조직이다."[7] 이 사회학자에 의하면, 세 그룹은 다방면으로 연계되어 있고 느슨한 수평적인 구조로 분류되어 있는데, 그것이 바로 비공식적인 분파다. 이를 경제-정치 그룹이라고도 한다. 이 집단은 한 명 혹은 두 명의 분파 지도자와 일부 공무원들, 그리고 옐친 시대의 올리가르히 같은 분파 외부의 독립적이고 그때그때 바뀌는 참여자들로 구성되어 있다. 분파의 리더가 그 방향과 전략을 결정하고 푸틴과 개인적으로 접촉하는 반면에 협력집단과 가까운 공직자들은 사실상 각각의 분파 지도자의 산하에 있었다.

분파들은 푸틴의 상트페테르부르크 시절 동료들과 모스크바 출신의 동료들 사이에서 고위 관직을 얻기 위한 경쟁을 통해 탄생했다. 니콜라이 파트루셰프는 푸틴의 후임으로 연방보안국 국장으로 취임했다. 파트루셰프는 서구에 대한 깊은 불신을 가진 보수 체키스트이자, 러시아를 대국 그리고 강력한 국가로 만들어야 한다는 생각의 열렬한 신봉자였다. 2000년 12월 체카 창설 기념 연례행사에서 파트루셰프는 연방보안국 요원들의 뛰어난 사명감을 치하했다. 이에 따라 그들은 러시아의 신귀족이라고 불렀고,[8] 이후 이 용어는 널리 쓰이게 되었다. 파트루셰프는 이고리 세친과 함께 이끌고 있는 분파에서 두 번째 지위에만 머물렀고 계속해서 세친의 지배 아래에 있었다. 세친은 대통령 행정부와 정부의 고위직을 연임했고 에너지 사업, 즉 석유기업인 로스네프트를 운영하는 재능 있는 관리자이기도 했다. 세친은 푸틴 밑에서 이익을 창출하는 진정한 의미의 기업 관료였다. 호도르콥스키의 회사인 유코스에 대한 공격과 로스네프트의 유코스 합병 건도 모두 그의 주도로 이루어졌다. 세친이 포르투갈어권 아프리카 국가에서 번역가로 일했던 이력은 그가 러시아 군정보기관인 총

정찰국GRU과 연결되어 있음을 암시한다.[9] 세친은 스스로 푸틴의 오른팔이라고 여겼고, 일찍부터 푸틴 다음으로 가장 강력한 정치적 인물이라는 명성을 얻었다. 이와 관련해 안드레이 리아보프Andrei Ryabov는 푸틴과 메드베데프, 세친의 삼두정치라고 말했다.[10]

파트루셰프-세친 분파의 저명한 일원으로는 라시트 누르갈리예프Rashid Nurgaliev 내무부 장관과 블라디미르 우스티노프Vladimir Ustinov 검찰총장도 있었다. 우스티노프의 딸인 잉가는 세친의 아들 드미트리와 결혼했다. 우스티노프는 옐친 시대의 올리가르히 사냥꾼으로 두각을 나타냈고, 특히 호도르콥스키 수사에 많은 기여를 했다. 하지만 그는 2006년 마른하늘에 날벼락처럼 검찰총장직에서 해임당했고, 당시 법무부 장관인 유리 차이카Yurii Chaika가 후임으로 임명되었다. 우스티노프는 반대로 법무부 장관으로 임명되었지만, 그 자리는 전통 있는 검찰총장의 직위보다는 전반적으로 권력과 특권이 적었다. 갑작스러운 인사 교체는 비밀요원들에게는 익숙한 특수 작전이라는 특징을 가졌다. 이는 또한 통제된 민주주의의 특성이기도 했다.[11] 푸틴이 우스티노프의 해임을 통해 무엇보다도 비공식적 분파들 사이의 시급한 불균형을 해소하려 했다는 인상이 즉각적으로 나타났는데도 불구하고 인사 교체의 이유에 대해서는 한동안 많은 소문이 돌았다. 어쨌든 결과적으로 우스티노프는 모욕당했고, 전체 분파의 세력이 현저히 약화되었다.

## 러시아의 '견제와 균형': 세력 약화와 구속

특수 작전에는 아마도 또 다른 동기가 작용했던 것 같다. 이미 언론에서는 오랫동안 우스티노프를 푸틴의 잠재적인 대통령 후임으로 다뤄왔다. 이런 관점을 푸틴은 별로 마음에 들어 하지 않았던 것으로 보인다. 미하일 지가르는 내부 사정에 정통한 인물의 인터뷰를 바탕으로 푸틴이 우스티노프, 세친, 프랏코프 국무총리, 루시코프 모스크바 시장을 언짢게 생각했다고 주장했다.[12] 분명히 푸틴은 네 사람의 회합에 대해 자세히 알고 싶어 했다. 파트루셰프-세친 분파와 라이벌 구도에 있는 분파의 지도자인 빅토르 졸로토프Viktor Zolotov와 최상위 실로비키인 빅토르 체르케소프는 도청 장치를 이용해 네 사람의 대화를 푸틴에게 알리기 위해 굉장히 노력했다. 도청을 통해 그들이 주로 슬라브학파 철학가, 러시아정교회, 보수적 사상들에 대한 대화를 나눴다는 사실이 밝혀졌다. 또한 당시 프랏코프 총리가 훌륭한 대통령이 되고 싶어 한다는 내용의 대화도 오갔다.[13] 이런 정보를 기반으로 푸틴은 서둘러 조치를 취하기로 결정했다. 그는 우스티노프를 해임하고 파트루셰프-세친 분파에서 생겨난 이 작은 비공식 서클에서 일어날 수도 있는 모든 방자한 행동들을 차단했다. 아마도 푸틴은 자신의 독립적인 결정권을 당당하게 드러내면서 자신이 국가의 주인이고 신디케이트의 인질이 아니라는 것을 모두에게 확실히 보여줘야 할 시간이 왔다고 생각했을 것이다. 푸틴은 갑자스러운 인사 교체를 통해 전형적인 러시아 버전의 견제와 균형을 발동시켰다. 이는 예전에 옐친이 종종 인사 순환을 이용해 화려하게 군림할 수 있게 만든 수단이었다.

분파들 사이의 세력 다툼을 제한하고 푸틴이 중재자 역할의 부담을 덜기 위해 2007년 여름에는 심지어 새로운 기관이 설립되었다. 자체적인 형사기관인 연방수사위원회로, 처음에는 검찰 산하에 있었다.[14] 실제로 위원회가 설립되면서 당시 유리 차이카가 이끌고 있던 검찰청의 세력이 약화되었다. 그리고 바로 그것이 파트루셰프-세친 분파의 목적이었다. 이 방법으로 검찰총장으로 임명된 차이카뿐만 아니라 간접적으로는 그와 가까운 관계의, 그들의 라이벌인 체르케소프-졸로토프 분파까지도 약화할 수 있었다. 푸틴은 예정된 대통령직 인계 전야에 충성스러운 사람들을 요직에 앉혀 자신의 권력을 견고히 하는 데 관심을 두었다. 푸틴은 대학 동기인 알렉산드르 바스트리킨Alexander Bastrykin을 새로운 검찰조사위원회의 위원장으로 임명했다. 위원회가 중립적이고 비당파적인 주무관청이 전혀 아니었는데도 불구하고 바스트리킨은 그때부터 분파 길들이기에 참여하게 되었다. 명백히 세친 분파에 편향된 당파심을 가진 새로운 위원회가 앞서 언급한 체르케소프의 대변인인 불보프를 체포하도록 유도했다.[15]

바스트리킨의 도움으로 파트루셰프-세친 분파는 계속해서 체르케소프 분파를 향한 공격으로 생각되는 검거 작전을 계속했다. 이런 일련의 사건들 가운데 하나는 보안기관에 재직 중인 푸틴의 간부진들이 본래 조직범죄 집단과 일을 도모했다는 사실을 분명히 보여주었다. 이와 관련해 체포된 인물 중 한 사람은 블라디미르 바르수코프Vladimir Barsukov, 일명 블라디미르 쿠마린Vladimir Kumarin으로 탐보프의 마피아 대부였다. 그가 구속되면서 무엇보다도 대통령 경호실장이면서 체르케소프의 가까운 친구이자 동맹자, 그리고 푸틴의 오랜 경호실장이었던 빅토르 졸로토프 장군이 타격을 입었다. 대검찰청은 졸로토프와 전 마피아 대부의 관계를 수사하라는 지시를 받았다. 목표는 아마도 조직범죄에 대한 연결고리를 이유로 졸로토프의 세력을 분명히 약화하기 위함이었을 것이다.[16]

그 다음에는 세친 분파의 체르케소프 견제와 더 넓은 의미에서는 자유경제주의자인 알렉세이 쿠드린 재무부 장관을 목표로 그의 대변인인 세르게이 스토르착Sergei Storchak을 횡령 및 뇌물수수 혐의로 수감했다. 푸틴의 새로운 수사위원회가 다시금 정국을 주도하게 된 것이다. 스토르착이 약 1440억 달러로 추정되는 정부의 원유 안정화를 위한 기금 운용의 감독 업무를 담당하고 있었기 때문에, 평론가들은 주도적인 실로비키가 나눠 갖고자 했던 이 특수한 권한에 분쟁의 씨앗이 있다고 생각했다. 쿠드린 장관은 분노했고, 자신이 남아프리카 출장으로 인해 자리에 없던 상황에서 동료가 체포된 사실에 대해 전혀 이해할 수 없다고 말했다. 그는 출장에서 돌아오는 길에 이 충격적인 소식을 접했다. 그는 스토르착에게 절대적인 의리를 약속했고, 악명 높은 레포르토보 감옥에 구금된 스토르착을 즉각 면회하고자 했다.[17]

이런 상황에서 세친 분파의 악랄한 공격으로 인해 푸틴의 간부진들 사이에서는 공포와 걱정이 만연해졌다. 분파들 사이에 벌어진 격렬한 싸움의 실질적인 이유는 실로비키뿐만 아니라 세친 분파가 푸틴이 대통령직에서 물러나는 것을 받아들이기를 거부했기 때문이었다. 이 그룹을 공공연히 푸틴의 세 번째 집권기를 위한 정당이라고 비꼰 것은 부당한 평가가 아니었다. 이런 갈등이 심화되면서 푸틴은 보안기관들 사이의 집안싸움을 하루빨리 막기 위해 노력했다. 그는 비교적으로 세력이 더 약한 체르케소프의 마약단속국을 하나의 새로운 국가위원회로 출범시킴으로써 솔로몬처럼 지혜로운 해결책을 제시했다. 동시에 체르케소프에게 내부적인 문제를 공개적으로 드러냈다고 비판했다. 이런 갈등을 절대로 언론 앞에 드러내서는 안 되며 법적으로 해결해야 했다고 푸틴은 말했다. 그럼으로써 푸틴은 무의미한 미사여구로 난처한 상황을 모면했다. 그러나 푸틴 역시 러시아 법원으로부터 독립적인 판결을 기대할 수 없다는 것을 정확히 알고 있었다.[18]

### 올렉 슈바르츠만 사건

두 번째 후계자 작업과 관련한 격동의 시기에 푸틴 시스템 내 비밀경찰들의 정직하지 않은 공작들을 증명하는 스캔들이 터졌다. 바로 올렉 슈바르츠만Oleg Shvartsman 사건이다. 젊은 펀드매니저 슈바르츠만은 2007년 12월 초 《코메르산트》와의 한 인터뷰에서 기업의 소유주가 그들의 소유물을 양도하게 만드는 푸틴 실로비키들의 전형적인 행동방식에 대해 증언했다. 그는 '누구를 위해 그의 펀드회사인 파이낸스 그룹에서 막대한 자산을 관리하고 있는가'라는 질문에 주로 고위급 인사들, 즉 "모두 서로 밀접하게 연결되어 있는 사람들로, 국내 정보기관인 러시아연방보안국 사람들과 해외 정보기관인 러시아대외정보국 사람들"이라고 허심탄회하게 대답했다. 슈바르츠만은 특히 이고리 세친을 지목했는데, 그의 도움으로 매끄러운 국유화를 실행할 수 있었다고 말했다. "우리는 기업을 수집하는 것이 아니라 다양한 수단을 이용해서 기업들의 자본화를 최소화합니다." 핵심은 기습적인 인수가 아니라, 그가 진공청소기처럼 일했다는 것이다. 그는 자신이 미래의 **호도르콥스키**들을 억누르고 굴복시키고 핍박하기 위해 존재한다고 말했다.[19] 그에게 주어진 임무는 차후에 국영기업에 넘어갈 구조를 위한 자산을 모으는 것이었다. 이런 젊은 펀드매니저의 폭로는 비평가들이 동의하듯이 세친의 명성을 실추시켰다. 비록 당사자들이 슈바르츠만의 주장을 부정하고 실질적으로 이 사건은 푸틴의 대통령 임기가 끝나기 전에 벌어진 또 다른 모험에 불과했지만, 매끄러운 국유화에 대한 핵심적인 주장은 진지한 측면에서는 부정되지 않았다.[20]

비슷한 시기에 이고리 세친이 미하일 구체리예프Mikhail Gutseriev가 소유한 석유기업 루스네프트Russneft를 공격적으로 인수하려고 노력했다는 사실이 밝혀졌다. 이는 슈바르츠만의 고백과 일치했는데, 잉구셰티야 출신의 석유 재벌인 미하일 구체리예프가 세친의 노여움을 사게 되었고 이는 구체리예프가 감히 모스크바의 확실한 허가도 받지 않은 채 최대 석유기업인 유코스의 남은 지분을 가지려고 했기 때문이라는 것이었다. 그러나 바로 그 시기에 로스네프트는 루스네프트를 매입할 만큼 충분한 자본이 없었다. 이에 옐친 시대의 유명한 올리가르히인 올렉 데리파스카Oleg Deripaska가 선뜻 임시로 개인 자산을 사용해 인수를 할 용의를 보였다. 그 사이에 구체리예프는 모스크바 법원의 구속영장을 피하기 위해 런던으로 도피했다. 그는 도피하기 전에 연방 세무당국으로부터 얼마나 지독한 압력을 받았는지에 대해 설명했다.[21] 평론가들 사이에서 구체리예프 사냥이 호도르콥스키에 대한 조치와 비교된 것은 우연이 아니었다.

## '체제 내 자유주의자' 후보: 드미트리 메드베데프

2007년 12월 마침내 메드베데프가 대통령 후보로 임명된 것은 우선 비공식 크렘린 세력들의 힘겨루기에서 파트루셰프-세친 분파가 확실히 패배했음을 상징했다.[22] 세친 분파는 푸틴이 대통령으로 남기를 희망했고, 혹은 적어도 자신들의 그룹에 속한 미하일 프랏코프나 빅토르 숩코프 같은 순종적인 후보가 임명되기를 바랐다. 러시아 전문가들은 메드베데프의 임명은 세친 분파뿐만 아니라 더 넓은 의미에서는 지난 몇 달 동안 지배력이 너무 강해진 실로비키들에게 수모를 주는 의미라고 해석했다. 푸틴은 체제 내 자유주의자인 메드베데프와 협력해 그들에게 더욱 강하게 대응할 수 있었다.

푸틴과 메드베데프의 이른바 탄데모크라티아Tandemokratia, 즉 양두정치의 문턱에서 러시아의 정치판을 바라보면, 더욱 커진 푸틴 신디케이트의 상황은 다음과 같다. 세친 그룹에는 실로비키인 니콜라이 파트루셰프, 그의 대변인인 알렉산드르 보르트니코프Alexander Bortnikov, 푸틴의 조력자인 빅토르 이바노프와 검찰조사위원회 위원장인 알렉산드르 바스트리킨이 속해 있었다. 그리고 이 비밀경찰들의 경쟁 관계에 있는 분파에는 여전히 유리 차이카 검찰총장이 있었다. 그가 1세대 올리가르히이자 옐친 시대 크렘린 패밀리의 이른바 재무 담당자였던 로만 아브라모비치와 좋은 관계를 유지한다는 소문이 돌았다. 게다가 체제 내 자유주의자적인 메드베데프와 쿠드린도 이 분파의 일원이었다. 당시 러시아의 가장 부유한 기업가들이었던 푸틴의 오랜 친구들이 이 분파와 긴밀한 관계에 있는 사람들의 리스트를 이어나갔다. 그들은 유리 코발추크Yurii Kovalchuk 뱅크 로시야 은행장, 석유 거래 기업 군보르Gunvor의 소유주인 게나디 팀첸코였다. 또한 알렉산드르 볼로신 초대 대통령 행정실장과 시베리아 튜멘주 주지사로 재직하다 2005년 11월에 행정실장으로 임명된 세르게이 소뱌닌Sergei Sobyanin도 있었다. 소뱌닌은 지역 원유 및 가스 산업과 밀접한 인물이었고, 그런 점에서 푸틴의 두 번째 정예 그룹에 딱 맞는 완벽한 인물이었다.[23]

전체적으로 지배적인 올리가르히들은 메드베데프가 대통령으로 재임하기 직전에 새로운 윤곽을 드러냈다. 무기 수출 업체 로소보로넥스포르트Rosoboronexport 회장인 세르게이 체메조프Sergei Chemezov 같은 새로운 푸틴가르히들 외에도 로만 아브라모비치와 올렉 데리파스카 같은 옐친 시대의 올리가르히들도 이 그룹에 참여했다. 또한 알렉세이 밀러Alexei Miller 가즈프롬 회장과 블라디미르 야쿠닌Vladimir Yakunin 러시아 철도공사 사장도 포함되어 있었다. 옛 올리가르히와 새로운 올리가르히의 가장 큰 차이점은 새로운 올리가르히들은 마케팅 전략 결정을 위해 매번 정부 관리들의 인가가 필요했다는 점이다.[24] 이처럼 1세대 올리가르히와 2세대 올리가르히, 그리고 서로 경쟁하는 실로비키들이 푸틴-메드베데프의 양두정치에 어떻게 편입할지는 두고 봐야 하는 문제였다.

푸틴은 그의 오랜 측근이자 동료인 드미트리 메드베데프를 정치 수뇌부의 동반자로 선택했다. 메드베데프가 절대적인 충성심이 있으며 협조적이라고 생각했기 때문이다. 메드베데프는 정보요원들의 강력한 협력 집단에 연루되어 있지 않았고 개인적인 정치적 야망을 잘 내비치지도 않았다. 푸틴과 메드베데프는 레닌그라드 초대 민선 시장인 법학 교수 아나톨리 숍차크의 제자로서 인연을 맺었다. 푸틴이 숍차크의 대변인이 되었을 때 메드베데프를 시정 법률 고문으로 임용했다. 얼마 지나지 않아 푸틴은 그를 모스크바로 데려갔고, 1999년 말에 메드베데프는 대통령 행정실 제1부실장으로 임명되었다. 같은 해에 메드베데프는 가스 독점기업인 가즈프롬의 이사장이 되었고 경제인으로서도 가장 높은 지위에 올랐다. 심지어 그는 볼로신이 퇴임한 다음 행정실장이 되었다. 이미 앞서 언급했듯이, 그의 경력은 곧장 성공적인 대통령 후보로 이어졌다.

## 푸틴이 주도하는 양두정치

이런 직위 덕분에 메드베데프가 특히 크렘린 엘리트의 상위 계급에 어울리는 인물이기는 했으나 그는 **정보기관** 출신의 푸틴 추종자들과는 성격이 전혀 달랐다. 그는 고등학교 교사인 부모님의 교육적 환경에서 성장했다. 법학 공부를 마친 다음에는 민법학 조교수로 재직했다.[25] 두 명의 반공식적인 국가 최고 통치권자 후보 중 한 명으로서 그는 친개혁 자유주의자와 민주주의자를 표방했다. 2006년 여름, 수르코프의 주권 민주주의 프로젝트가 커다란 반향을 일으켰을 때 메드베데프는 이 개념에 단호히 반대하는 비판적인 입장을 보였다. 그는 민주주의라는 개념을 그 어떤 수식어와 연결하는 것에 반대했다. 2007년 1월, 메드베데프는 다보스 포럼에서 민주주의 자체를 위한 연설을 했다. 그는 유창한 영어로 서방세계의 시민으로서 시장경제 원칙과 법치 우선주의, 정부의 책임감을 기반으로

한 효율적인 민주주의에 대한 기쁨을 표현했다. 더 이상 다른 공개적인 고백은 필요 없었다. 그 연설만으로도 메드베데프가 전형적인 자유주의자이며 서구주의자라는 것이 충분히 알려졌기 때문이었다.[26]

메드베데프는 러시아의 사명에 대한 근본적인 신념과 가치관을 분명히 가지고 있었다. 하지만 정치적 지도자로서 존재감을 드러내기에는 중요한 전제 조건들이 부족했다. 그는 대중에게 인상적으로 등장하지 못했고 기반 세력도 없었다. 어떤 이들은 그에게 고등학교 선생님의 모습이 보인다고 생각했고, 어떤 이들은 니콜라이 고골Nikolai Gogol의 글에 등장하는 전형적인 얼굴 없는 공무원의 모습을 보았다.[27] 푸틴의 세 번째 집권기를 위한 정당의 추종자들은 메드베데프의 권력 기반이 부재하다는 사실을 알았다. 따라서 그들은 이 크렘린궁의 새로운 인물을 간단히 이길 수 있을 것이라고 예상할 수 있었다. 푸틴은 처음부터 직접 권력을 효율적인 방법으로 분배할 것이라고 분명히 말했다.[28] 실제로 세밀한 계획을 통해 정치 수뇌부 인사들이 행정부 소속 기관들로 이동하며 대대적인 인사이동이 일어났다. 메드베데프의 가까이에는 푸틴의 오랜 측근이 포진했다. 메드베데프가 행정 수뇌부와 장관직에 앉힐 후보들을 탐색하기 위해 데이터뱅크에 관심을 갖기 시작한 것은 우연이 아니었다. 오로지 이 주제만을 위해 개최된 컨퍼런스에서 메드베데프는 현존하는 정부 인사 채용의 낡은 시스템을 비난했다. 메드베데프는 이 시스템은 아직도 소비에트 시절의 인사부처럼 작동한다면서, 정부의 요직은 개인적인 충성심을 보인 이들에게 수여되었으며 몇몇 자리들은 심지어 돈을 받고 팔았다고 비난했다.[29]

메드베데프는 더욱 폭넓은 지지를 얻기 위해 모든 분파와 계급과 좋은 관계를 유지하는 데 힘썼는데, 그중에는 비밀경찰과 군인도 있었다. 국민들 사이에서도 더욱 좋은 평판을 얻기 위해 애국적인 연설을 하려고 노력했다. 2008년 3월 초, 앙겔라 메르켈Angela Merkel 독일 총리가 모스크바를 방문했을 때 푸틴은 메르켈 총리에게 메드베데프에 대해 "나만큼이나 러시아를 사랑하는 (좋은 의미에서) 애국주의자"라고 확언했다.[30] 5일 동안의 남오세티야 전쟁은 메드베데프에게 도움이 되었다. 처음에 그는 전투적 태세를 취했다. 그는 결단력과 투쟁적인 능변을 보여주었다. 의심할 여지없이 메드베데프는 전시 대통령으로 분명한 입지를 다질 수 있었다. 국내에 과열된 애국주의적 분위기 속에서 연대 정치 아래 두 명의 통치자의 지지율이 치솟았다. 푸틴과 메드베데프의 지지율은 각각 88퍼센트와 83퍼센트였다. 게다가 짧지만 승리로 끝난 이 전쟁으로 인해 두 정치인이 큰 지지율을 얻게 된 또 다른 이유는 러시아가 캅카스 지역에서 책략을 이용해 미국을 저지했고 심지어 무찔렀다는 편파적인 보도가 이루어졌기 때문이다.

양두정치의 분권 측면에서 보면, 메드베데프를 단순히 국가 지도자인 푸틴의 하급 동업자로 생각하던 초기 정세가 조금 달라진 것처럼 보였다. 그럼에도 여전히 푸틴이 우세하다는 명료한 여론은 공공연하게 이어졌다. 푸틴과 메드베데프는 2인용 자전거에 앉아 있는 모습으로 묘사되었는데, 푸틴이 운전대를 잡고 메드베데프는 아동용 좌석에 앉아서 페달을 밟을 수도 없는 모습이었다. 정치학자 릴리야 셉초바Liliya Shevtsova는 두 인물이 명확하게 푸틴이 주도하는 탱고를 추고 있다고 표현했다.[31] 올가 크리스타놉스카야와 니콜라이 페트로프Nikolai Petrov는 이미 2008년에 푸틴이 형식적으로만 대통령직에서 물러났으며 실제로는 권력을 손에서 놓지 않을 것임을 예측했다. 푸틴은 그저 머물러 있기 위해 물러난 것이었다.[32] 페트로프는 이런 상황을 한 비행기에 탄 두 명의 조종사로 비유했다. 기장인 푸틴이 비행기를 조종하는 동시에 그 어떤 중요한 지원 시스템도 눈에서 떼지 않으려고 온보드 컴퓨터를 조종하고 있다고 묘사했다.[33] 식견이 있는 관측통들은 이미 탄데모크라시(푸틴과 메드베데프가 나란히 이끄는 민주주의)가 시작된 첫해에 푸틴이 다시 최고 수반 직위에 돌아가기 위해 노력하고 있으며 그때까지 영향력을 너무 많이 잃지 않기 위해 애쓰고 있다는 사실을 알고 있었다. 그러나 다른 이들은 푸틴과 메드베데프가 정치적 쌍둥이와 같고, 그래서 그들이 모든 계획에서 서로에게 의존하고 있다고 주장하기도 했다.[34] 결국 그들은 네 개의 팔과 네 개의 다리를 가진 하나의 동일한 정치적 개체라는 것이었다.[35]

하나의 단일한 팀을 추구한다는 푸틴과 메드베데프의 반복적인 주장에도 불구하고, 그들은 대내외적인 정치적 사안에 대해서는 완전히 상이한 입장을 보였다. 처음으로 드러난 두 사람 사이의 갈등은 2008년 여름 첼랴빈스크의 거대 철강기업 메첼의 소유주에 대한 조치에서 볼 수 있었다. 푸틴은 메첼의 회장인 이고리 쥬진Igor Zyuzin이 해외로 수출할 때보다 국내의 석탄 가격을 훨씬 더 높게 책정한 것에 대해 광장한 분노를 표현했다. 이 산업계 전반이 불법적 요소의 영향을 받고 있다는 것이었다. 쥬진이 니즈니노브고로드에서 예정되어 있던 푸틴과의 회담을 병환을 이유로 취소하자 푸틴은 격노했다. 푸틴은 쥬진에게 의사들을 보낼 것이며 이 모든 문제를 처리하겠다고 말했다. 푸틴의 공개적인 분노 표출로 인해 메첼의 주가는 순식간에 9퍼센트나 떨어졌다.[36] 이때 많은 이들은 푸틴이 호도르콥스키 사건 때 취했던 행동을 떠올렸다. 메드베데프는 이 철강 산업계의 거물에 대한 난폭한 조치와 거리를 두었다.

또 다른 비슷한 사건들도 있었다. 2010년 말 호도르콥스키의 두 번째 공판의 판결이 임박했을 때, 푸틴은 도둑은 감옥에 가야 한다는 단호한 말로 판결을 속단했다. 이에 대해 메드베데프는 러시아의 그 어떤 공직자도 사법에 개입하고 확정되지 않은 판결을 평가할 수는 없다고 반박했다.[37] 2011년 1월 모스크바 도모데도보 공항에서 일어난 테러에 대한 반응도 상이했다. 조사위원회가 첫 번째 흔적을 성공적으로 찾았다고 보도하자 푸틴은 사실상 이미 모든 진상이 규명되었다고 공개적으로 성공을 발표하면서 너무 앞서가는 모습을 보였다. 반면에 메드베데프는 조사가 종결되기 전에 최종적인 입장을 표명해서는 안 된다고 경고했다.[38] 이 사건을 비롯해 다른 사건에서도 메드베데프는 법치국가의 원칙과 관련해 더 노련한 전문가로서의 모습을 보였다. 그는 또한 진보 진영을 대할 때 상대방을 존중하는 민주주의자처럼 행동했고, 그 진영의 지도자를 특정한 사회계층의 합법적 대변인이라고 표현했다. 그에 비해 푸틴은 민주주의 진영의 대표자를 보통 비난하기만 했다.

### 경제위기와 파산한 정권

푸틴의 정치적 하급 동업자라는 입장에도 불구하고 메드베데프는 과

감하게 계속해서 기성 정부 시스템의 구조적 약점을 지적하고 심지어는 심하게 비난했다. 나아가 그는 의회에서의 첫 담화도 근본적인 시스템 비판을 위한 기회로 삼았다. 2008년 11월 5일에 열린 연설에서 메드베데프는 누구도 제어할 수 없는 러시아의 국가기관은 국가의 근본악이라고 혹평했다.

관료주의는 기업가들에게 악몽을 가져다주었고, 언론을 조종했으며, 선거에 개입하고, 법정에 압력을 가한다. 결과적으로 국가기관은 스스로 재판하고, 스스로 정치적 정당이 되고, 결국에는 스스로가 국민이 되었다. 그런 시스템은 절대적으로 비효율적이며 단 한 가지, 바로 부패를 야기할 뿐이다.

메드베데프는 강력한 국가와 전능한 관료주의는 절대로 동일한 것이 아니라고 강조했다.

오히려 관료주의는 강력한 국가를 위협한다. 결론적으로 우리 사회가 민주주의 제도를 침착하게, 하지만 단호하게 지속적으로 발전시켜야 한다. 지난 시간 동안, 솔직히 말하면 상부의 명령을 받고 만들어진 민주주의 제도들은 모든 사회계층에 뿌리내려야 한다.[39]

메드베데프의 설교는 푸티니즘의 모든 기본 특징을 나열했다. 다만 푸티니즘이라는 용어를 언급하지 않았을 뿐이다. 반면에 해외의 관측통들은 푸틴이 러시아 대통령직에서 물러났음에도 불구하고 푸티니즘이 공식적인 **정통 정치**로서 이 국가를 확실히 장악했다는 것을 알게 되었다.[40] 물론 시스템에 대한 메드베데프의 신랄한 비판은 당시 자신의 직위에서는 전혀 할 일이 없는 것처럼 행동하는 새로운 총리보다는 반체제 인사들에게 더욱 환영받았다. 그러나 메드베데프의 연설은 신뢰성이 없었는데, 왜냐하면 그가 기형적이라고 확인된 정부를 바꿀 해결책으로 다른 추가 근거 없이 헌법 개정을 제안했기 때문이다. 그는 대통령 임기는 4년에서 6년으로 연장하고, 두마의 회기는 4년에서 5년으로 늘려야 한다고 주장했다. 모든 관측통들은 헌법 개정을 주도하고 마지막 순간에 메드베데프의 연설에서 이런 제안을 하도록 압력을 넣은 사람이 푸틴이라는 추측에 동의했다.[41]

두 국가원수는 그동안 러시아에 도달한 전 세계적인 경제위기를 고려해 **대통령제**의 안정화를 위해 가장 우선적으로 필요한 것은 시스템을 위에서부터 공고히 하는 것이라고 생각했다. 메드베데프는 즉시 기꺼이 러시아 대통령의 정권을 절대화했다. 2008년 7월, 그는 한 인터뷰에서 러시아에 의회 민주주의가 등장하는 것에 대해 정언적으로 반대의 뜻을 내비쳤다. "의회 민주주의의 도입은 국가로서 러시아의 죽음을 의미한다. 러시아는 단일한 국가로 살아남기 위해서 수십 년 동안 혹은 아마도 수백 년 넘게 대통령제 공화국을 유지해왔다."[42] 메드베데프의 발언은 정당들과 의회가 전적으로 중요한 역할을 하는 러시아의 **이원집정부제** 민주주의라는 프랑스식 헌법 모델이 여태껏 부정되었다는 사실을 보여준다. 그리고 이런 오역은 바로 러시아 지도부가 항상 의회와 정당을 장난감처럼 생각하고, 또 그렇게 취급했다는 사실 또한 보여준다. 이는 민주적 계획들이 위에서부터 설계되었다는 메드베데프의 유감 표명이 거짓되었음을 증명했다. 메드베데프의 정권 비판은 이미 이런 이유에서 불발로 끝날 수밖에 없었다. 게다가 메드베데프 집권기에 일부 관찰자들이 새로운 페레스트로이카의 초반 징후들이 보인다고 말했는데도 개혁을 위한 구체적인 계획들은 중지되었다.

그에 반해 처음부터 진보파와 변화를 따라가고 부분적으로는 변화를 함께 주도했던 옐친 정권의 대표자들의 정권 비판은 계속되었다. 푸틴의 경제 고문이었던 안드레이 일라리오노프는 처음에는 2009년 초 미국 의회에서 열린 공청회에서 리셋이라고 불리는, 러시아에 대한 미국의 새로운 완화 정책에 대해 경고했다. 그는 크렘린에 주는 모든 이권은 결국 "비밀경찰, 비밀요원 그리고 마피아 조직으로 이루어진 오늘날의 러시아 정권에 완전히 항복하는 것"이라고 말했다.[43] 고르바초프의 페레스트로이카에서 명성 있는 선봉자로 이미 유명했던 역사학자 유리 아파나시예프 Yurii Afanasyev는 2009년 초 러시아의 상황을 친우와 관계의 자본주의라고 묘사했다. 그는 러시아 지도부를 세습적인 술탄국으로 향하는 위법하고 불법적인 황금 군단이라고 표현했다.[44] 푸틴 집권기와 양두정치 시대의 정치에 대한 판단이 이보다 더 신랄할 수는 없었다.

### 허수아비 대통령, 개혁을 시도하다

메드베데프 대통령은 직접 또 다른 카산드라의 예언을 했다. 그는 2009년 가을에 다시 한 번 체제를 신랄하게 비판했다. "러시아여, 전진하라!"라는 센세이셔널한 제목의 기사에서 메드베데프는 러시아의 민주주의는 약하다고 평하고 경제는 비효율적이며 사회는 반소비에트적이라고 묘사했다. 또한 러시아는 천연자원에 의존하는 원시적인 경제를 가진 퇴보하는 국가라고 말했다. 위대한 지도자들이 모든 사람을 위해 생각하고 결정을 내리는 낡은 사회에서는 가부장적인 분위기가 새로운 아이디어와 계획을 막는다는 것이다.[45] 이 기고문을 통해 메드베데프는 다시금 국가의 권위주의적인 정치 문화에 관해 뛰어난 전문가로 어필했다. 그러나 그의 비난은 그저 경제와 정치의 현대화를 다시 호소한 것뿐이었다. 메드베데프는 우선 기술적 혁신에 기반한 현대화를 계획했다. 이로써 러시아의 패권 회복 요구 주장을 새롭게 뒷받침할 수 있을 것이라고 생각한 것이다.

구체적인 개혁 방안들은 여전히 효력 없는 법적 계획으로 제한되거나 아예 중단되었다. 이 또한 만연한 부패와 이른바 법적 허무주의에 대한 계속되는 비판의 대상이었다. 비공식적인 권력 카르텔 내부의 권력 관계를 알아야지만 노골적으로 모순적인 메드베데프의 언행을 이해할 수 있었다. 푸틴 신디케이트 내부에서 현대화 지지자들이 과반을 넘지 않는 한 메드베데프는 계속해서 허수아비 대통령과 병사 없는 장군 역할로 남을 수밖에 없었다.

메드베데프가 대내 정치의 권력구조로 인해 양손이 완전히 묶여 있었다는 것은 무엇보다 행정부의 가장 중요한 기관들에 실로비키들이 집중되어 있었다는 사실을 통해 잘 알 수 있다. 당시 총리였던 푸틴은 내각을 유력한 비밀요원들의 도피처로 만들기 위해 노력했다. 정부 내 실로비키는 22명이었다.[46] 그중에는 산업 관련 부처를 통솔했던 푸틴의 오른팔 이고리 세친 러시아 부총리도 있었다. 이고리 세친의 임명은 거대 국영기업에 대한 계속적인 지배의 담보였다. 또한 유리 아파나시예프와 스타니슬라프 벨콥스키가 이미 오래전부터 사용해온 개념인 재분배 국가의 전형적인 형태, 즉 국가를 권력과 부의 재분배 수단으로 유지하기 위한 담보였다. 세친이 푸틴의 부총리로 임명된 지 하루 만에 잠재적 매머드 기업인 USC<sup>United Shipbuilding Corporation</sup>의 회장으로도 오른 사실이 그 증거였다. 니콜라이 파트루셰프는 러시아연방 안전보장회의 서기로서 영향력이 상당한 직위에 올랐다.[47] 즉, 세친-파트루셰프 분파는 양두정치 시대에도 잘 적응했다.

메드베데프는 처음부터 실로비키를 대상으로 고요한 전쟁을 시작했다.[48] 그는 보안기관 대표자들의 올림푸스인 안전보장회의와 눈에 띄게 거리를 유지했다. 메드베데프는 안전보장회의를 소집한 적이 드물었고, 그마저도 크렘린이 아니라 모스크바 밖에 있는 고리키 지역에서 소집했다. 드미트리 올로프<sup>Dmitry Orlov</sup>는 푸틴 집권기에는 항상 푸틴 대통령 양 옆에 배치되었던 국내외 첩보기관의 수장들이 이제는 메드베데프 대통령과 멀리 떨어진 뒷좌석에 앉아 있다고 말했다. 새로운 자리 배치는 메드베데프에게 실로비키가 말 그대로 주변 인물에 불과했다는 것을 보여주었다.[49] 시스템 내 자유주의자인 메드베데프와 현 상태에서 아무것도 바꾸지 않으려는 비밀경찰들 사이의 대립에도 불구하고, 메드베데프 대통령은 정부와 경제의 분리를 더욱 강화하려는 자신의 생각을 점차 실현하고자 노력했다. 2011년 초, 메드베데프는 첫 번째 성과를 이루었다. 그는 관료들의 국영기업 임원 겸직을 금지했다. 이에 타격을 입은 대상은 푸틴과 함께 일했던 고위 관료들이었다. 푸틴의 최측근인 이고리 세친 부총리는 로스네프트 경영이사회 의장직에서 사퇴해야 했다. 푸틴이 드레스덴에서 알게 된 세르게이 체메조프도 마찬가지였다. 그는 국영기업인 로스테크놀로지(현 로스텍) 회장직을 포기해야 했다.[50]

대외정책과 관련해서 두 지도자의 균열은 점점 더 심화되어갔다. 메드베데프는 친서방적인 노선을 탔고 국제정치에서 친화적인 제스처를 취했다. 푸틴 그룹은 이를 마음에 들어 하지 않았다. 예를 들어 그들은 리스본에서 열린 NATO 회의에서 메드베데프가 보인 협조적인 자세를 비난했다. 이런 비판에도 불구하고 메드베데프는 서방과의 관계를 개선하는 데 노력했는데, 특히나 미국과 버락 오바마 미국 대통령과의 관계 개선에 힘썼다. 미하일 지가르에 의하면 메드베데프는 스스로 러시아의 오바마를 꿈꿨다.[51] 푸틴에게 부시 대통령이 롤모델이었던 것처럼 메드베데프에게는 오바마가 롤모델이었던 것이다. 그는 리비아 문제와 관련해서 오바마에게 양해를 구하려고 했다. 러시아는 리비아의 비행 금지 구역에 대한 UN 안전보장이사회의 결의에 기권표를 행사했다. 그 때문에 공개적으로 메드베데프를 비난했던 푸틴과 공개적인 갈등이 생겼다. 푸틴은 NATO의 리비아 작전을 중세 시대 십자군전쟁과 비교했고, 무엇보다도 카다피 정권에 대한 미국의 정책을 신랄하게 비판했다. 이에 곤궁한 상황에 처해 있던 리비아 대통령은 또 한 번 푸틴을 칭송했다. 무아마르 카다피 Muammar Gaddafi와 개인적인 우정을 소중히 했던 푸틴은 카다피가 사살된 사실에 이성을 잃었고 비열한 서방의 행동에 격분했다.[52] 푸틴에게 카다피의 죽음이 엄청난 트라우마가 된 것은 분명했다. 이 사건으로 인해 푸틴은 서방세계에 더욱 깊은 불신을 품게 되었다. 푸틴의 실로비키들 역시 매우 당황했고, 미국이 러시아 내 색깔 혁명을 조작했으며 정권 교체와 푸틴의 몰락을 위해 수작을 부리고 있다고 또 한 번 의심을 품었다.

## 메드베데프의 정치적 자살

세 번째 후계자 작업이 다가올수록 두 명의 양두정치인과 양측의 지지 자들 사이에 일종의 세력 다툼이 발발했다는 것이 더욱 분명해졌다.[53] 많은 관측통들은 2011년 초 푸틴뿐만 아니라 메드베데프도 대통령 재선을 위해 노력하고 있다고 느꼈다. 러시아 정치의 특징에 대한 윈스턴 처칠의 비유처럼 양탄자 아래 불독들의 싸움은 점점 더 뚜렷해졌다.[54] 푸틴 그룹은 3월 지방선거에서 대내 정치적으로 실망스러운 결과를 얻었다. **통합 러시아당**은 일부 지역에서 지지율을 20퍼센트까지 잃었다. 푸틴 분파는 전방위 전략을 선택했다. 4월 14일, 보리스 그리즐로프 두마 의장은 **통합 러시아당**은 당연히 당수인 푸틴을 대선 후보로 지지할 것이라고 발표했다.[55] 5월에 들어서 푸틴은 대통령 재선에 대한 자신의 요구를 더 확실히 관철하기 위해 퇴역 군인 단체들과 은퇴한 공직자 단체들로 구성된 **전 러시아 국민전선**을 창설했다. **전 러시아 국민전선**은 통합 러시아당의 원동력이자 호위 역할로 함께했다. 결국 푸틴은 12월에 예정되어 있던 두마 선거에서 구명 튜브 역할을 했다. 그들의 시급한 문제는 완전한 소비에트식 스타일의 정치적 동원이었다. 푸틴이 크렘린으로의 회귀를 추진하고 있다는 사실을 보여주는 다른 증거들은 그의 공식적인 연설들과 새로운

혁신산업위원회의 설립이었다. 이 위원회의 업무는 다음 대통령을 위한 프로그램을 계획하는 것이었다.[56]

한편 7월에는 메드베데프를 위해 진보적인 지식인들로 구성된 그룹이 푸틴을 격렬히 반대했다. 마리에타 추다코바Marietta Chudakova, 드미트리 오레시킨Dmitry Oreshkin, 세르게이 필라토프Sergei Filatov는 대중에게 메드베데프를 지지할 것을 요구하며 맞섰다. 그들은 국무총리의 권력이 과도하게 확대되었다고 비판했다. 또 푸틴 집단의 정권이 생겨났고 지하 세계가 집권 실로비키들과 융합했다고 말했다. 게다가 비밀경찰들이 사법기관과 형 집행기관에 스며들었다고 주장했다.[57] 메드베데프를 위한 소규모 진보주의자들의 이런 노력은 아무런 소득이 없었다. 메드베데프의 대통령 선출을 위해 발언했던 그렙 파블롭스키 같은 정치기술자들도 즉시 푸틴의 노여움을 샀다.

2011년 여름, 메드베데프는 한 번은 상트페테르부르크에서 열린 경제포럼에서 세계의 관중 앞에, 또 한 번은 모스크바에서 러시아의 재계 대표자 등으로 제한된 관중들 앞에 극적으로 등장했다. 그는 다시금 집권 정권을 비판하는 동시에 공세에 들어갔다. 그렇게 메드베데프는 항상 절대시되어온 공식적 슬로건인 국가의 정치적 안정성이 경제 침체의 원인이라고 비하했고, 모든 공공시설의 근본적인 개혁이 필요하다고 호소했다. 그는 부패가 권력의 과도한 집중화와 국가의 과도한 경제 개입의 결과라고 보았다. 그리고 기업인들에게 자신이 제안하는 길과 오래된 낡은 길 중에서 선택해야 한다고 분명하고 정중하게 암시했다.[58] 관중들은 완전히 아연실색했다. 대통령이 진짜로 자신의 대통령 출마를 지지할 것을 직접적으로 부탁한 것인가?[59] 메드베데프의 발언이 확실하게 이해되지 않은 이유는 아마도 양두정치 체계의 하급 동업자가 마지막까지도 공개적으로 집단지도 체제의 구속에서 벗어나려는 시도를 꺼려했기 때문이었을 것이다. 바로 이 이유로 메드베데프의 정치적 자살행위가 계획되었다.

이 사건의 이후 과정은 미하일 지가르가 상세히 설명했다. 2011년 늦여름에 메드베데프는 푸틴에게서 아스트라한 근방으로 함께 낚시를 가자고 초대받았다. 이 기회에 푸틴은 세계의 어려운 정세를 이야기했고, 이 때문에 러시아에서도 강력한 통치가 필요하다는 점을 지적했다. 그리고 푸틴은 다시 대통령직을 탈환할 것이라고 통보했다. 그는 국민들 사이에서 자신의 지지율이 더 높고 **국민전선**과 **통합** 러시아당이 자신의 뒤에 있으며 결국은 집권당이 가장 인기 있는 후보를 지명하는 것이 통례적이라고 말했다. 그리고 푸틴은 메드베데프에게 함께 선거에 출마하자고 요구했다. 메드베데프가 총리직을 맡는다면 계속해서 크렘린으로 돌아올 기회를 유지할 수 있다고 말이다.[60] 메드베데프는 푸틴의 설득에 대답하지 않았다고 한다. 소문에 따르면, 메드베데프는 자존심에 깊은 상처를 입었는데도 불구하고 마지막까지 계속해서 충직한 에카르트Ekkehard 역을 수행했다.

### 계획된 직무 교환

2011년 9월 24일에 열린 화려하게 꾸민 당대회에서 푸틴이 대통령 집무실에 돌아갈지 아니면 메드베데프가 또 한 번의 임기를 가질지에 관해서 오랫동안 의문이었던 질문에 대한 답이 나왔다. 푸틴과 메드베데프는 다시 서로 직무를 교환하기 위해 각자의 후임으로 서로를 지명했다. 푸틴은 국가수반으로, 메드베데프는 행정수반으로 말이다.[61] 비공식 크렘린 그룹의 과반수가 분명 푸틴을 선택했을 것이다. 진보주의 싱크탱크의 소장이자 러시아 산업경영인연합 부회장이며 메드베데프의 재입후보를 계속해서 앞장서 도왔던 이고르 유르겐스Igor Yurgens는 신문사와의 인터뷰에서 비공식적인 권력 게임이 왜 메드베데프에게 유리하게 흘러가지 않았는지 설명했다. 즉, 푸틴의 자원이 더 강력하다는 것이 입증되었던 것이다. 이 자원은 군산복합체, 방위 산업, 농업, 석유 및 가스 산업, 마지막으로 견장을 단 사람들, 즉 보안기관 출신의 실로비키를 의미했다. 이 모두가 푸틴의 귀환을 원했다. 그에 비해 메드베데프의 사람들은 민간 은행부터 젊은 기업가, 교수와 과학자 같은 지식인(인텔리겐치아), 기능인까지 실질적으로 훨씬 영향력이 작은 새로운 중산층으로 제한되어 있었다.[62]

직무 교환이 예정되어 있었다는 사실이 알려지면서 대중들의 반응은 대체적으로 부정적이었다. 많은 사람이 숨겨진 권력 게임이 존재한다고 느끼고 비공식적인 합의가 있었다고 추측하면서 속고 기만당했다고 생각했다.[63] 통합 러시아당을 제외한 모든 러시아 정당의 주요 정치인과 정치기술자, 언론인은 이를 비난하고 수치심을 드러내며 분노를 표했다. 오랜 침묵과 작전 끝에 마치 연극처럼 연출된 권력의 이동은 매우 창피하게 느껴졌다. 이처럼 전임자 복귀 작업으로 드러난 새로운 후계자 작업이 있기 전에는 푸틴 신디케이트에 내재된 기만과 거짓의 시스템이 대중에게 알려진 적이 없었기 때문이다. 직무 교환에 대한 결정이 오랜 심사숙고 끝에 따른 합의의 결과라는 두 정치인의 주장은 결국 메드베데프의 집권기가 사실상 푸틴의 대리 역을 수행하는 시기였다고 인정하는 꼴이었다. 이로 인해 대통령 지위의 가치는 확연히 떨어졌다. 두 정치인은 독재정치를 하면서 그들의 과도한 기만행위가 사회에서 쉽게 용인되지 않을 것임을 알지 못했던 것이다. 한 인터뷰에서 푸틴은 외국의 국가수반과 정부수반의 긴 임기를 예로 들면서 자신의 대통령 재입후보를 정당화했다. 그는 미국의 4선 대통령인 프랭클린 D. 루스벨트와 16년 동안 재임한 헬무트 콜 Helmut Kohl 독일 총리를 언급했다.[64] 메드베데프는 아스트라한에서 푸틴과 이룬 합의의 정신에 따라, 푸틴의 지지율이 약간 더 높기 때문에 그가 대통령 후보자로서 선두에 서 있다고 말했다.[65]

크렘린이 주도하는 후계자를 위한 새로운 책략의 카운트다운이 시작되었다. 전과 같이 두마 선거의 조작에는 연출가가 개입되었다. 그러나 모든 면밀한 계획에도 불구하고 새로운 후계자 작업도 상당한 동요를 동반했다. 이번에는 진보 진영의 회생을 위한 계획이 실패했다. 이 계획은 크렘린의 동의를 받아 철강업계 대부인 미하일 프로호로프 Mikhail Prokhorov 가 맡게 되었다. 그러나 올리가르히인 프로호로프가 오래전부터 출렁거리던 바른실천당을 자기 뜻대로 형성해나가려고 하던 참에 크렘린으로부터 소환된 것이었고, 이에 프로호로프는 거부하고 반격했다. 그는 대통령 행정실 부실장이자, 모든 국가의 정당과 선거를 오랫동안 관리해온 블라디미르 수르코프를 공개적으로 거세게 비판했다. 수르코프는 정치 시스템을 사유화하고 허위 정보와 조작을 통해서 국민과 지도부를 기만한 크렘린의 조종자라고 비판받았다.[66] 프로호로프의 공개적인 비난은 금기를 깨는 전례 없는 일이었고 결국 국영방송에서는 완전히 묵살되었다.

다른 전선에서도 소란이 있었다. 독단적이고 서투른 연출을 통한 푸틴과 메드베데프의 직무 교대는 즉각적인 반발을 일으켰다. 먼저 오랫동안 재무부 장관으로 재직한 알렉세이 쿠드린이 반기를 들었다. 푸틴에 의하면, 쿠드린은 메드베데프가 행정수반 자리를 넘겨받는 것이 마음에 들지 않았으며 메드베데프 총리 밑에서는 일하고 싶은 마음이 없었다. 메드베데프 대통령은 더 이상 모욕당하지 않기 위해 **불복종**을 명분으로 즉시 쿠드린을 해임했다.[67]

지도부의 분위기가 격양된 상황에서 인터넷 커뮤니티에서도 반발의 외침이 있었다. 계획되어 있던 직무 교환에 대한 선언이 발표되자마자 인터넷에서는 푸틴이 브레즈네프 초상화에 합성된 그림이 돌아다녔다. 이 그림은 1964년부터 1982년까지 소련을 통치한 레오니트 브레즈네프 Leonid Brezhnev 정권과 오랜 기간 집권하는 푸틴을 노골적으로 비교한 것이었다. 푸틴은 인터넷에 떠도는 이런 유사 해석을 마음에 들어 하지 않았고, 따라서 급히 드미트리 페스코프 Dmitry Peskov 대변인을 온라인 TV 채널인 도쉬트 Dozhd로 보내면서 특히 젊은 인터넷 이용자들을 겨냥한 선전 활동을 지시했다. 페스코프는 브레즈네프가 소련 중앙위원회 서기장이었던 그 시기는 **훌륭한 통치의 시대**였으며 또한 브레즈네프가 국가 발전에 큰 기여를 한 사람으로 역사에 기록되어 있다고 선전했다. 이는 고르바초프의 페레스트로이카 이후 **침체되어** 있었다고 표현되어왔던 브레즈네프 시대를 평가절상한 것으로, 반대파에게는 좋은 평가를 받지는 못했다. 또한 TV에 출연한 페스코프는 흑해에서 잠수한 푸틴이 고대의 유물 항아리들을 발굴하는 장면이 여러 국영 채널에서 방송되었지만 이는 사실이 아니라고 밝혔다. 이 항아리들은 잠수 전에 미리 놔둔 것이었다.[68] 푸틴 숭배에서 이런 발언의 철회뿐만 아니라 장관이 불복종하는 일 또한 통제된 민주주의의 전형적인 규칙에 완전히 반한 일이라는 것이 분명했다. 이는 명백한 정권 위기였다.

### 조작된 두마 선거

두마 선거를 위한 준비 과정은 그 정권이 통제된 다원주의의 전형적인 방법을 다시 이용하려고 했는지 혹은 새로운 전략을 시도해보려고 했는지를 보여주었다. 크렘린의 목표는 예정되어 있는 후계자 작업을 위해 새로운 의회에서 다수 의석을 차지하는 것이었다. 지원자 범위는 4개의 두마 정당과 3개의 다른 소규모 정당으로 제한되었다. 모든 반정부 성향의 비시스템 정당들은 빤히 들여다보이는 이유로 등록을 거부당했다.[69] 실제로 통합 러시아당을 다시 정상으로 밀어 올리기 위해 선거운동에서 옛 전략과 새로운 전략을 혼합해 사용했다. 전 러시아 국민전선은 통합 러시아당에 새로운 아이디어와 비전을 제시해주기 위해 새롭게 창설되었다. 목적을 달성하기 위해 새로운 버전의 통제된 다원주의는 미국의 예비선거를 따라 프라이머리primaries라고 불리는 후보사전선택 제도와 혼합되었다. 따라서 마지막에 선정된 잠재적인 후보들을 수용하거나 완전히 배제해버리는 일은 푸틴의 몫이었다.[70]

통합 러시아당이 처음으로 TV 토론에 참여해 겸손한 태도를 보인 것

또한 새로운 일이었다. TV 토론에는 엄격한 규칙이 적용되었다. 푸틴과 메드베데프의 이름을 언급해서는 안 되고, 부정부패에 대해서는 특정한 부패 고위 정치인을 언급하지 않으면서 보편적인 문제로서만 공론화해야 했다. 이는 크렘린의 선거연출가들이 지도층의 대표자에 대한 폭로를 얼마나 두려워했는지를 보여준다. 이런 규정과 늦은 방송시간 때문에 시청자들의 관심은 낮았다.

이전에 그랬던 것처럼 이번에도 주지사들은 **통합 러시아당**을 위해 그들의 지역에서 최대한 많은 표를 얻으라는 임무를 부여받았다.[71] 통합 러시아당은 계속해서 전국적으로 플랜카드를 내걸었는데, 중앙선거관리위원회의 공공 선거 참여 캠페인과 헷갈릴 정도로 비슷했다. 이 트릭 역시 **통합 러시아당**에 유리하게 작용했다. 모스크바 시장은 이에 대한 비판을 들었을 때, 국가와 정당은 근본적으로 동일하다고 간결하게 대답했다.[72] 이런 모든 특별대우에도 불구하고 통합 러시아당은 더 이상 벗어날 수 없는 악평을 달고 다녔다. 부패에 맞서 선두에서 싸우는 젊은 블로거인 알렉세이 나발니Alexei Navalny는 **통합 러시아당**을 **사기꾼들과 도둑놈들의 정당**이라고 칭했다.[73] 그의 표현은 급속도로 퍼져나가 반정부 진영의 유행어가 되었다.

2011년 12월 4일 두마 선거의 공식적인 결과에 의하면, **통합 러시아당**의 득표율은 2007년과 비교해서 훨씬 낮았다. 두마의 일부 다른 정당들의 표는 확연히 증가한 반면에 통합 러시아당의 득표율은 2007년의 64퍼센트에서 이번에는 49퍼센트를 조금 웃돌았다. 진입이 허용된 소규모 정당들은 필수 득표율인 7퍼센트 이상의 표를 얻지 못했다. 유럽안보협력

기구OSCE의 선거참관인을 비롯해 러시아 비정부기구 골로스(러시아어로 목소리)는 선거규정 위반 행위가 상당히 많았다고 확인했다. 골로스는 "두마의 국회의원 선거는 자유선거도 아니었고 평등선거도 아니었다"라고 말했다. 유럽안보협력기구는 무엇보다도 국가와 집권당이 같다는 점을 비판했다. 또한 중앙선거관리위원회의 독립성 부재와 통합 러시아당을 위한 모든 단계에서 이루어진 국가기관의 부적절한 개입도 비판했다.[74] 특히 가장 눈에 띈 것은 모스크바시의 공식적인 투표 결과에서 나타난 이상 현상이었다. 이 현상은 부정행위에 개입한 학생들을 이용해 회전식 중복 투표를 통한 직접적인 조작이 일어났다는 것을 의미했다. 민주당인 야블로코당은 모스크바와 상트페테르부르크에서 각각 20퍼센트나 되는 득표율을 얻은 사실에 대해 감명받은 모습을 보였다. 많은 비판적인 관측통들은 통합 러시아당을 위한 투표가 중앙 및 지방선거관리위원회의 도움으로 심하게 조작되었다고 주장했다. 그들은 통합 러시아당은 기껏해야 총 투표율의 40퍼센트를 차지했는데, 이마저도 축치와 체첸 같은 일부 지역에서 이루어진 조작을 통해 이곳에서 가장 많은 표를 얻었기 때문이라고 주장했다. 실제로 투표 결과는 지역적인 특성을 강하게 보여주었다. 다수의 캅카스 지역에서는 통합 러시아당의 득표율이 99퍼센트나 되었다. 예를 들어 공장이나 병원 같은 공공시설에서도 집단 투표가 이루어져 득표율이 비슷했다. 로스토프나도누 지역에서는 통합 러시아당이 140퍼센트가 넘는 표를 받아 정점에 달했다.[75]

## 거리와 인터넷에 등장한 성난 시민들

선거가 끝난 지 며칠도 지나지 않아 많은 사람들이 의심하고 있는 부정선거에 대한 분노의 물결이 일어났다. 수천 명의 사람들이 정치적 불평등과 부정에 대한 규탄 시위를 했다. 이에 정부는 시위자들에게 무력을 행사했고 수천 명이 넘는 사람들이 구금되었다. 그리고 청년단체 나시의 대표자들을 시위대에 대항하는 돌격대로 거리에 내보내려고 했지만 실패했다. 크렘린은 관용으로 방향을 선회했다. 12월 10일에는 크렘린 남쪽에 위치한 볼로트나야 광장에서 3만 명이 참가할 시위를 허가했는데, 실제로는 약 6만 명의 사람들이 집결했다. 또 크렘린이 승인한 12월 24일 사하로프 광장의 시위에는 10만 명의 사람들이 모여들었다. 러시아의 다른 도시들에서도 많은 사람들이 부정선거와 그들의 빼앗긴 표에 대항해 시위했다.[76]

두 차례의 대형 시위 사이 12월 15일에는 오래전부터 계획된 푸틴과 국민의 연례적인 대화인 다이렉트 라인이 개최되었다. 여기에서 푸틴은 시위자들에 대해 모욕적인 발언을 했고, 심지어는 일상적인 상스러운 비속어를 사용해 꽥꽥 소리지르는 원숭이들이라며 서슴지 않고 비방했다. 그는 시위자들이 비폭력의 상징으로 두른 하얀 손목밴드를 에이즈 예방 행사에서나 볼 수 있는 콘돔처럼 생겼다고 비아냥댔다. 푸틴은 시위를 폄하했고 대단히 침착한 것처럼 행동했다. 마치 전혀 특별한 일이 아니라는 듯한 제스처였다. 그는 시위자들이 법적 틀 내에서 정치와 경제에 대해 발언한다면, 그것은 정상적일 수 있다고 말했다. 푸틴의 정치기술자들은 대도시의 시위대에 대항하기 위해 시민과의 대화에서 시골 노동자이자 강건한 푸틴 추종자에게 발언권을 주는 방법을 생각해냈다. 정치기술자들은 니즈니타길에 위치한 우랄바곤자보드Uralvagonzavod의 작업 반장인 이고르 홀만스키히의 출연을 계획했다. 그는 시위대에 맞선 싸움에서 즉각적으로 푸틴을 지원했다. 그는 경찰이 시위대를 진압하지 못한다면 안정을 보호하기 위해 직접 자신이 사람들을 모아 도시로 올라가겠다고 말했다.[77] 이후 세월이 어느 정도 흐른 다음에 푸틴은 자신을 지지한 것에 대한 보상으로 홀만스키히를 우랄 연방관구의 대통령 지역 전권위원으로 임명했다.

그에 반해 다이렉트 라인에서 보여준 대도시 시위대를 향한 푸틴의 냉소적인 발언은 시위대들에게 더욱 반발할 이유를 만들어주었을 뿐이었다. 국민에게서 빼앗아간 과도한 권력을 가진 푸틴을 향한 분노는 더욱 격렬해졌다. 그들의 분노는 12월 24일의 시위에서 드러났다. 콘돔에 둘러싸인 푸틴과 그와 비슷한 풍자 그림들, 또 푸틴 없는 러시아라고 적힌 플랜카드가 새롭게 시위의 선봉에 섰다.[78] 전과 달리 국영 채널들도 처음으로 시위대를 다루었다. 그러나 푸틴 개인을 겨냥한 현수막들은 모자이크 처리되었다.

시위에 사람들을 동원할 때는 인터넷이 중심적인 역할을 했다. 푸틴에게 속은 유권자들에게 집단 시위 참여를 촉구하는 글들이 새로운 소셜 네트워크를 통해 불길처럼 번졌다. 인터넷 사용자 수는 하룻밤 새 다섯 배나 증가했다. 사회학자들은 시위 참가자 대부분이 어떤 정당도 지지하지 않는 새로운 사회 중산층이라는 사실을 발견했다. 시위대의 70퍼센트가 부정선거에 대한 분노 때문에 참가했다고 대답했다. 게다가 그들은 국가의 상황과 정부의 정책에 많은 실망감을 느꼈다. 40퍼센트 이상의 사람들이 메드베데프의 현대화 약속에 환멸을 느꼈다. 또한 설문조사를 통해서 무엇보다도 독단적인 직무 교환 통보가 대규모 시위의 촉매제로 작용했다는 사실이 드러났다. 사회정치학자인 옥사나 드미트리예바Oksana Dmitrieva는 사람들 사이에서 퍼진 불만의 구체적인 이유들을 나열했다. 즉, 사회적 유동성 부재, 분파의 보호 없이는 기업을 설립하는 데 겪는 어려움, 그리고 엄청난 사회 불균형과 점점 커지는 부패 때문이었다.[79] 정치부 기자인 파벨 펠겐하우어Pavel Felgenhauer는 푸틴 정권의 특성이 시위를 촉발했다고 말했다. 왜냐하면 푸틴 정권은 푸틴의 부패한 도둑정치체제의 석유국에서 대다수 국민들의 권리를 박탈함으로써 형성되었기 때문이다. 푸틴의 선전 전문가들이 안정과 번영의 동화라는 감언이설로 사람들을 속였다. 그러나 이런 환상으로 혜택을 본 사람들은 오직 푸틴의 피보호자들이었고, 정작 국민들은 부패한 경찰과 사법기관에 의해 방치되었을 뿐이었다.[80]

많은 관측통들은 이 시위가 무엇보다도 비밀스러운 협상과 다양한 조작을 이용한 기만과 거짓으로 이루어진 시스템에 대한 도덕적인 저항이라고 보았다.[81] 발언자들 사이에서 특히 작가와 예술가가 인기가 많았는데, 정치적 진보 야당 진영의 오랜 유명한 대표자들보다는 아니었다. 끊임없는 공감과 가장 오랫동안 박수를 받은 사람은 새로운 국민영웅 알렉세이 나발니였다. 그는 선거에 대항한 12월 5일의 게릴라 시위에 참가해 체포되었던 사람들 가운데 한 명이었기 때문에 정치 열사라는 이미지도

가지고 있었다. 크렘린에 대항해 앞으로도 시위를 계속하겠다고 위협하는 강렬한 정치적 발언을 이어가던 나발니는 정치적 수감자인 호도르콥스키뿐만 아니라 감옥에서 사망한 세르게이 마그니츠키 변호사를 상기시켰다. 재선거와 중앙선거관리위원회 위원장의 해임을 요구한 알렉세이 쿠드린은 완벽한 공감을 받지는 못했다. 정치 지도부와 시위대의 대화를 요구한 그의 제안 역시 별로 동의를 얻지 못했다.[82]

시위대의 요구사항은 오히려 소박하고 구체적이었다. 그들이 원하는 것은 모든 정치적 구금자의 석방, 선거 재실시 그리고 중앙선거관리위원회 위원장의 해임이었다. 메드베데프는 몇 가지 근본적인 혁신안을 내놓았다. 12월 22일, 그는 국가 정세에 대한 마지막 연설에서 정치 시스템의 개혁을 위한 포괄적인 일련의 조치들을 공표했다. 주지사의 직선제 부활, 두마 직접선거 재도입, 정당 등록과 대통령 후보 등록을 위한 지지자 서명 요건 완화, 분권화 조치, 공법적인 방송 설치 등이었다. 정당 등록 요건 완화를 위한 법안은 이미 2012년 2월에 선포되었다. 메드베데프는 그의 마지막 대규모 연설에서 마지막 약속으로 정치 개혁을 선언했는데, 정치 개혁을 이룬다는 것은 실제로 더 큰 정치적 기회의 평등을 약속하는 것이었다.[83]

그동안에 크렘린은 시위대와 메드베데프의 발언 사이의 모든 연관성을 부정했다. 또한 연말에는 막후 조종자인 블라디슬라프 수르코프의 해임 역시 국민 시위와 전혀 관련이 없다고 강하게 부정했다. 그럼에도 얼마 전까지만 해도 상상도 할 수 없던 이 모든 일이 시위대를 향한 즉각적인 반응이었다는 것은 분명했다. 지도부는 전략을 세웠다. 지도부는 자신들이 협상할 준비가 되어 있음을 보여주는 동시에 대규모 시위로 번질 경우를 대비했다. 그리고 세르게이 이바노프와 드미트리 로고진Dmitry Rogozin 같은 강경파들은 즉각 높은 지위를 점령했다.

### 세번째 라운드: 새로운 체제의 푸틴?

그 사이에 정부 대변인 페스코프는 언론인들에게 푸틴이 새로운 체제의 푸틴, 즉 친개혁적인 정치인이 될 것이라고 약속했다. 푸틴은 공평한 대선을 위해 투명한 투표함을 설치하고 모든 선거 장소에 웹카메라를 설치하겠다고 직접 약속했다. 그런 제스처가 야당의 불신을 불식하지는 못했다. 크렘린이 3월 4일 첫 투표에서 이룰 푸틴의 승리를 위해 만반의 준비를 기하는 동안, 정치적으로 각성한 사회는 푸틴 없는 러시아라는 그들의 슬로건을 빨리 내리려고 하지 않았다. 나발니와 다른 운동가들은 정치적 정당을 설립했고, 인터넷 커뮤니티는 그 어느 때보다 정치적 주제에 대해 더욱 활발하게 토론했으며, 반푸틴 시위대는 계속되었다. 그에 대항하기 위해 푸틴의 연출가들은 푸틴을 위한 행진을 조작했다. 이 행진은 집회라는 의미의 미팅기Mitingi라는 널리 쓰이는 차용어를 변형한 푸팅기Putingi라고 불렸다. 2월 4일 푸팅기에서 대부분 공무원들로 이루어진 10만 명의 사람들이 버스를 타고 모스크바로 진격했다. 그들의 현수막에는 오렌지 혁명 반대!, 모든 것이 달려 있다!, 푸틴이 아니면 누가 할 수 있겠는가! 등이 적혀 있었다.[84]

2012년 3월 8일, 푸틴은 거의 64퍼센트에 달하는 지지율을 얻으며 대통령에 세 번째로 선출되었다. 그러나 그는 러시아의 수도인 모스크바에서는 50퍼센트도 채 되지 않는 지지율을 얻었다. 선거가 시작되기 전, 푸틴은 대규모 시위가 그를 "행복하게" 했으며, 이제부터 지도부는 "국가에서 일어나는 일에 활발하게 대응하고 국민의 감정과 기대에 더욱 부응하겠다"라고 맹세했다. 그러나 그는 선거일 저녁에 이미 다시 "러시아의 국가적 지위를 파괴하고 권력을 강탈하려는 야당"을 향해 승리를 자신하며 그들은 "러시아를 약화하려고 서방이 원하는 대로 행동하는 소수"일 뿐이라고 비난했다. 승리를 손에 넣은 푸틴은 그의 정치적 신념대로 마음껏 행동했다. 그는 모든 형태의 정치적 반대파들을 향한 거리낌을 숨기지 않았고, 서방에 대한 적의를 공개적으로 드러냈다. 그는 명백히 긴장이 풀린 것 같았고 눈에서 눈물을 훔쳤다. 이후 푸틴 대통령 대변인 페스코프는 푸틴이 흘린 감동의 눈물은 사실 시위가 열린 마네지 광장에 불었던 강한 바람 때문이었다고 변명했다.[85] 그리고 선거 이후 페스코프는 또 다른 메시지를 전했다. 바로 푸틴이 무슨 한이 있더라도 시스템을 현대화할 계획이지만, 이는 **고르바초프의 갑작스러운 자유화 방식과는 다를 것이라**는 메시지였다. 그것은 새로운 글라스노스트와 페레스트로이카 시대에 대한 분명한 거절이었다.

2012×2014

—

보수의 물결과 국가적 선동
그리고 우크라이나 사태

—

푸틴의 세 번째 집권기는 즉시 포괄적인 시스템 위기로 이어졌다. 이 위기는 푸틴-메드베데프 양두정치의 말미에 들이닥쳤다. 조금 전의 혼란이 지나고 이제 새로운 시대, 새로운 버전의 푸티니즘이 시작될 것이 분명했다. 실제로 러시아의 고전적인 문제인 우리는 누구이며, 어디에서 왔으며, 어디로 가고 있는가?라는 질문에 대한 새로운 대답들이 나왔다. 왜냐하면 소련이 무너지고 20년 이상이 지난 다음에도 최대 후계 국가의 국가 정체성 확립이 전혀 완성되지 않았기 때문이다. 국가들 사이에서 러시아의 입지를 찾는 작업도 마찬가지였다. 특히 유럽, 서방과의 관계는 개선되지 않았다. 2012년 3월에 치러진 대선 결과는 정체성을 찾기 위한 새로운 방향을 설정하는 데 엄청난 영향을 미쳤다. 이번에는 보수적이고 반서방적인 바람이 일었다는 것을 인식할 수 있었다.

새로운 보수주의를 향한 추세는 푸틴 유권자들의 사회적 기반에서 시작되었다. 동시에 새로운 국가 철학에서 이미 시위가 일어났을 때 푸틴에 등을 돌린 진보적이고, 학식 있는 시민들이 푸틴을 외면하기 시작했다. 2011년 12월부터 2013년 1월까지 거듭 진행된 설문조사에 의하면, 푸틴 없는 러시아라는 표어는 아직까지도 사람들의 5분의 1의 지지를 받고 있었다. 푸틴에 대한 보편적인 지지율은 하락세에 들어섰다.[1] 그러나 푸틴은 2012년 대선에서 시골과 노동자 그룹에서, 즉 덜 교육받은 계층과 노인들 사이에서 많은 지지율을 얻었다.[2] 이런 유형의 사람들로는 메드베데프의 계획에 따른 진보적인 현대화가 실현될 수 없었다. 사회학자들은 사회의 약 60퍼센트가 잠재적인 친푸틴 성향의 과반수일 것이라고 추측했다. 이 과반수는 푸틴의 통치를 높게 평가했고, 재선출된 푸틴이 이제 집중적으로 관심을 기울이기 시작한 퇴보하는 **권위주의적인 러시아**를 대변했다.[3] 다른 선거 권위주의 시스템들처럼 러시아의 형식적 민주주의에서도 선거가 중요했지만, 러시아의 선거는 단지 지도층에 대한 국민의 충성심의 정도를 나타내는 척도였을 뿐이었다. 거꾸로 보면 선거는 오히려 푸틴의 통치권을 합법화하는 데 일조했다. 대규모 시위와 비교적 근소한 차이로 얻어낸 2012년 3월 대선에서의 푸틴의 승리는 새로운 합법화 수단들이 필요하다는 것을 분명히 보여주었다. 크렘린은 푸틴의 지지층 파악에 나섰고, 다음 2년 동안 보수적 물결은 분명한 얼굴을 드러내기 시작했다.

### 억압적 안정을 통한 위협

우선 정치 지도부는 반대파 세력을 저지하기 위해 전력을 다했다. 푸틴 반대파들이 하나의 지도부 아래 통합되는 것은 여전히 어려웠기 때문에 반대 세력을 저지하는 일은 그렇게 어렵지 않았다. 크렘린은 시위대에 속한 몇몇 선동자를 대상으로 억압적 조치를 결정했다. 크렘린은 행동주의자 블로거인 알렉세이 나발니에 대한 형사소송을 준비했지만 경제적 부정행위에 제한되었을 뿐이었다. 급진 좌파 전선의 지도자인 세르게이 우달초프Sergei Udaltsov는 가택 연금을 선고받았다. 2012년 5월, 몇몇 유명한 시위 참가자들은 푸틴 취임식 전야에 경찰과의 무력 갈등으로 체포되었고 이후 유죄를 선고받았다.[4] 이 판결은 폭력 사태가 일어난 볼로트나야 광장(늪의 광장)의 이름을 따라, 역사적으로는 **볼로트노예 델로**Болотное дело(글자 그대로의 의미와 비유적인 의미로도 질척한 사건)라고 기록되었다. 푸틴 치하 러시아의 정치와 관련된 다른 법적 사건에서 흔히 볼 수 있었듯이 이 사건에서도 정의는 사법기관의 늪으로 빠져버렸다. 많은 관측통들은 푸틴이 대통령으로 다시 돌아오면서 시작된 새로운 시대를 억압적 안정이라고 표현했다. 이는 반란을 일으킨 사람들을 위협하기 위해 이용된 행정명령과 법률의 범람을 의미했다. 입법을 추진하기 위한 지나치게 열성적인 노력 때문에 두마는 미친 듯이 날뛰는 프린터라는 별명을 얻었다. 새롭게 제정된 법률들의 목표는 무엇보다도 집회와 시위에 관한 규제를 더욱 엄하게 하는 것이었다. 사회의 저항은 그렇게 억압당했다. 크렘린에서는 북아프리카의 아랍의 봄이나 러시아 이웃 국가에서 일어난 색깔혁명을 따라 시위가 커다란 운동으로 번질까 두려워하는 목소리가 컸다. 푸틴과 그의 실로비키들은 서방국가가, 더 좁은 의미에서는 힐러리 클린턴이 이끌던 미국 국무부가 러시아의 봄을 부추기고 지원했다고 의심했다. 그런 사건들에 대한 편향적인 시각은 친정부적 성향의 TV 채널 NTV의 다큐멘터리 영화에서 볼 수 있었다. 〈시위의 해부Anatomy of a protest〉라는 제목의 영화는 시위 참가자들과 선봉자들을 부도덕하고 반러시아적이라고 비방했다.[5]

푸틴의 눈에는 미국의 에이전트로 활동하는 국내 세력에 대항하기 위해 크렘린은 우선 미국국제개발처USAID의 활동을 금지했다. 2012년 7월 12일에는 인권보호단체와 비영리 기관, 즉 NGO와 NPO가 외국에서 재정적 지원을 받을 경우에는 특별히 외국 기관으로서, 법무부에 필수적으로 등록해야 하는 법률을 제정했다. 등록하지 않을 시에는 무거운 처벌을 받았다.[6] 이렇게 대내 분위기가 경색되었을 뿐 아니라 서방국가에 대한 태도도 갑작스럽게 냉각되었다. 반서방적 행동을 상징적으로 보여주는 첫 번째 제스처는 푸틴 대통령이 캠프 데이비드에서 열린 G8 정상회담과 시카고에서 열린 NATO 정상회담에 고의적으로 불참한 사건이었다.

## 펑크록 시위: 푸시 라이엇

러시아 법원이 억압적 안정의 상징으로 정치 행정부의 이권을 확실히 보호하도록 촉구받았다는 것은 푸시 라이엇 기소 사건을 통해 완전히 공개적으로 드러났다. 이런 화려하고 공상적인 이름의 사건의 실상은 무엇이었으며, 이에 러시아 당국은 어떻게 반응했는가? 2012년 2월 12일, 펑크록 그룹 푸시 라이엇의 멤버인 세 명의 여성이 모스크바에 위치한 구세주 그리스도 대성당의 성화벽 앞에 도발적인 차림으로 등장했다. 그들은 형형색색의 옷을 입고 얼굴을 뒤덮는 복면을 쓰고 노래했다. "성모님, 푸틴을 거둬주소서!" 이 퍼포먼스는 아주 짧았지만 녹화본이 인터넷에 올라갔다. 이들의 펑크록 기도는 푸틴뿐만 아니라 선거전에서 푸틴을 공개적으로 지지한 키릴 총대주교에 대한 명백한 정치적 시위 행위였다. 노래 가사는 사제들을 보안국의 숨은 요원이라고 모욕했다. 모욕적인 비판은 신이 아니라 오직 푸틴만을 믿는다는 대주교에게도 향했다. "대주교 군다예프Gundyayev(키릴Kirill 대주교의 본명)는 푸틴만 믿는다네. 이 속물은 차라리 신을 믿는 게 좋을 텐데."[7]

이 펑크록 그룹은 블로그를 통해 정신적 지지를 받았다. 그들은 종교적 최고 지도자의 공공연한 도덕률과는 그다지 일치하지 않는 대주교의 사치스러운 생활방식을 비판했다. 블로거들은 무소유를 맹세한 교회 최고 지도자가 철저히 물질적인 이익을 추구한다고 항의했다. 그 예들 가운데 하나가 모스크바에 위치한 대주교의 화려한 펜트하우스였다. 게다가 공적인 자리에 고가의 브레게 시계를 손목에 차고 나온 모습이 사진으로 찍혔다. 키릴 대주교는 시계의 소유를 부정했고 그 사진을 포토샵으로 수정하도록 했다. 그러나 그가 간과한 것이 있었다. 시계가 매끈한 테이블 상판에 반사되어 비친 것이다. 이로써 그의 말은 거짓임이 드러났다.[8] 그러나 대중의 일시적인 분노는 곧 다시 가라앉았다. 하지만 크렘린의 친교회적인 정치적 노선이 시작되면서 대주교의 높은 권위에 대한 논란은 거의 끊이지 않았다.

그동안 푸시 라이엇의 여성 멤버들은 구속되었고, 2012년 8월에 종교증오 조장 혐의로 2년형을 선고받았다. 기소장에 적힌 기소 이유는 수많은 러시아정교회 신자들의 감정과 신앙을 겨냥한 악의적이고 고의적인 행위였다. 또한 그런 행위가 국가의 종교적 기반을 모욕했다고 밝혔다.[9] 이런 기소점은 헌법 지식이 없는 사람들에게 러시아가 정교 분리 국가가 아니라는 잘못된 생각을 주입했다. 종교적 권력과 국가권력의 일종의 공생을 판결의 척도로 삼은 사법기관의 지나친 열정은 러시아에 만연한 정교회적 문화, 교회와 국가의 새로운 연합에 대한 초기 반응으로 해석되었다.

푸시 라이엇 사건은 국내외적으로 커다란 반향을 불러일으켰다. 키릴 대주교는 극도로 분노했고, 이 세 명의 여성 예술가들이 악마에 사로잡혔다고 주장했다. 그리고 그들에게 강한 처벌을 내려야 한다고 말했다. 이 사건이 푸틴에게는 그동안 노력해왔던 우익 국가적 선동을 부추기기 위한 환영할 만한 계기가 되었다. 그는 판결이 매우 옳다고 말했다. 반면에 메드베데프는 이 사건과 거리를 두었고, 이 여성들에 대한 유죄 판결이 부당하다고 말했다. 고소당한 푸시 라이엇 멤버들은 법정 앞에서 자신들은 절대로 정치적 증오심에서 행동한 것이 아니라 정치적 저항을 펑크록 기도로 표현한 것이라고 주장했지만 소용없었다. 나데즈다 톨로코니코바Nadezhda Tolokonnikova는 마지막 변론에서 예술을 수단으로 한 정치라고 말하며 정권에 대해 전반적으로 비판했다.

우리는 정치적으로 행동하고 살아야 한다. 왜냐하면 사회가 강요와 폭력으로 통치되고, 군대·경찰·비밀정보기관 등 가장 중요한 정치적 기관들은 국가의 명령을 받는 기관이 되었으며, 투옥·예방적 사전 구금·억압적인 국민 통제를 통해 정치적 안정성을 확보하려는 것을 참을 수 없기 때문이다. 우리는 이 나라의 사람들 대부분이 정치적 수동성을 강요받고 행정부가 의회와 법원에 대한 모든 통제권을 행사하고 있는 것을 참을 수 없다.

푸틴 시스템에 대한 전반적인 비난에 톨로코니코바는 한마디를 더 했다. 그녀는 자신과 함께 기소당한 동료들을 향한 "믿을 수 없을 정도로 뻔뻔한 언론의 선동"이 있으며 "나의 조국 러시아의 경찰과 사법기관이 중세 시대의 이단 심문 수단으로 회귀했다"라고 비난했다.[10] 그러나 정권에 대한 이런 모든 신랄한 비난은 그들이 신성 모독 혐의로 인한 유죄 선고를 피해가는 데는 도움이 되지 않았다.

그러나 이 멤버들은 진보 진영에서 높은 평가를 받는 변호사이자 모스크바변호사협회의 헨리 레즈닉Henri Reznik 회장의 도움을 받았다. 2012년 8월 29일, 그는 《노바야 가제타》에 푸시 라이엇 기소 건에 대해 진술했다. 레즈닉은 이 사건의 유죄 판결은 소송절차 규약의 모든 규정을 경시하고 졸렬했기 때문에 부적절하다고 자세하게 진술했다. 그의 의견에 의하면, 종교는 전혀 모욕당한 것이 아니었으며 이 여 가수들의 퍼포먼스는 매우 정치적인 특성을 가지고 있었다. 레즈닉은 이 판결문 작성자들이 유죄를 선고할 근거가 부족했기 때문에 그들 스스로 푸틴의 수하였다는 점을 드러냈다고 주장했다. 결국 레즈닉은 마리나 시로바Marina Syrova 판사가 판결 근거를 완전히 혼자 작성했다고 비난했다.[11] 이는 행정부 권력기관이 판결 선언을 지시했다는 것을 분명히 암시했다.[12] 푸시 라이엇 사건에 대한 사회의 반응은 엇갈렸다. 한편에서는 과반수가 넘는 사람들이 가혹한 판결에 반대했고, 다른 한편에서는 많은 이들이 신성 모독 같은 범죄는 무조건 수년의 구금형을 선고받아야 한다고 주장했다. 이는 진실을 알지 못하는 많은 사람들이 이 사건의 판결을 크렘린이 의도했던 그대로 종교 증오에 대한 판결로 이해했다는 뜻이었다. 크렘린은 대중을 체계적으로 호도했는데, 특히 푸틴의 재선 이후에는 반항적인 도시들에 관해서는 부정적인 여론을, 전통적 가치의 수호자인 정교회와 관련해서는 호의적인 여론을 조성하는 일이 우선이었다.

## '두 번째 정치국'

그사이에 크렘린이 새로 시작한 우익적 선동 계획은 천천히 진전되었다. 당시 푸틴의 신뢰도는 정체되어 있었는데, **통합 러시아당**은 2012년 가을 지방선거에서 엄청난 노력을 기울인 조작을 통해서만 그 지위를 유지할 수 있었다. 메드베데프라는 별은 금방 빛을 잃어갔다. 전반적으로 본래 메드베데프에 의해 시작된 자유화에 반발하는 추세가 시작되었다. 양두정치 또는 연대 체제와 푸틴의 자리 지킴이로서의 역할은 전혀 찾아볼 수 없었다. 반면에 관측통들은 자신의 정부에서 자리를 지키지 못한 새로운 총리의 해체 과정을 보았다. 그렙 파블롭스키는 이를 두고 탈메드베데프화라고 했다.[13] 두마는 메드베데프의 대통령 임기에 만들어진 법률을 폐기했다. 러시아-조지아 전쟁 기념일에는 인터넷에 한 다큐멘터리 영화가 올라왔는데, 최고 사령관으로서의 메드베데프가 비겁하고 우유부단한 모습으로 연출되었다. 정부수반에 대한 공개적인 폄하는 꽤 오랫동안 지속되었다. 푸틴이 가장 중요한 자신의 정치적 동반자들을 대통령 행정부의 요직에 앉히려고 노력하는 동안에 메드베데프는 그렇게 각료 의회의 두 번째 권력자로 만족해야 했다.

격변의 해였던 2012년에 비공식적인 푸틴 신디케이트에서는 아주 작은 변화만 있었다. 8월에 「두 번째 정치국」이라는 풍자적인 제목의 보고서가 공개되었는데, 모스크바의 민첸코 컨설팅 그룹이 작성한 이 보고서는 러시아 권력 정세에 대한 전체적인 그림을 보여주었다. 「두 번째 정치국」의 조직도는 러시아 정계·재계 엘리트들 가운데 익명의 60인과의 인터뷰를 바탕으로 작성되었다. 이 조직도에는 비록 보이지는 않더라도 실제 정치적 무대에 있는 러시아의 모든 중요한 인사들이 집결해 있었고, 국가 내에서의 그들의 비공식적인 계급도 설명되어 있었다. 이 계급표는 이 보고서의 작성자가 보여주기식 프로파간다 문구에 불과하다고 폄하한 공식적인 수직적 권력과는 달랐다. 오히려 전문가들 사이에서 통용되는 가정은 이권을 쥐기 위해 서로 경쟁했던 분파들과 그룹들의 손아귀 안에 권력이 있다는 것이었다.[14]

보고서 작성자들은 소련 시대 정치국과 오늘날 정치국의 모든 근본적인 차이점에도 불구하고 전능한 정치국원과 후보국원을 구분한다는 점에서 놀라운 유사성이 있다고 보았다. 정치국원이라는 타이틀을 얻을 수 있었던 사람은 2012년에는 8명밖에 되지 않았는데, 계급은 다음의 순서와 같았다. 우선 첫 번째는 총리이자 통합 러시아당의 총수인 드미트리 메드베데프, 두 번째는 세르게이 이바노프 대통령 행정실장이었다. 두 인물은 서로의 견제 세력이었다. 세 번째 자리는 석유기업 로스네프트 회장이자 화석에너지 복합 단지의 전략적 발전을 위한 대통령 직속 위원회의 서기장이었던 이고리 세친이 차지했다. 네 번째 자리에는 민영 가스생산기업 노바텍Novatek 이사회 의장이자 석유·가스 거래 업체 군보르의 공동 소유주인 게나디 팀첸코가 있었다. 팀첸코는 유리 코발추크 로시야 은행장과 함께 쌍두마차로 불렸다. 팀첸코와 코발추크는 복합에너지 분야에서 이고리 세친의 대항마로 작용했다. 다섯 번째 자리는 첨단기술통합기업 로스테크놀로지의 대표인 세르게이 체메조프에게 돌아갔다. 그는 방위 산업체를 군림하는 인물이자 푸틴이 드레스덴에서 근무할 당시 알게 된 측근이었다. 여섯 번째 자리는 모스크바 시장이자 동시에 몇몇 주지사들도 속해 있는 한 그룹의 지도자이기도 한 세르게이 소뱌닌에게 돌아갔다. 그리고 세르게이 이바노프 대통령 행정실장의 대리인인 뱌체슬라프 볼로딘 Vyacheslav Volodin은 정치국의 신입으로 들어와 **통합 러시아당**과 전 러시아 국민전선의 관리를 책임지고 있는 정치적 매니저로서 좋은 평가를 받았다.

여기에서 열거된 **정치국원**들은 볼로딘까지 예외 없이 예전부터 유명한 인물들이었다. 이 새로운 정치국의 **후보국원**들도 마찬가지였다. 그들은 기술, 정치, 비즈니스, 실로비키 등 다양한 분야로 나뉘었다. 눈에 띄는 점은 후보국원들 사이에 키릴 대주교가 등장했고, 그가 그의 이데올로기적인 프로젝트 업무 때문에 정치 분야에 편입되었다는 것이다. 비즈니스 분야에는 1세대 및 2세대의 유명한 올리가르히들이 다시 나타났다. 그 중심에는 로만 아브라모비치가 있었다. 실로비키 분야에서는 빅토르 졸로토프 같은 푸틴의 국가보안위원회 시절의 오랜 동료들이 지배적이었다. 전반적으로 보면「두 번째 정치국」은 재계와 비밀정보기관 출신의 비공식 올리가르히들의 존속 기간을 보여주었다. 하나의 놀라운 특징은 더 넓어진 신디케이트의 강한 구조적·인사적 지속성이었다. 푸틴은 변함없이 논쟁의 여지가 없는 지도적 인물이었으며 최고 심판관이자 분파들 사이의 중재자였다. 게다가 그의 개인적인 관심은 가스 산업, 그중에서도 가즈프롬에 향해 있었고, 또 VTB 은행, VEB 은행, 스베르방크처럼 시스템적으로 중요한 은행들에도 관심이 있었다. 메드베데프는 푸틴의 적대감에도 불구하고 형식적으로 푸틴 그룹의 앞머리에 남아 있었다. 새롭게 편성된 수뇌부 구조는 러시아식 **균형과 견제** 계획이 차질 없이 실행되는 데 별로 성공할 가망이 없어 보였다. 게다가 두드러진 점은 푸틴이 실험적으로 등용한 새로운 인물들 가운데 비정치적 기술 관료들이 우세했다는 것이다. 또 새로운 점은 키릴 대주교가 권력의 올림푸스에서 엄격하고 보수적인 성향으로 인해 이론 지도자로 자리 잡으면서 정치인으로서 승격한 것이었다.[15]

### 세르듀코프 국방부 장관의 희생

2012년 늦가을에는 국방부 장관이 경질되면서 푸틴 신디케이트에 약간의 변화가 생겼는데, 극적인 상황 속에서 2007년 2월부터 국방부 장관으로 재직했던 아나톨리 세르듀코프Anatoly Serdyukov가 해임된 것이다. 그 배경에는 국방부 산하 기업인 오보론세르비스Oboronservice 고위 대표들의 대형 부패 의혹이 있었다. 지금까지 러시아 당국의 부정부패는 별로 특별한 사건이 아니었다. 국방부도 그중 하나라는 사실 역시 이미 오래전부터 알려져 있었다. 그러나 이번 사건에는 일부 특수성이 있었다. 민간인으로서는 처음으로 국방부 장관으로 임명된 세르듀코프와 고위 군 장교들 사이에는 처음부터 적의가 가득했다. 세르듀코프는 전반적인 군 개혁을 실시하고 당국 운영에 효율성과 경제성을 높이는 등 큰 과제들을 해결해야 했다.[16]

아나톨리 세르듀코프는 장관으로 임명되면서 급격히 출세했다. 그는 처음에 상트페테르부르크에서 가구 도매업자로 종사하다가 **연방조세청** 청장으로 빠르게 올라서기 위해 공무직으로 전환했다. 이때 세르듀코프가 푸틴의 상트페테르부르크 재직 당시부터 함께한 푸틴의 최측근인 당시 빅토르 숩코프 총리의 사위라는 점이 도움이 되었다. 앞에서도 언급했지만, 푸틴은 푸틴-메드베데프 양두정치를 위한 **후계자** 작업의 일환으로 친우인 숩코프를 8개월 동안의 총리로 임명한 바 있다. 세르듀코프의 주도로 연방조세청은 미하일 호도르콥스키에게 탈세 혐의를 두고 첫 번째 조사를 시작했다. 세르듀코프는 경제 전문가로 인정받았고 실로비키 그룹으로 분류되었다. 세르듀코프를 국방부 장관으로 임명한 이유에 대해 푸틴은 그의 경제적·재무적 능력이 군 현대화라는 목표를 위해 필요한 전제조건이라고 설명했다. 푸틴은 신임 장관으로 세드류코프를 소개하면서 국방부 장관으로서 그는 **대규모 자금을 합리적으로 지출해야만 한다**고 했다.[17]

세르듀코프가 포괄적인 군 개혁을 해냈다는 사실에 대해서는 논란의 여지가 없다. 그는 군을 개혁하면서 장관과 장교의 수를 극적으로 줄였고 부처 내 많은 수의 인사들을 교체했다. 조세당국의 많은 여성이 이곳에서 요직을 차지했다. 세르듀코프는 오보론세르비스의 부패 스캔들에서 주용의자로 지목된 예브게니아 바실예바Yevgeniya Vasilyeva와 불륜 관계를 갖기 시작했다. 심지어 2012년 10월 25일 새벽에 보안당국이 바실예바의 집을 급습했을 때 세르듀코프 장관이 함께 발견되었다. 당시 그는 샤워 가운을 입고 있었다. 러시아의 언론들은 몇 시간 지나지 않아 그에 대해 냉소적으로 보도했다.[18] 공개적으로는 세르듀코프의 해임을 기정사실화했다. 다만 당시까지는 언론들이 정계 고위 관직자의 사생활에 대해 보도하는 것이 금기시되어 있었다.

군 개혁과 내각 근대화가 실패한 것은 아니다. 그러나 외부의 민간인을 이용한 푸틴의 실험은 실패했다. 비록 세르듀코프가 자신의 장인을 통해 이 시스템에 잘 편입해 있었을지라도 말이다. 그러나 이런 시스템과의 연결고리는 결국 야망 있는 세르듀코프에게는 걸림돌이었다. 자신이 배신한 장인부터 시작해 처음부터 국방부 장관 자리에 앉게 된 가구상을 멸시하며 복수에 이를 갈고 있는 내쫓긴 장군들까지 세르듀코프의 적대자 명부는 길었다. 세르듀코프는 그 고위 장교들을 그린맨이라고 모욕했다. 세르듀코프는 군수 산업의 권력자 무리에서도 적을 만들었는데, 그가 품질 결함, 과도한 가격, 납기일 미준수 등에 대해 비난했기 때문이었다. 여기에 세르듀코프가 모든 군수품을 국내 군수기업에 주문하는 대신에 외국에 일감을 준 일도 악영향을 미쳤다. 이에 역풍이 불기 시작했다. 그중에는 여전히 푸틴의 두 번째 정치국의 정치국원 7명 가운데 한 사람이었던 세르게이 체메조프도 있었다. 또한 푸틴이 2011년 말 위기 상황에 방위 산업 담당 부총리로 새롭게 임명한 애국주의 정치인 드미트리 로고진의 세르듀코프에 대한 반발도 예상되었다.

모든 경쟁자들이 품는 적의감, 스캔들, 사람들에게 알려진 부패의 심각성을 고려하면 세르듀코프의 해임은 더 이상 미룰 수 있는 일이 아니었다. 푸틴은 소방관 역할을 하며 모든 관계자들 사이의 다툼을 끝내야 했다. 견제와 균형의 러시아 시스템이 다시 한 번 최고 중재 재판관의 손에 달려 있었다. 푸틴은 세르듀코프를 희생시켜야 했지만 어려운 일이었다. 그리고 긴급재난부 장관으로 오랫동안 국민들에게 좋은 평가를 받았던 세르게이 쇼이구Sergei Shoigu를 국방부의 새로운 장관으로 임명했다. 그는 러시아에서 푸틴 다음으로 가장 인기 있는 정치인이었다. 쇼이구는 「두 번째 정치국」 문서에서 정치국 후보국원으로 올라 있었다. 게다가 그에 대해 권위주의적인 포퓰리스트라는 오히려 의문스러운 평가가 있었다.

### '순수한 파트너' 관계의 교회와 국가

푸틴의 새로운 임기가 시작된 2012년 12월 그의 첫 연례 대의회 국정 연설에서는 이미 새로운 이념적 정향성의 분명한 특징을 보였다. 한스헤 닝 슈뢰더Hans-Henning Schröder는 이 이념적 전환점을 과거로의 회귀의 시작 이라고 칭했다. 신임이자 전임 대통령의 메시지는 실제로 러시아의 전통 과 영광의 과거를 다시 불러일으키는 민족보수적 담론에 빠져 있었다. 푸 틴은 러시아에는 "끊이지 않고 계속 이어져온 고유의 수천 년 역사가 있 고, 따라서 그 기반을 바탕으로 우리는 내적인 힘과 국가적 발전을 위해 서 해야 할 일을 찾아낼 수 있다"라고 강조했다. 그는 사회 내부에 정신적 인 버팀목이 부재하다고 보았다. 이에 러시아의 위대한 과거를 회고하는 것이 사람들에게 다시 의지할 수 있는 버팀목이 되어줄 수 있다고 주장했 다.[19]

과거로의 회귀라는 새로운 노선을 위해 대주교가 크렘린을 지원하는 일은 보장되어 있었다. 이미 선거운동에서 키릴 대주교는 푸틴 집권 1기 와 2기가 파괴적인 1990년대를 지나 국가를 회복시킨 신의 기적이었다고 표현했다.[20] 대주교에 따르면 이제 국민 통합과 국가 건설은 교회에 달린 일이었다. 2012년 6월 설교에서 그는 다음과 같이 말했다. "교회는 정신적인 버팀목이자, 우리의 국가 정체성을 찾기 위한 길이다. 이런 공동체를 파괴하는 것은 우리의 모국을 파괴하는 것이다." 그는 정교를 신봉하는 문화에는 맞지 않는 서구적 자유주의 시스템이 국가를 위협한다고 말했다. 새롭게 대통령 행정부에 임명되어 국내정치 관리를 담당하게 된 뱌체슬라프 볼로딘도 비슷한 설교를 했다.

게다가 타락한 서구에서 퍼진 동성애 선동에 반대하는 운동도 일어났다. 러시아 제1채널은 게이유럽Gayropa이라는 용어를 만들어, 러시아의 관례적인 성별 관계에 대한 보수적 사고를 이해하지 못하는 서유럽의 이른바 초자유주의적인 상황과 거리를 뒀다.[21] 설문조사에 의하면, 실제로 동성애에 대한 사회의 태도에서 러시아와 서구 국가들 사이에 큰 차이가 있다는 점이 밝혀졌다.[22]

러시아 제1채널은 정교 문화와 종교의 재기에 앞장섰다. 1988년에 진행된 정교회 전래 1000주년 기념행사의 25주년을 맞아 러시아정교회의 역사적 역할에 대한 영화 〈러시아의 두 번째 세례День крещения Руси〉가 상영되었다. 이 영화에서 푸틴은 국가를 구성하는 교회가 가진 힘을 강조한다. 대의회 연설에서와 마찬가지로 푸틴은 공산주의 이데올로기가 무너지고 들어선 커다란 도덕적·윤리적 공백 때문에 국가의 신앙심이 깊어졌다고 말했다. 사람들은 자신의 뿌리, 신앙, 정신적인 가치를 찾으려는 욕망이 커졌고, 인간의 도덕적 교육의 측면에서 교회와 국가가 자연스러운 동반자라고 평했다. 푸틴은 중세 초기 키예프대공국의 기독교 수용을 통해 러시아의 국가 완성이 시작되었다고 확신에 차서 말했다. 이와 함께 중앙집권적 국가가 탄생했다는 것이었다.[23]

교회와 국가의 파트너십은 새로운 푸티니즘의 탄탄한 기둥으로 자리 잡은 것처럼 보였다. 이를 통해 두 집단 모두 이득을 보았는데, 협력을 통해 함께 국민들에게서 좋은 명성을 얻게 되었기 때문이다. 이들은 서로 친근한 상징적 제스처를 아끼지 않았다. 푸틴은 러시아를 다시 강대국 대열에 올렸다는 명분으로 대주교로부터 상을 받았다.[24] 그리고 푸틴은 교회의 이익을 위해 종교적 감정 보호에 대한 법률을 통과시켰다. 2012년 9월부터 러시아의 모든 초등학교에 정교회 문화의 기초 과목이 도입되었다.[25]

교회와 국가의 협력이 새로 공고화된 데 비해 러시아의 통제된 민주주의 내 발전은 모순적인 양상을 보였다. 한편으로는 비정부기구에 대한 엄격한 노선이 유지되었고 인터넷 통신에 대한 통제가 이루어졌다. 그러나 다른 한편으로는 잠시나마 자유로운 선거 경쟁을 경험할 수 있었다. 2011년 시위 당시 국민영웅이자 푸틴 비판가로 떠오른 비평 블로거 알렉세이 나발니의 2013년 9월에 열릴 시장 선거의 참여가 갑자기 허용되었다. 그러나 여기에는 다른 방식의 음모가 숨어 있었다. 법원은 나발니에게 직권남용과 횡령 혐의로 형사소송을 제기했는데, 이는 아마도 그의 선거 참여를 즉각적으로 방해하기 위한 것으로 추측된다. 기소장에 의하면, 나발니는 목재 회사인 키로프레스의 고문으로서 불법적인 계략을 꾸몄다. 나발니의 후보 출마를 막기 위한 알맞은 시기인 7월 18일에 나발니는 5년의 징역형을 선고받고 법정에서 체포되었다. 하지만 불과 14시간 후 법원은 검찰의 건의에 따라 상고심 절차가 끝날 때까지 집행의 유예를 결정했다. 그때까지 판결은 미확정 상태였다. 결과적으로 나발니는 선거에 참여할 수 있었다.[26] 그의 주요한 경쟁자인 현직 시장이자 푸틴의 **정치국** 정치국원인 세르게이 소뱌닌은 직접 **통합 러시아당**의 의원들이 나발니의 선거 참여 허가를 지지하도록 주문했다.[27] 나발니는 유권자 표의 27퍼센트를 웃도는 지지율로 주목할 만한 성과를 거뒀다. 예카테린부르크와 페트로자보츠크에서도 이 야권 인사에게 공평한 승리의 기회가 있었다.[28]

무슨 일이 일어난 것인가? 크렘린은 진지하게 자유민주주의 경쟁으로 넘어가는 과정에 들어서려고 한 것인가? 아니면 그저 크렘린의 전사가 야권의 대표 인물과 겨루면 어떨지 테스트 혹은 실험을 한 것인가? 결국 두 번째 견해가 옳다는 것이 드러났다. 게다가 모스크바에서 확실한 과반수의 표를 얻을 것을 기대할 수 있었던 소뱌닌은 자신의 유명한 정적을 대상으로 승리의 정당성을 높이려고 한 것 같았다.[29] 모든 관측통들은 크렘린 신디케이트의 균열이 결국 나발니 사건에서 오락가락한 태도를 유발했다는 데 동의했다. 아마도 서로 경쟁하던 크렘린 내 그룹들은 어떤 방식으로 국가권력을 확고히 할지에 관한 근본적인 질문에서 의견이 일치하지 않았던 것 같다. 한편에서는 민주주의적으로 합법성을 더 키워 합법적인 제도들을 강화하는 방법이 필요하다고 생각했고, 다른 한편에서는 야권에 대한 억압을 더욱 강화해야 한다고 생각했던 것 같다. 모스크바 선거가 치러진 지 3개월이 지나고 푸틴은 이 일과 관련해 남아 있던 의문점들을 직접 해소했다. 그는 연례 기자회견에서 나발니의 선거 출마가 왜 **용인되었는지**에 대한 질문에 이렇게 대답했다. "나발니가 위협이 되었다면, 그를 출마시키지 않았을 것이다."[30] 이 문제는 2013년 9월에 나발니가 후보로 출마한 다음에도 끝나지 않았다. 나발니와 권력가들 사이의 쫓고 쫓기는 게임은 계속해서 법적·정치적으로 관련되어 이어졌다.

　몇몇 비판가들은 국가 정치의 신호가 모순적이었던 것은 권력 시스템의 특성이 근본적으로 바뀌었기 때문이라고 주장했다. 스타니슬라프 벨콥스키와 올렉 사비스키Oleg Savitsky는 수직적 권력구조가 여러 권력기관과 결정기관에 분산되었다고 믿었다. 그중 가장 눈에 띈 것은 대통령 행정부의 행정실장인 세르게이 이바노프와 그의 대행인 뱌체슬라프 볼로딘의 다툼이었다. 단지 한 기관 내부의 이 경쟁으로 인해 전체 기관들끼리 경쟁이 붙었는데, 바로 정부와 알렉산드르 바스트리킨이 이끌고 있는 검찰조사위원회였다. 바스트리킨은 굉장히 야망 있는 정치적 인물로 강경한 보수적 정치 노선을 가졌다고 평가된다. 벨콥스키는 여러 개의 뿌리를 가진 국가, 즉 **뿌리 국가**가 형성 중이라고 말했다.[31] 영국의 유명한 러시아 전문가인 리차드 사콰Richard Sakwa는 시스템의 공식적 구조와 비공식적 구조들이 우열을 가릴 수 없는 상태라고 평가했다. 사회학자 레데네바가 푸틴의 **시스테마**를 두고 표현한 실제 **신가산주의적 정권**과 헌법 국가는 서로를 가로막았다.[32] 모든 크렘린 전문가들은 강경주의자인 바스트리킨이 나발니 기소 건에서 그의 체포와 유죄 판결을 지시했을 것이라는 데 동의했다. 또한 나발니가 선거에 참여할 수 있었던 것은 오로지 최상부의 동의가 있었기 때문이라고 생각했다. 동시에 **뿌리 국가**에서 푸틴의 위상은 점점 더 작아졌고, 그가 비공식적 그룹들의 중재자라기보다는 오히려 인질에 가까운 것처럼 보였다.

## 러시아의 새로운 '국가적 이념': 서방과의 문화전쟁

그러나 푸틴은 오로지 자신의 동료들만 견제하고 또 그들의 기분만을 맞춰야 하는 것은 아니었다. 그는 사회 다수의 지지를 유지해야 했다. 이를 가장 잘 달성할 수 있는 좋은 해결책을 찾기란 쉽지 않았다. 러시아의 길과 가치를 재설정하는 새로운 국가적 이념이 러시아가 국내적·국제적으로 자기 확신을 할 수 있는 올바른 수단이었던 걸까? 이미 2013년 9월 발다이 클럽의 연례 모임에서는 바로 이 사안을 다루었다. 이날 푸틴은 갑작스럽게 새로운 국가적 이념의 탐색을 촉구했다. 우선 그는 자신이 가진 가치상과 자신이 원하는 러시아의 국내외적 임무에 대해 분명히 말했다.[33]

이미 1996년에 보리스 옐친은 새로운 국가적 이념을 찾는 임무를 전국적으로 하달했다. 19세기 슬라보필Slavophile이 선전한 러시아 이념이 러시아의 국가적 자립성과 유일성이라는 의미에서 다시 발굴되었음에도 불구하고 이는 결국 성과를 보지 못했다. 러시아 이념은 푸틴 시대에 다시 추종자들을 생성하기 시작했다. 이제 심지어 푸틴 대통령도 러시아 이념의 중요성을 강조하기 시작했다. 그는 보수적 가치들의 보루로서의 러시아를 옹호했고 러시아의 보수적 가치는 서방국가에서 추구하는 탈근대적 초자유주의 가치와는 다르다고 명확히 선을 그었다. 또한, 러시아 보수주의 철학가 니콜라이 베르댜예프Nikolai Berdyaev의 말을 인용해, 서구와 다른 가치를 추구하는 것이 러시아가 앞으로 나아가는 것을 막을 수는 없다고 말했다. 전통적 가치들은 수백 년 동안 각각의 국가 문명의 기반을 구축했고, 그렇게 가족의 가치, 순수한 인류의 삶의 가치, 동시에 종교적 삶의 가치를 구성했다고 주장했다. 그리고 서구는 그런 가치를 위배했다는 것이다. 게다가 푸틴은 이렇게 말했다.

우리는 얼마나 많은 유럽 대서양 국가들이 서구 문명의 기반을 다진 기독교적 뿌리를 비롯한 그들의 뿌리들을 부정하고 거부하는 길을 걷기 시작했는지 보고 있다. 이런 국가들에서는 도덕적인 기반들과 모든 전통적 정체성이 부정된다. 국가적, 종교적, 문화적, 심지어는 성적 정체성까지도 말이다. 그곳에서는 다자녀 가정이 동성애자들의 가정과 동등한 가치를 갖는 정책이 시행된다. 이런 정책은 신에 대한 믿음과 사탄에 대한 믿음을 동일시하는 것이다. 이런 국가들은 이 가족 모델을 세계의 다른 국가들에게도 공격적으로 강요하고 있다. 나는 이것이 문화의 단순화와 멸망으로 가는 지름길이라고 매우 확신한다. 이는 서방에 심각한 인구학적·도덕적 위기를 가져올 것이다.[34]

이 전방위적인 공격이 보여주듯이 푸틴은 **사탄과 같은** 서방국가를 대상으로 진정한 문화전쟁을 시작했다. 동시에 그에 비해 훌륭한 러시아의 문명적 자립성을 강조했다. 서구와 러시아의 많은 작가들은 그 새로운 세계관에 대해 신랄하게 비판했다. 독일의 러시아 전문가인 한네스 아도마이트Hannes Adomeit는 **서구의 명예와 명성을 훼손하는 것이** 푸틴의 최우선 목표라고 주장했다.[35] 다른 이들도 서구에 대한 적대적 선동이 정신적 전환점의 본래 목표라고 말했다. 자칭 러시아의 전통적 가치가 오로지 그런 선동을 통해 인위적으로 만들어졌는데도 불구하고 말이다. 반체제 철학가인 옐레나 스테파노바Yelena Stepanova는 서방을 대상으로 한 대주교와 대통령의 언어 공격은 러시아 사회를 이념적으로 견고히 하기 위해 선과 악의 세계적인 전쟁을 모의실험하기 위한 시도라고 주장했다. 그러나 국가 역사를 신화화해 만들어진 국가 정체성은 국민에게 절대로 명확한 가치를 전해주지 않을 것이며, 절대로 일상생활의 버팀목이 되어주지도 않을 것이라고 말했다.[36] 카네기 모스크바 센터의 안드레이 콜레스니코프Andrei Kolesnikov 역시 국가 지도부가 결정하는 국가적 정체성의 인위성을 비판했다. 그들은 사람들에게 스스로 유럽과는 달리 유일하고 특별하다고 믿게 하는데, 이는 인식의 구식화와 가부장적인 생각을 만들 뿐이라고 비판했다.[37]

부패한 서구에 대한 비판과 함께 러시아식 세계에 대한 구상이 대두되었다. 이 지정학적 관념은 반서방적·반자유주의적·신제국주의적 사상과 일치했다.[38] 키릴 대주교와 정교회의 다른 지도 인사들은 이 관념이 서구 문명과 정확히 반대된다고 생각했다. 그들은 정교회 문화 지역은 모든 국민, 인종적으로는 러시아인이 아닌 국민까지도 함께 공유하는 문화와 가치들을 기반으로 한 국가가 만든 문명이기 때문에 우월하고, 문명의 정체성은 러시아의 문화적 우월성 유지를 기반으로 한다고 생각했다.[39] 그래서 러시아는 포스트 소비에트 지역에서 서구가 부정하는 러시아의 특별한 **특권적인, 역사적으로 성장한 이익**을 가지고 있다는 것이다. 이 발언은 근본적으로 모스크바의 새로운 지정학적 교리였다. **특권적 이익**은 오랜 공동의 역사에서 러시아의 주도적 역할의 근거로 이용되었다. 이는 진부한 명제였다. 러시아의 우월성은 절대적인 것으로 인식되었고, 모든 자주

적인 국가 건설, 특히 정교회를 믿는 슬라브 형제 국가들에서의 국가 건설
은 사실상 부정되었다.

## 유라시아연합 프로젝트

서구에 대한 문화전쟁에서 푸틴은 러시아를 유럽의 궤도에서 끌어내
는 데까지 도달했다. 이를 통해 그는 이전의 입장에서 완전히 돌아섰다.
발다이 클럽의 몇몇 참가자들은 푸틴이 러시아를 서방세계로부터 떼어
놓는 동시에 유럽 국가로서의 특성은 잃지 않으려는 두 가지 목표 모두에
다리를 걸치고 있다고 주장했다.[40] 이중적 태도는 이뿐만이 아니었다. 러
시아 지도부는 정교회 문화의 물결과 당시 유행하던 유라시아주의의 물
결을 동시에 타려고 했다. 유라시아연합의 창설은 푸틴의 세 번째 집권기
에서 가장 중요한 대외 프로젝트가 되었다. 모스크바가 서방 통합의 목표
에서 멀어질수록 러시아 지도부는 희망해왔던 포스트 소비에트 지역의
통합을 더욱 진지하게 생각하기 시작했다. 옐친 시대와 푸틴 시대에는 옛
소련 공화국들의 통합에 대한 더욱 구체적인 방안들이 계속해서 제시되
었다. 당시 가장 야심찬 프로젝트는 러시아에서는 오직 유라시아연합이
라고만 불렸던 유라시아경제연합EEU이었다. 그 배경에는 이 연합을 지역
적 경제 통합 프로젝트가 아니라 옛 소련 공화국들을 통합하기 위한 새로
운 정치적 포맷, 더 나아가 유라시아 이웃 국가들과 함께 유럽 통합의 핵
심으로 관철하려는 소망이 있었다.[41]

유라시아경제연합은 옛 소련 공화국들에게 헤게모니적 요구를 전달하

기 위한 실용적인 수단이었다. 동시에 유라시아주의는 자주적 국가 건설과 세계에서 러시아의 적절한 입지 탐색 과정의 대안으로 제시되었다. 소련 연합이 붕괴한 이후 이미 잠깐 이런 비슷한 분위기가 조성되었다. 그 과정에서 1920년대 러시아 이민자들의 생각이 재발견되었다. 그들에 의하면, 러시아는 유일하게 유라시아 혼합 문화를 가지고 있으며 이슬람과 정교회가 공생하는 나라였다. 이미 사라졌다고 믿었던 지역 이데올로기가 푸틴의 세 번째 집권기에서 다시 대두되었다. 이런 트렌드의 중심에 있는 인물들 중에는 보수파 철학자인 알렉산드르 두긴Alexander Dugin도 있었다. 그는 유라시아가 러시아의 국가적 유일성과 아시아와 유럽의 지정학적 기둥으로서 러시아의 숙명을 표현하는 하나의 고유한 문명 구조라고 표현했다.

인종학자 레프 구밀료프Lev Gumilyov의 비슷한 지정학적 이론도 다시 호응을 얻기 시작했다. 안나 아흐마토바Anna Akhmatova와 니콜라이 구밀료프Nikolai Gumilyov 시인 부부의 아들인 레프 구밀료프는 스탈린 정권 시절에 박해를 받았고 수년 동안 굴락Gulag•에 갇혀 지냈다. 가끔 푸틴조차도 다양한 민족을 동일한 문명으로 묶은 초원의 거대한 문화를 쓴 이 작가의 생생한 묘사에 굉장히 감탄했다. 이 사상의 후계자는 유명 영화감독 니키타 미할코프Nikita Mikhalkov였다. 미할코프는 이미 오래전부터 푸틴의 세계관에 참여하기 위해 노력했다. 스위스 문화역사학자이자 러시아 전문가인 울리히 슈미트는 실제로 미할코프가 큰 영향을 미쳤다고 평가했다. 심지

---

• 강제 노동 수용소.

어 미할코프가 실제 푸틴의 멘토이자 진짜 러시아 대통령이라고 말하기도 했다.[42] 미할코프는 2010년에 정부에 헌정한, 계몽된 보수주의에 대한 선언에서 러시아의 유라시아적 임무를 많이 언급했다. 즉, 러시아와 유라시아는 세계의 지정학적·종교적 중심이고, 그래서 러시아는 민족국가가 아니라 대륙의 제국이라는 것이다.[43] 이와 같은 사상, 그리고 비극적인 역사의 결과로 러시아가 세계에서 지배적인 지위를 얻지 못했을 뿐이며 사실상 그 자리는 러시아의 것이라는 미할코프의 주장은 러시아의 새로운 국가적 이념을 찾는 데 전적으로 많은 공감을 얻었다.

푸틴이 어떤 영향을 더 혹은 덜 받았는지, 또 그가 실제로 어떤 목표를 설정했는지는 푸틴의 세 번째 집권기에도 분명히 답할 수 없는 문제였다. 이반 일리인Ivan Ilyin과 니콜라이 베르댜예프 등 러시아의 보수적 사상가들은 계속해서 푸틴의 영감의 원천으로 언급되었다. 반자유주의자인 알렉산드르 두긴이 푸틴의 생각에 영향력을 미쳤다는 것은 공식적으로는 부정되었다. 이에 대한 분명한 표시로 심지어 두긴은 모스크바 국립대학교의 국제관계 사회학과 교수직을 박탈당했다. 러시아 전문가인 고든 M. 한Gordon M. Hahn은 다른 작가들처럼 정치적 철학가인 이반 일리인이 푸틴의 세계관에 비교적 가장 큰 영향력을 미쳤다고 생각했다. 한은 푸틴을 온건한 국가주의자이자 애국주의자라고 표현했으며, 푸틴은 무엇보다도 러시아적인 신전통주의자이지, 서구적 시각에서의 보수주의자가 아니라고 말했다.[44] 카네기 모스크바 센터의 드미트리 트레닌Dmitry Trenin, 마리아 립만Maria Lipman, 알렉세이 말라셴코Alexey Malashenko 같은 대표적인 사회학자들은 푸틴의 세 번째 집권기에 대한 평가를 다음과 같이 결론지었다. "푸틴의 본래 목적은 통제이며, 자주권이 푸틴의 슬로건이고 국가주의가 푸틴 정책의 핵심이다." 그들이 사용한 **통제**라는 용어는 국민과 정치 엘리트에 대한 푸틴의 통치권을 의미했고, **자주권**이라는 슬로건은 자주적인 국가 건설은 물론이고 자주적인 대외정책을 의미했다. 그리고 **국가주의**는 결국 세계에서 러시아를 다시 강대하고 영향력 있는 국가로 만들려는 푸틴의 염원과 의지를 포함하는 것이었다.[45] 2013년 2월에 발표된, 국제정치에서 그 어떤 중요한 문제도 러시아의 협력 없이는 해결할 수 없다는 러시아의 새로운 대외정책적 독트린도 이런 의미에서 해석될 수 있었다.

여기에서 묘사된 오래된 사상과 최신 사상의 복합체는 우크라이나 사태와 러시아의 크림반도 합병 문제가 발발하기 전에 러시아의 국가적 정체성을 결정했다. 그리고 사회와 정치 지도부의 결속을 위한, 더 정확히 말하면 푸틴의 지지율을 더 확실히 높이기 위한 **정신적인 버팀목**을 탐색했다. 이 버팀목으로서 **정교회 문화와 정교회에 대한 신앙**이 특히 유용할 것으로 예상되었다. 이에 대해 미하일 지가르는 다음과 같이 썼다. "러시아정교회는 사실상 푸틴의 유권자들을 통합하는 국가적 신념이 되어버렸다." 푸틴이 정교에서 각기 다른 정치적 색깔을 가진 사람들을 통합하는 하나의 완벽한 국가적 이념을 찾았다는 것이다.[46] 실제로 지가르의 주장은 논리적인 계산이었다. 설문조사에서는 언제나 약 80퍼센트의 응답자들이 자신의 실제 신앙과 관련 없이, 심지어 대부분은 전혀 신앙과 성경에 대해 아는 바가 없는데도 자신이 독실한 신자라고 답했다. 여기서 주목할 점은 정교회 신앙을 고백하는 것이 러시아의 국가적 정체성을 믿는다고 하는 것과 같았다는 점이다.

2013년 말에는 옌스 지거Jens Siegert의 표현처럼 러시아 국내 정치의 신이데올로기화에 대해서는 더 이상 의문의 여지가 없었다.[47] 국내의 새로운 정책과 함께 러시아 대외정책에서도 성과가 있었는데, 이를테면 시리아 화학무기 파괴나 미국 사법부에 러시아 망명을 신청한 미국의 내부고발자 에드워드 스노든Edward Snowden과 관련한 문제에서의 러시아의 성공적인 외교가 있었다.[48] 게다가 2014년 초에는 모스크바뿐만 아니라 전국적으로 소치 올림픽에 대한 준비가 집중적으로 이루어졌다. 소치 올림픽은 국가 규모를 과시하는 화려한 연출 무대이자 현대적인 러시아를 보여줄 수 있는 쇼케이스로 생각되었다. 그러나 그런 대규모 축제가 그들의 마지막을 화려하게 장식하지 못했던 것은 러시아와 우크라이나 사이의 대규모 슬라브 동족상잔의 전쟁과 크림반도 합병 문제, 유럽의 심장에서 유럽이나 러시아의 우월성을 두고 벌어진 극적인 일들이 제어할 수 없이 계속해서 일어났기 때문이다. 이 문제를 다루기 전에, 2000년 이후 러시아의 국가적 정체성 탐색 과정의 부침에 대해 짧게 개관해보겠다.

### 어떻게 푸틴은 유러피언에서 유라시안이 되었나

푸틴의 세계관과 러시아의 국가적 정체성에 대한 그의 사상은 첫 번째 집권기부터 상당히 흔들렸다. 2000년 초까지만 해도 푸틴은 뼛속까지 러시아의 서구주의자였다. 푸틴은 옐친이 그랬던 것처럼 NATO와 EU 가입에 관심을 보였다. 2000년 3월 BBC와의 인터뷰에서 푸틴은 러시아는 유럽 문화의 일부라고 강조했다. 정확히는 다음과 같이 말했다. "나는 나의 국가가 유럽과 우리가 종종 문명화된 세계라고 부르는 그것에서부터 고립되는 것을 상상할 수 없다. 그래서 NATO에서는 적을 찾기 힘들다."[49] 그의 고문인 안드레이 일라리오노프에 의하면, 푸틴은 약 1년 반 정도는 NATO 내부에 러시아에 적합한 체계가 갖춰져 있다고 생각했다.[50] 2001년 9월 12일 테러 사건 이후에는 미국과의 관계가 가장 중요한 우선순위가 되었다. 푸틴은 미국에 즉각적인 도움을 주었고, 심지어 러시아의 뒷동네인 중앙아시아와 조지아에서도 미국의 영향력이 증가하는 것을 수용했다.

이런 대외 정치적 노선은 2002년 초에 절정에 다다랐다. 모스크바에서 열린 조지 W. 부시 대통령과의 정상회담 이후 NATO와 대테러 공동대응 조약을 체결했다.[51] 이는 러시아가 이 동맹에서 그 어떤 위협적이고 악의적인 세력도 보지 못했으며 오히려 노력을 들일 가치가 있는 통합의 피난처로 생각했다는 것을 분명히 보여준다. 이후 NATO의 동유럽 확장에 대해 계속적인 반발이 있었던 주원인은 러시아가 동맹과의 더욱 긴밀한 협력을 원했지만 이를 거부당해 치욕을 느꼈기 때문이었다. 서방이 러시아를 동등하게 여기지 않고 있다는 러시아의 인식이 강해지면서 예전부터 있었던 상처 입은 대국 신드롬이라는 용어가 다시 사용되었다.

푸틴 정권에서 EU에 대한 러시아의 태도는 양방향의 커다란 기대와 협력 프로그램으로 시작했다. 푸틴은 공동의 커다란 유럽과 러시아의 유럽적인 특성을 언급하는 것을 좋아했다. 러시아와 EU의 동반자·협력 조약을 주제로 한 EU 트로이카와의 첫 회담에서 이미 러시아 대통령은 러

시아의 분명한 유럽적인 특성에 대해 절대 의구심이 생기지 않도록 하려
고 했다.

러시아는 지금까지 항상 그래왔듯이 오늘날에도 그리고 미래에도 유럽 국
가일 것이며, 이는 지리적 위치 때문만이 아니라 문화와 경제적 통합 수준의
관점에서도 그렇다. 유럽이 모두 동의하는 근본적인 원칙은 러시아에게도 동
일한 것이다.[52]

러시아의 자유주의 진영에서 푸틴의 이런 발언은 러시아의 자기 정체
성을 **문명 문화적인** 관점에서 최종적으로 결정한 첫 번째 러시아 국가수
반이라는 이유로 그 공로를 인정받았다.[53]

2003년 6월에 열린 상트페테르부르크 300주년 기념행사는 러시아의
유럽적 정체성을 내보이는 데 아주 이상적인 기회를 제공했다. 40개국의
고위 정치인들이 상트페테르부르크에 초대되었다. EU와 러시아의 정상
회담은 심지어 행사 프로그램의 하이라이트로 소개되었다.[54] 그러나 친
유럽의 상징적 표현은 EU와 러시아의 관계에 그만큼의 실질적 역동성을
가져오지는 못했다. EU가 2004년에 다른 10개국을 수용하기로 결정했을
때, 러시아는 이런 조치의 부정적인 영향에 대해 우려를 표했다. 크렘린
은 옛 소련의 방식에 따라 보상을 요구했다. 그러나 EU는 연합의 확장이
그 어떤 **보상**도 허용하지 않을 것이라고 주장했다. 2004년 5월 1일 EU의
동유럽 확장이 있기 바로 얼마 전에 비로소 EU와 러시아 사이의 긴장이
완화되었다. 동시에 새롭게 EU 회원이 된 10개국까지 러시아와의 파트

너십 조약의 확장이 결정되었다. 양측은 다시 한 번 경계선 없는 유럽을 맹세했다.[55]

이미 2004~2008년 푸틴의 두 번째 집권기에는 오로지 러시아만이 포스트 소비에트 지역에서 합법적인 세력 범위를 가질 수 있다는 사상이 확대되었다. 2005년 4월 의회에서의 푸틴의 담화도 그와 관련해 이해할 수 있었다. 푸틴은 연설에서 공개적으로 소련의 충격적인 붕괴가 20세기 최대의 지정학적 재앙이라고 한탄했다.[56] 이런 트라우마와 상처받은 대국 신드롬은 점점 강화되었다.

러시아와 EU의 관계는 푸틴의 두 번째 임기에 더욱 악화되었다. 1997년 발효된 동반자·협력 조약은 개정되지 않았다. 서로 여전한 전략적인 동반자 관계를 맹세했지만 실제로는 그런 관계로 발전되지 않았다. EU는 러시아의 권위적인 정부 상황과 부딪혔다. 거꾸로 러시아는 점점 EU를 규범적인 제국이자 제국의 적대 세력으로 인식했다.[57] 그래서 러시아는 2003년부터 유럽근린정책European Neighbourhood Policy: ENP과 나아가 아르메니아, 아제르바이잔, 조지아, 몰도바, 우크라이나, 벨라루스와의 동방 파트너십을 시작하려는 강화된 EU의 노력에 반대하는 태도를 보였다.

2013년부터 러시아는 자신의 영향력을 확실히 하기 위해 이 국가들을 괴롭히기 시작했다. 특히 아르메니아, 몰도바 그리고 여전히 우크라이나가 대상이었다. 2013년 여름 러시아-우크라이나 국경무역에 대해 아주 엄격한 통제가 이루어졌다. 우크라이나는 EU와 체결한 조약의 부정적인 결과를 이미 그 전부터 감지할 수 있었다.[58] 동방 파트너십 정상회담이 2013년 11월 빌뉴스에서 열리기 직전에 푸틴은 대규모의 금전적인 지원

을 약속하면서 빅토르 야누코비치 우크라이나 대통령이 EU와의 협력 협
정에 서명하지 않도록 하는 데 성공했다. 러시아 측에서는 그저 형제 국
가에게 도움을 주려고 했다고 주장했다. 실제로는 이 150억 달러에 달하
는 재정적 선금은 IMF가 우크라이나에게 제공한 대출 금액과 정확히 일
치했다. 이는 우크라이나가 EU와 긴밀한 관계로 발전하는 것을 막기 위
한 러시아의 확실한 시도였다. 또한 이는 러시아의 당시 최우선 프로젝트
였던 유라시아경제연합 가입에 대한 전망을 염두에 둔 것이기도 했다.

공개적으로 발발한 유라시아경제연합과 EU의 통합 경쟁이 첨예화되
었다.[59] 당사자들의 이해관계와 서로의 주장들은 너무 상이했기 때문에
충돌을 막을 수 없을 것 같았다. 이에 각각이 추구하는 목표와 관심사에
대한 근본적인 오해가 더해졌다. EU가 동부와 남부 국가들의 끈을 만듦
으로써 우국의 고리를 만들고자 했으며 우크라이나를 정회원으로 수용하
는 일을 소홀히 한 반면, 러시아는 이미 제휴협정이 실제로 우크라이나에
대한 EU의 확장이라고 생각했다.[60] 추가적으로 EU가 처음부터 자신의 근
린정책의 목표들과 한계들을 완전히 명확히 하지 않았고 모스크바의 관
심사를 정확히 알지 못해 이해의 충돌은 심화되었다.[61] 빌뉴스에서 열린
정상회담은 동방 파트너십을, 또 EU의 대외정책을 완전히 와해하는 결과
로 이어졌다. 결국 EU 측의 무관심과 결속의 부족이 공개적인 갈등을 유
발하는 데 결정적인 역할을 했다.

## 우크라이나 사태의 심화와 크림반도 합병

야누코비치가 EU와의 협정에 서명을 거부한 사건은 우크라이나에서 유로마이단Euromaidan이 시작되는 계기가 되었다. 이 명칭 아래 시위와 소요가 몇 주 동안 이어졌다. 시위들은 주로 키예프에 위치한 독립 광장인 마이단 네잘레즈노스티에서 일어났다. 이 시위들은 곧 국가 전체로 번졌고, 점점 부패한 야쿠노비치 정권에 반대하는 움직임으로 변해갔다. 이는 우익 섹터와 자유당 같은 극우 세력도 섞인 민주적인 풀뿌리 운동이었다. 독일, 프랑스, 폴란드 외무부 장관의 평화 이니셔티브는 키예프의 소란이 결국 심화되는 것을 막지 못했다. 이 정치인들이 2월 20일에 체결한 합의는 이런 시위를 막지 못했다. 유로마이단 사태는 점점 무력시위로 번졌고, 야누코비치 대통령은 2014년 2월 의회에서 탄핵되어 러시아로 도망쳤다. 이 모든 것은 완전히 새로운 정세를 만들어냈다. 야누코비치의 몰락은 크렘린 대외정책의 중대한 실패였다. 심지어 푸티니즘은 두 배의 타격을 입었다. 첫 번째는 푸틴의 심복인 야누코비치의 탄핵이었고, 두 번째는 독재적인 우크라이나 정권에 대한 유로마이단의 승리였다. 이미 푸틴은 오렌지 혁명으로 인해 러시아 정책의 우크라이나화가 일어날 수 있다고 강력히 경고했다. 2014년 2월, 푸틴은 모든 수단을 동원해 우크라이나의 소요를 막으려고 했다. 야쿠노비치의 탄핵을 받아들이려 하지 않았고, 우크라이나의 새 정권을 인정하려 하지도 않았다. 이 정권은 위헌적으로 들어섰고, 결과적으로 합법적이지 못하다는 것이었다. 게다가 그들은 파시즘 세력, 국가주의, 극우주의자로 그득하다고 주장했다. 나아가 우크라이나어를 선호하는 새롭게 제정된 언어법이 러시아어권 국민들, 즉 러시아계에 대한 위협이라고 생각했다. 그 대가로 러시아는 곧 크림반도 합병을 결정했다. 공식적인 이유는 그곳에 거주하는 대부분의 인종적으로 러시아인인 사람들이 보호받아야 한다는 것이었다.

우크라이나 정부의 전복에 대한 러시아의 공식적인 입장은 어떤 부분은 옳지 않았고 어떤 부분은 굉장히 과장되었다.[62] 새로운 우크라이나 정부는 러시아인에게 불리한 새로운 언어법을 다시 빠르게 철회했다. 러시아가 전면에서 비판한 극우주의 세력은 실제로 유로마이단 혁명 당시에 중요한 역할을 하지 않았다. 대선에 출마한 극우 세력의 두 후보는 합쳐서 투표율의 2퍼센트도 달성하지 못했다. 파쇼적인 불법 정부나 아예 파쇼적인 군사 정부는 처음부터 말도 안 되는 것이었다.

논평가들은 크림반도 합병 문제와 관련한 푸틴의 사상과 행동이 우선적으로 서방에 대한 분노의 감정과 복수 욕구에서 비롯되었다는 데 동의했다. 러시아 주재 미국 대사인 마이클 맥폴Michael McFaul은 푸틴이 미국을 야누코비치 정권의 몰락의 주모자이자 조종자라고 생각했다고 말했다. 맥폴에 의하면, 실제로 미국은 키예프에서 마지막 순간에 특히 조 바이든Joe Biden 미국 부통령과 야누코비치 대통령의 통화를 통해 중재를 시도했다.[63]

러시아의 즉각적이고 포괄적인 이웃 국가 개입의 동기에 대해서는 크렘린뿐만 아니라 전 세계의 논평가들도 점차 매우 다양한 설명을 제시했다. 크림반도 합병 계획이 오래전부터 러시아의 오랜 목표였다는 것에 대해서는 논란의 여지가 없었다. 또한 쿠데타에 대한 구체적인 준비 과정과 결정 과정은 별로 일관적이지 않았다는 것도 공공연한 사실이었다. 그 사건에는 즉흥성이 지배적이었다. 이 사건은 오래전부터 계획한 행동과는 달랐다. 그 행동의 원인과 방법을 분리해서 생각할 수 없었던 이유에 대해 다니엘 트라이스만Daniel Treisman은 설득력 있는 설명을 제시했다. 야누코비치 정권 몰락 이후 푸틴과 그의 최측근들은 세바스토폴에 있는 러시아의 흑해 함대를 지키기 위해 우선 긴급조치가 필요하다고 생각했다는 것이다.[64] 그리고 우크라이나의 갑작스러운 권력 공백은 생각하지 못한 가능성까지 보여주었는데, 바로 그 공백이 즉시 크림반도를 돌려받기 위한 이상적인 기회의 창window of opportunity이 되었다는 것이다.[65]

푸틴은 안보기관 출신의 실로비키들에게서 모든 경과를 보고받았으며 결정 과정에서도 그들과 긴밀하게 접촉했다. 이 무리에는 대통령 행정실장 세르게이 이바노프, 안전보장회의 서기 알렉산드르 보르트니코프, 연방보안국 국장 니콜라이 파트루셰프가 있었다. 그들 모두 직위를 이용한 대내외적 국가권력 독점의 수호자들이었다. 그들의 중요도는 푸틴의 세 번째 집권기에 더욱 커졌다. 심지어 푸틴은 크림반도 점령 같은 대외적으로 민감한 문제를 결정할 때도 정보요원들로 이루어진 이 올리가르히들에게 마지막 결정권을 주었다. 초반의 망설임이 끝나고 푸틴은 칼자루를 손에 쥐었다.[66] 그는 공개적으로 이 계획을 직접 짜고 추진했다고 자랑스럽게 말했다. 빠르고 비폭력적인 크림반도 인수라는 걸작은 실제로 매끄럽게 이루어졌다. 효과적이고 소리 없이 점령을 실행한 이들은 초록색 전투복을 입은 러시아 특수부대였다. 그러나 그들은 국적 마크와 부대 마크를 달고 있지 않았다. 그들은 군 역사에 그린맨으로 기록되었다. 푸틴은 쿠데타의 성공에 굉장한 만족감을 드러냈다. 많은 논평가들은 그에게 훌륭한 전략가로서의 재능이 있다고 말했다. 푸틴 숭배 연출가들은 대통령을 전략가보다는 전술가로, 더욱이 성공한 전쟁사령관으로 환호받게 할 수 있었다. 이는 그의 세 번째 승리였다. 2000년 체첸 전쟁, 2008년 조지아 전쟁을 거쳐 이번에는 우크라이나를 상대로 승리한 것이다.

다수의 작가들이 푸틴의 행동을 다음과 같이 설명했다. 푸틴은 KGB 출신이고 의심이 많은 사고방식을 가지고 있기 때문에 우크라이나의 민중 시위가 갑작스럽게, 그것도 서방의 비밀정보기관 같은 외부의 도움 없이 발발할 수 있다는 것은 상상하지도 못했고 믿으려고 하지도 않았다. 실제로 푸틴은 이미 2011년 말 러시아에서 일어난 대규모 시위에 관한 연설에서 당시 미국 외무부 장관이었던 힐러리 클린턴이 시위를 지시했다고 주장했다. 푸틴이 그런 가정을 실제로 믿었는지, 혹은 그저 러시아 내에서 반미의 목소리를 만들기 위해 클린턴을 전면에 내세운 것인지는 불분명하다. 러시아의 유명 작가인 빅토르 예로페예프Victor Erofeev는 후자를 믿었다.[67]

2014년 3월 18일 크렘린궁에서 이루어진 대규모 연설에서 푸틴은 상하원 의원들과 주지사들, 민간 대표들에게 그가 크림반도 문제에 개입하게 만든 원인과 동기에 대해 직접 설명했다. 그는 러시아인과 우크라이나인의 역사적·문화적 공통점을 역설했다. 그들은 하나이고 한 민족이라고 말했다. 그리고 서방에 대한, 특히 미국에 대한 적대적인 모욕이 이어졌다. 푸틴은 미국이 지난 20년 동안 국제법이 아니라 강자의 불변한 법칙으로 통치했고, EU의 정책은 우크라이나뿐만 아니라 러시아에도 대립해 있어 그들의 유라시아 지역의 통합을 반대한다고 말했다. 또한 러시아는 계속해서 서방국가와의 대화와 협력을 위해 노력했고 눈높이를 맞춘 진심을 담은 관계를 찾으려고 했지만 그 어느 국가도 러시아의 제안에 응하지 않았고 오히려 러시아를 어떤 구석으로 몰아내려 했다고 덧붙였다. 그러나 이제는 러시아가 국제사회의 자립적이고 활동적인 개체로 인정받아야 하고, 러시아의 국익은 배려받고 존중받아야 한다고 말했다.[68]

푸틴의 크림반도 발언의 핵심은 우크라이나에게서 독자적인 국가 건설 권리를 빼앗는 것이었다. 게다가 제국의 상실이라는 러시아의 트라우마는 상처 입은 대국 신드롬만큼이나 분명해졌다. 러시아가 유라시아에서 통합 프로젝트를 실시하는 것을 서방세계가 반대한다는 푸틴의 주장은 별로 설득력이 없었다. 또한 눈에 띄었던 점은 러시아와 서방세계가 협력하기 위해서는 눈높이를 맞춰야만 가능하다고 말한 것이다. 협력을 위해서는 관계자들의 동등성이 필요하다는 계속적인 요구는 러시아가 아직도 양극체제 시대적인 생각을 가지고 있음을 분명히 보여주었다. 당시 러시아에게 명백히 중요했던 것은 적어도 이런 동등성의 지위를 돌려받고, 나아가 이를 넘어서 세계 정치의 플레이어가 되는 것이었다.

크림반도 합병 사태를 2014년 초 갈등 상황의 단면으로 보지 않고, 오히려 새로운 푸티니즘의 전형적인 구조 특징의 측면에서 보면 다음과 같은 현상들이 전면에 드러난다. 국제적 인정에 대한 높아진 요구, 러시아 내부의 정치적 강경파들의 세력 확대, 푸틴에 대한 숭배화 강화, 정통파로 위장한, 국가주의의 경시적 표현인 새로운 국가 애국주의 단체에서 회귀하는 보수주의 이데올로기 등이다. 특히나 새로운 점은 안드레아스 하이네만그뤼더Andreas Heinemann-Grüder가 말한 것처럼 푸틴의 극단화와 관련해서 **전쟁으로서의 정치**가 추진되었다는 것이다.[69]

우크라이나 사태 발발 당시 국영방송에서 이미 크림반도의 **반환**을 정당화하고 찬양하기 위해 고비용의 프로파간다 캠페인을 내보낸 것은 그리 놀라운 일이 아니었다. 공격적인 정보의 유입이 우크라이나와 서방에 대한 적대적인 분위기의 형성을 더욱 부추겼다. 그 주제는 특히 러시아가 즉시 스스로를 대국이라는 생각에 도취되도록 만드는 데 적합했다. 푸틴의 지지율은 80퍼센트를 웃도는 신기록을 경신했다. 심지어 힘이 없는 의회와 인위적인 크렘린 정당들로 이루어진 푸티니즘의 통치체제가 처음으로 인정받았다. 러시아의 국가적 위대함과 유일성에 대한 사상이 인정받는 것처럼 느껴졌다. 푸틴 집권 아래의 국가가 다시 세계 정치적으로 불가결한 플레이어가 되었다는 확신 또한 생겼다. 상처 입은 대국 신드롬은 하룻밤 새 날아가버렸다.[70]

크림반도 합병 이후 러시아는 동우크라이나에서 발생한 분리주의 운동의 지원을 망설이지 않았다.[71] 돈바스, 특히 루간스크와 도네츠크 지역의 시위자들은 돈과 교육, 무기, 군사 중장비를 지원받았다.[72] EU와 미국은 러시아의 공격적인 정책에 제재 조치로 대응했다. 특히 이 조치를 통해 러시아를 누그러뜨리고 이전 상태를 회복할 수 있다고 생각했다. 제재는 시기와 내용에 따라 나뉘어 적용되었다.[73] 2014년 여름에는 제재가 확대되고 강화되었다. 그 배경에는 동우크라이나에서의 전쟁 격화와 2014년 7월 말레이시아 여객기 MH17의 격추 사건이 있었다.

국제조사위원회가 조사한 것처럼 이 여객기가 반란군이 쏘았을 것으로 추정되는 러시아 방어미사일에 의해 격추되었다는 것에 대해 러시아 측은 다양한 반대 가설을 제기했다.[74] 그러나 이 사건은 제재의 소용돌이에 추진력을 더욱 부여했다. EU는 무기 금수조치를 취하고, 특정 러시아 은행과 기업을 대상으로 EU 자본시장에 대한 접근을 제한했다. 즉, 포괄적인 제재가 아니라 목표에 맞춘 제재였던 것이다. 제재로 인한 은행과 재정 분야의 즉각적인 결과는 예상보다 더욱 심각하게 나타났다.[75] 그렇지만 동우크라이나에서의 계속된 전쟁 때문에 2015년 1월에는 제재 리스트가 다시 확대되고 연장되었다.[76]

그러나 곧 러시아가 포기할 것이라는 모든 희망이 헛되었음이 드러났다. 2015년 2월의 두 번째 민스크 협정과 푸틴의 확실한 협정 지지 발언에 전 세계가 주목했는데도 불구하고 이 휴전 협정은 위태로웠다. 러시아가 분리주의자를 계속 지원하고, 또 우크라이나 군대도 무장해제할 기색이 없었기 때문에 무력 분쟁의 끝은 보이지 않았다. 서방의 제재는 주로 경제적으로 제한적인 영향을 주었다는 사실이 드러났다. 외부의 압박이 강화되었기 때문에 러시아 국민은 그들의 국가 지도자를 더욱 따랐다.[77] 편파적인 정보들은 러시아 국민들이 EU 제재의 목표가 우크라이나와의 갈등에서의 양보 요구라는 것을 전혀 이해하지 못하게 만들었다. 오히려 미국과 EU가 무엇보다 러시아의 약화와 푸틴 정권의 몰락을 노린다는 생각이 더욱 강해졌다.

EU의 제재에 대한 대응 조치로 크렘린은 EU 국가에서의 농산물 수입을 중단했다. 양방향의 제재전쟁과 동시에 러시아와 서방의 정보전쟁도 심화되었다. 그제야 서방은 러시아 사회에 대한 객관적인 조사에 소홀했음을 인지했다. 그렇게 푸티니즘은 제재와 정보의 전쟁에서 처음으로 서방세계를 대상으로 우위를 점했다. 이와 관련해 푸틴의 프로파간다 국가에서 언론의 광범위한 권력에 대한 극단적인 예시가 있는데, 바로 EU산 농산물 금수조치를 피해 러시아로 밀수된 식료품의 공개적인 폐기 조치조차도 국민들 사이에서는 반대보다는 찬성 의견이 더 많았던 것이다.[78]

## 우크라이나와 크림반도: 서방과의 힘겨루기

언론계와 정치학계는 러시아와 우크라이나의 갈등의 원인과 배경에 대해서 격렬하고 열띤 토론을 했다. 2014년 12월 독일에서는 60명의 공인들이 "유럽에 다시 전쟁을 일으키고 싶은가? 우리 이름으로는 안 된다!"라는 제목의 호소문과 함께 러시아와의 대립을 경고했다. 특히 동유럽 전문가들의 비판적인 항의가 이어졌다.[79] 전 세계 정치학자들이 목소리를 냈다. 일부에서는 우크라이나 사태의 원인에 대한 논쟁이 일종의 종교전쟁으로 번졌다. 한편에는 미국의 정책을 비판하는 미국의 좌편향 정치학자들이 있었고, 다른 한편에는 서방의 무력 위협이나 러시아에 대한 그 어떤 모욕도 전혀 말이 되지 않는다는 증거를 찾기 위해 노력하는 러시아 진보주의 체제 비판가들이 있었다. 미국인인 존 미어샤이머John Mearsheimer와 스티븐 코헨Steven Cohen은 미국 정부 비판가와 푸틴을 파악하는 사람들의 그룹을 이끌었다. 그들의 명제는 서방이 NATO의 동유럽 확장을 통해 러시아를 위협했고, 푸틴이 이 일에 대해서 복수를 하고 있다는 것이었다.[80]

역사학자와 정치학자, 외교관을 비롯한 러시아 전문가들 중에는 이런 주장을 반대하는 입장이 현저히 더 많았다. 그들은 푸틴이 직접 크림반도 합병 이후에 그 배경으로 그리고 한편으로는 불만 표시로서 NATO의 동유럽 확장을 비난했다고 말한 것도 근거로 삼을 수 있었다. 다수의 전문가들은 NATO의 동유럽 확장이라는 주제가 지난 수년 동안 러시아와 미국의 의사소통에서 전혀 다루어지지 않았다고 말했다.[81] 러시아의 반정부주의 정치학자인 릴리야 셰브초바Liliya Shevchova는 서방이 위협하고 그로 인해 국가가 굴욕을 당했다는 푸틴의 주장이 무엇보다도 러시아 지도부의 정치적인 합법화 수단 그 자체라고 보았다. 게다가 크렘린은 이후에 치욕이 계속될 경우에 방어조치로 위협하기 위해 러시아 모욕에 대한 유언비어들을 대외 정치의 압력 수단으로 이용했다고 주장했다.[82]

사회학자 레프 구드코프는 결국 푸틴이 서방을 심하게 비난한 원인이 된 열등감 콤플렉스가 심각하다고 진단했다.[83] 2016년 4월에는 한스헤닝 슈뢰더 역시 "오늘날의 러시아 대외정책의 정신적인 근간에 대한 분석 Analyse: Großmacht und Geschichte - Über die geistige Grundlegung der russischen Außenpolitik heute"에서 서방측의 위협에 대한 러시아 엘리트들의 단면적 인식의 정신적 측면을 강조했다. 그는 러시아 엘리트들이 지금까지 서방으로부터 위협받는다고 느꼈지만, 전반적으로 그들이 더욱 심각하다고 생각한 것은 서방으로부터 무시당한다는 느낌이었다. 슈뢰더는 러시아가 열등감에서 비롯된 정치를 하고 있다고 표현했다.[84] 근래의 공격적인 태도는 보상 심리로 이해할 수 있다는 것이다. 대표적인 예가 EU와 미국 등 서구 관계자들에게 그저 동등한 입장에서 협상하자고 반복적으로 요구한 것이었다.

셰브초바와 다른 사람들은 크렘린에게 일차적으로 우크라이나는 전혀 중요하지 않았으며 서방국가와의 힘겨루기가 중요했다고 말했다. 게다가 드미트리 트레닌은 러시아에게는 우크라이나뿐만 아니라 유럽도 중요하지 않았고 그들은 결국 하나의 새로운, 하지만 아직 결정되지 않은 세계 질서를 얻고자 한다고 주장했다.[85] 러시아의 공식적인 입장도 비슷했다. 푸틴도 우크라이나 위기가 무엇보다도 스스로 냉전의 승리자로 여기고 그래서 강자의 권리를 행사하려 하는 미국과 그의 서방 동맹국들에 대한 항변이라고 말했다.[86] 2015년 2월에 열린 뮌헨 안보회의에서 세르게이 라브로프Sergei Lavrov 러시아 외교부 장관 역시 동일한 주장을 했다. 그는 우크라이나 위기는 서방국가에 "헬싱키 원칙을 재구성함으로써 그를 바탕으로 새로운 안보 시스템을 만들도록 강요하기 위한 수단"이라고 말했다.[87] 이런 모든 발언의 배경에는 분명히 동일한 추론 논리가 있었다. 크림반도 점령과 우크라이나 내의 러시아 입지는 서방과의 힘겨루기에서 러시아의 손에 놓인 담보라는 것이다. 그것은 국제적 인정을 요구하기 위한 러시아의 도구였다.

우크라이나 사태의 배경과 크렘린의 직접적인 동기 그리고 더욱 큰 목표를 알아내기 위한 다양한 노력을 통해 알게 된 사실은 러시아와 우크라이나의 정치 그리고 서로에 대한 두 국가의 태도가 똑같이 중요하다는 양면적 관점이 거의 고려되지 않았다는 것이다. 소련의 해산과 함께 시작된 두 국가의 국가 건설 작업은 여기저기에서 아직 진행 중인 복잡한 변혁 과정에 있다. 따라서 슬라브 계통의 형제 국가 사이의 갈등은 하나의 동일한 과정의 표출인 것이다. 정체성을 탐색하는 과정에서 서로의 감정이 더욱 격화된 양측에 불가피하게 국가주의가 들어섰다. 그러나 러시아 측에서는 역사적으로 우위를 점했던 기억을 바탕으로 무자비한 후견인 역할로 작은 형제 국가를 대했으며 이 국가의 자립적인 국가 정체성과 국가 주권을 인정하지 않으려고 했다.

많은 작가들은 소련의 평화적인 해체가 1991년 변혁기의 가장 성공적인 성과라고 찬양했다. 그러나 우크라이나를 둘러싼 갈등은 지금까지도 그 역사의 결말이 나지 않았다는 것을 보여준다. 러시아의 경우에 제국 상실에 대한 트라우마가 계속해서 치명적으로 남아 있다. 상처 입은 대국 신드롬은 크림반도의 **재탈환**에 대한 전체 국가적 도취감 속에서 사라졌다. 푸틴에 대한 지지율은 급격히 높아졌으며 그 이후에는 아주 미미하게만 낮아졌다. 설문조사에 따르면, 푸틴의 높은 지지율은 우선 빛나는 지휘관이자 대외 정치의 천재로서 세상을 군림하는 이미지에 기반했다. 그러나 이는 국가를 결속시키고 사회를 만족시키기 위해 얼마나 오랫동안 그런 명성이 대체 유지될 수 있으며 유지되어야만 하는지에 대한 의문을 제기했다.

2004 ×

—

불법국가와 그 희생자들

—

## 선별적인 사법기관, 조직범죄, 첩보기관식 수단들

이 장에서는 몇 가지 소송 사건을 예로 들어 푸티니즘의 불법국가적인 특징을 다룬다. 사건마다 이 특징은 상당히 다양한 형태로 나타난다. 한 번은 선별적인 사법기관의 형태로, 또 한번은 조직범죄나 첩보기관식 조치들을 위한 무법적 공간으로, 혹은 감옥 테러나 행정부의 심복이 된 사법기관의 형태로 나타났다. 이에 관한 비교 연구들은 심지어 보편적인 법의 부재와 시민들의 법 앞에서의 불평등이 러시아 독재주의 정권의 주요 특징이라고 강조했다.[1] 러시아 헌법에 명시된 법치주의, 권력분립, 사법부의 독립성 등의 원칙들과 원래는 법적 안정성과 모든 국민이 법 앞에서 평등하도록 보장하는 원칙들은 실제로 심각한 모순적인 상황에 처해 있다. 이런 모순에 대한 설명은 푸틴 집권 아래에 형성된 수직적 권력구조와 관료주의적 자본주의의 작용에서 찾아볼 수 있다. 게다가 전국에 인습적으로 깊게 뿌리내린 법적 허무주의가 더해졌다. 법은 아무런 효력도 없는 것이다. 안젤리카 누스버거Angelika Nussberger는 자신의 책 『러시아 법 입문서Einführung in das russische Recht』에서 "법과 정의는 서로 거의 혹은 아예 관계가 없다"라고 말했다.[2] 드미트리 메드베데프 대통령조차도 계속해서 법치 허무주의에 대해 법과 규율에 대한 관습적인 경시라며 반대했고, 법원의 독립성 부재에 대해서도 비판했다. 그러나 그의 매우 적절한 판단은 부정을 성공적으로 척결하기 위한 실질적인 단계로 이어지지 않았다.

반정부 사회학자 레프 구드코프는 전반적인 도덕적 타락의 주요 원인을 만연한 부정부패와 국가기관들의 약화라고 지적했다. 독립적인 전문

엘리트들이 아니라 **부패한 불법국가 자체**가 부와 도덕, 문화, 법의 결정권을 독점하고 있다는 것이다. 결국 약하고 **경직된 법원**은 더 이상 재산을 보호하지 못하고, 이는 필연적으로 경제적인 경쟁에 부정적인 영향을 줄 수밖에 없다고 말했다.[3] 다른 작가들도 이 평가에 동의했다. 그들은 사법부가 수직적 권력구조에 편입된 것이 **부패한 법치국가**가 설립되고 그에 따른 무법성이 생긴 주된 이유라고 생각한다.

석유 재벌인 미하일 호도르콥스키와 플라톤 레베데프 $^{Platon\ Lebedev}$ 소송 사건과 세르게이 마그니츠키 사건, 쿠시춉스카야에서 일어난 대학살은 부패한 불법국가에 대한 논란이 많은 소재를 품고 있다. 이 사건들 모두가 실제로 정권의 무법성뿐만 아니라 시스템에 내재된 부조리를 드러내지만 각각 다른 특성들을 비추고 있다. 석유 재벌들에 대한 기소 건에서는 권력과 부를 무조건적으로 요구하는 정치 지도부의 온순한 지지자로서의 사법부의 모습을 볼 수 있는 반면, 마그니츠키 사건은 국가의 부패에 맞선 싸움이 그 범죄를 찾아낸 사람에게 얼마나 치명적인 결과를 가져올 수 있는지를 보여준다. 쿠시춉스카야 대학살 사건은 부패에 기반을 둔 법원, 행정 당국, 범죄자 집단이 공모한 범행의 결과로서 몇몇 국민의 치명적인 무권리를 조명한다.

불법국가의 어두운 측면 중에는 비판적인 언론인이나 국가와 사회의 적수에 반발하는 야권 인사들의 보호가 보장되지 않는 것도 있다. 특히 피습이나 살인 사건을 의뢰한 범죄자들을 수사할 경우에 사법기관의 무능함을 볼 수 있는데, 범죄자를 체포하는 단계에서 조사가 빈번히 중단되었기 때문이다. 이렇게 시스템 내재적인 부정의 형태를 잘 보여주는 사례가 체제 비판적인 기자 안나 폴리트콥스카야와 자유주의 성향의 야권 정치인 보리스 넴초프 살인 사건이다. 런던에서 폴로늄을 이용한 독극물 테러로 사망한 체제 비판가 알렉산드르 리트비넨코 사건은 불법국가의 또 다른 면을 부각했다. 이번 사건에서도 책임자는 미스터리로 남았고, 명백히 범죄를 실행한 사람들은 런던의 사법당국에 소환되지 않도록 러시아 국가의 보호를 받았으며 심지어 법정 진술도 하지 않도록 보호받았다.

## 석유 재벌 호도르콥스키와 그의 기업 유코스

국가권력과 석유산업 대부인 미하일 호도르콥스키 사이에서 벌어진 전쟁의 신호는 2003년 2월 19일 크렘린 지도부와 주요 기업가들의 모임에서 울렸다. 돌아가고 있는 카메라 앞에서 푸틴과 호도르콥스키의 치열한 말다툼이 시작되었다. 호도르콥스키가 국영기업의 부정부패가 날로 만연해지고 있다고 푸틴 대통령을 비난하자 푸틴은 호도르콥스키에게 당신이 대체 어떻게 고수익의 유전탐사권을 얻을 수 있었는지, 그때도 부정부패가 큰 역할을 한 것은 아니었는지 비아냥거리며 물었다. 이런 공개적인 말다툼은 올리가르히와 대통령 사이에서 격렬해지는 대립의 시작이었다. 크렘린 지도부 입장에서 그 기업가의 **도발**은 점차 늘어났다. 호도르콥스키가 중국이나 미국의 대기업처럼 러시아 석유시장에서도 자율적인 경제정책을 추구했다는 것도 도발 행위 중 하나였다. 또한 석유기업인 유코스가 두마에서 로비 활동을 더욱 강화했고, 호도르콥스키가 당시 앞두고 있던 두마 선거에서 민주주의 정당뿐만 아니라 공산주의자들에게도

재정적으로 지원한 반면에 크렘린 정당인 **통합** 러시아당에는 지원하지 않았던 사례도 있었다.[4]

결국 그 올리가르히의 정치적인 야망은 매우 큰 불신을 유발했다. 심지어 호도르콥스키가 가장 높은 관직을 얻으려고 노력했다는 소문이 돌았다. 2003년 5월 26일, 인터넷에 "올리가르히의 몰락"이라는 제목의 비방글이 올라왔다. 이 글에서 정치학자인 스타니슬라프 벨콥스키와 조시프 디스킨Josif Diskin이 호도르콥스키가 몰락을 계획하고 있다는 의혹을 제기했다. 이번 선언문의 의뢰인은 머지않아 밝혀졌듯이 실제로는 자신들이 쿠데타를 하려고 했던, 즉 유코스를 공격적으로 인수하려고 했던 푸틴의 실로비키인 것으로 드러났다. 이 글에 의하면, 호도르콥스키는 다른 올리가르히들과 함께 러시아의 **대통령제 공화국**에서 (프랑스식 모델을 본따) 이원집정부제로의 변혁을 계획했고, 이미 2004년에 호도르콥스키가 직접 총리직에 앉는 정당을 바탕으로 한 정부를 구성하려 했다는 것이다. 정치분석가들에 의하면, 전복을 꾀한다고 추측되는 이들은 정당이 지지하는 정부는 유효한 헌법과 문제없이 조화될 수 있고 심지어 프랑스의 이원집정부적 헌법 질서는 러시아 헌법 제정자들의 명확한 롤모델이었다는 사실을 완전히 간과했다. 게다가 푸틴은 바로 그 몇 주 전에 의회 연례연설에서 **의회의 과반수를 바탕으로 정부를 구성하겠다**는 계획을 직접 발표했다.[5]

이른바 몰락을 둘러싼 싸움은 그렇게 모든 측면에서 헌법에 대한 이해가 잘못되었다는 점을 드러냈다. 또한 푸틴은 아마 그것이 쿠데타와 어느 정도 관계되어 있을 수도 있다는 걱정에 사로잡혔던 것 같다. 푸틴은 정당 정부에 대한 그의 전망을 재빨리 철회했고 6월 20일에 열린 기자회견에서 의원내각제 공화국은 러시아에 전혀 알맞지 않다고 말했다. 그는 그런 가능성을 영원히 배제했고 자신의 연례연설을 개정했다. 그 선언문에 대한 입장에 관해서 질문을 받자 푸틴은 이렇게 대답했다. "일부 기업가들이 기업의 이익을 위해 국가의 정치 생활에 영향을 미치는 것을 허락해서는 안 된다."[6] 이 발언은 푸틴이 호도르콥스키에게 내민 도전장이었다.

미하엘 지가르는 푸틴이 "올리가르히의 몰락"이라는 위협적인 글보다 그의 실로비키의 도움을 받아 당시 행정부 부실장이었던 이고리 세친을 통해 직접 정확히 보고받은 도청된 호도르콥스키의 통화가 더욱 푸틴을 불안하게 했다고 말한다. 호도르콥스키는 통화에서 반복적으로 대통령을 비난했다.[7] 그렇기 때문에 결국 이 올리가르히가 노여움을 사게 된 것은 별로 놀라운 일이 아니었다. 공영 TV 채널에서 호도르콥스키에 대한 공개적인 비난의 물결은 갑자기 거세지기 시작했다. 국가권력과 재계 선구자 사이의 싸움은 두 번째 라운드로 들어섰다. 예컨대 전형적인 첩보기관식 수단들 외에도 푸틴의 프로파간다 시스템의 무기들이 투입되었다. 통제된 언론은 지속적으로 호도르콥스키뿐만 아니라 러시아의 모든 부자들과 올리가르히들에 대해 부정적인 여론을 조성하기 위해 노력했다. 정치분석가들은 호경기를 맞았다. 그들은 국가의 비공식적 구조에 속한 막후 인물들의 의뢰를 받아 유코스의 운명을 설계해야 했다.

이 선언문이 등장한 직후에 유코스의 공동대표인 플라톤 레베데프는 이른바 탈세 혐의로 구속되었다. 호도르콥스키는 검찰로부터 소환장을 받았다. 그 또한 탈세 혐의로 소송이 시작되었다는 통보를 받은 것이다.

2003년 10월 25일 호도르콥스키의 개인 전용기가 노보시비르스크에 기착했을 때 그는 무장요원들에게 포위되었다. 호도르콥스키는 체포되어 모스크바의 감옥으로 수송되었다.[8]

그사이에 유코스 사태와 함께 시작된 권력과 부를 둘러싼 비공식 크렘린 그룹들의 싸움이 다음 라운드로 접어들었다. 이는 여러 협력집단들 사이의 일반적인 싸움일 뿐만 아니라 동시에 한쪽에는 원래의 **과두적 자본주의**와 경제의 큰 상업적 자유를 추구하는 자들, 다른 한쪽에는 국가에 의해 더욱 강하게 통제되는 경제 질서, 즉 **관료주의적 자본주의**의 선구자들이 팽팽히 맞선 정치적 성향 싸움이었다. 구체적으로 말하면, 정부에 잔류한 **옐친 패밀리**의 대표자들과 푸틴의 실로비키들 사이의 싸움이었다. 실로비키들이 이 **선언문**을 이용해 자신들의 입장을 주장했다면, 이제 옐친의 자유주의자들이 일종의 박론을 내놓았다. 그들은 실로비키가 직접 푸틴의 노선에 반대하는 음모를 꾸몄다고 주장한 정치분석가인 그렙 파블롭스키를 고용했다. 파블롭스키에 의하면, 그들의 눈에는 약하고 우유부단한 대통령이 강한 결단력을 갖추도록 자극하는 것이 그들의 목적이었다. 이 대형 상호 비방전에서 결국 옛 자유주의자들은 실로비키에 비해 불리했다. 이들은 실로비키들의 협력집단이 대통령 행정실장, 연방평의회 의장, 일부 장관들보다 훨씬 막강하기 때문에 승리했다고 주장했다. 실로비키들은 또한 이 성공적인 싸움에서 강력한 대검찰청의 지원을 받았다.[9]

2004년 여름, 보안기관의 새로운 올리가르히가 석유 재벌에 대한 조치를 이용해 국가와 경제에서 전체적으로 우위를 확고히 했다는 평가가 전반적으로 확대되었다. 이런 측면에서 보면 이 사건은 호도르콥스키에 대한 개인적인 보복 이상의 의미가 있었던 것이다. 일부는 유코스 점령이 OPEC처럼 야망 있는 목표를 가진 크렘린 석유 수출 회사인 KremPEC을 설립하기 위한 첫 단계라고 보았다. 이와 관련해 새로운 에너지 초강국으로서의 러시아의 기대가 생겨났다.[10]

유코스 사태가 대외 정치적인 측면 외에 국내에 미친 영향도 작지 않았다. 2003년 10월에 시작된 호도르콥스키와 그의 파트너 레베데프에 대한 첫 번째 형사소송 절차들이 어떤 측면에서는 유일무이한 사건이었다. 그러나 다른 사건들에서도 사법부와 정부의 합의는 자산의 재분배를 위해 흔히 이루어지는 적대적 인수를 보여주었다. 강탈적 인수(러시아어로 'rejderstwo', 영어 raid에서 파생)라고 불리는 이런 방식의 목적은 사법부와 검찰의 도움을 받아 특정한 기업들을 새로운 재계 거물들 혹은 국가에게 넘겨주는 것이었다.[11] 게다가 유코스 사태는 국가권력이 훌륭한 시장경제 선구자를 법정 앞에 끌고 오는 동시에 옐친 시대의 다른 모든 올리가르히들에게 끔찍한 본보기를 보이는 여론 조작용 재판이었다. 이 강탈적 인수는 이번 사건에서 특히나 많은 논란을 일으켰고, 상당한 규모의 수익성이 높은 사유재산이 매우 복잡한 방식으로 국가와 그의 새로운 올리가르히들에게 넘어갔다. 그렇게 유코스의 자회사인 유간스크네프테 가스 Yuganskneftegaz사가 한 유령 회사에 매각되고 곧이어 국영기업 로스네프트가 유코스의 주요 자산을 매입한 것은 분명히 의심스러운 자산 양도였다. 푸틴의 개인 경제 고문조차도 이 사건을 올해의 농간이라고 칭했다.[12]

그러나 푸틴의 입장에서 유간스크네프테의 의문스러운 경매는 정상적인 시장경제의 규칙에서 전혀 벗어나지 않았다. 심지어 러시아에서는 호도르콥스키 기소 건을 모든 사람이 법 앞에서 평등하다는 점을 방증하는 대표적인 예라고 말했다. 이는 결코 독립적이지 않은 재판권의 현실과 모순되었고, 재판이 정당하고 정부 활동이 흠잡을 데 없다고 믿게 하는 것이 전형적인 통치 수단임을 보여주었다. 그리고 정계 지도부는 포퓰리즘적인 목적으로 2003년 대선을 앞두고 부유하고 **부패한** 기업가들과 모든 올리가르히를 비방했다. 여기에 호도르콥스키와 레베데프라는 두 명의 희생양이 마침 적절한 시기에 구속된 것이었다.

사법부의 선별적인 조치는 명백했다. 두 석유 재벌을 박해함으로써 크렘린은 자신감 넘치고 어쩌면 마찬가지로 반항적일지도 모르는 다른 비즈니스맨들을 위축시킬 수 있었다. 이들은 호도르콥스키처럼 법적으로 인정된 조세법의 허점을 이용했고, 따라서 사실상 자신들도 함께 기소된 것이라고 생각했다. 결국 그들은 유사한 이유로 형사 기소되는 것을 피하기 위해 재빨리 국가 지도부에 겸손한 태도를 취할 준비가 되어 있음을 드러냈다. 호도르콥스키와 레베데프에 대한 판결은 2005년 5월에 선고되었다. 정확한 판결 원문에 따르면, 사기와 횡령, 탈세, 강제집행 면탈죄가 선고되었다. 검찰은 징역 10년형을 구형했다. 이에 대해 법원은 고작 1년을 면제해주었다. 특이한 점은 법원이 적지 않은 절차상 하자를 숨기기 위해 조금도 노력하지 않았다는 것이었다. 이는 2011년 초에서야 비로소 스트라스부르크에 위치한 유럽 인권재판소의 비판을 받았다. 유럽 인권재판소는 공정한 절차와 재산권 보호에 대한 권리가 침해되었음을 확인했고 교도소 환경에 대해 질책했다. 그럼에도 법원은 정치적 목적으

로 형사 기소를 남용했다는 사실을 부정했다.[13]

2009년 2월, 호도르콥스키는 동부 시베리아의 크라스노카멘스크시와 치타시의 수용소에서 수년 동안 구금 생활을 한 다음 석유 매각과 돈세탁 은닉죄로 또 다시 소송을 받기 위해 모스크바로 송환되었다. 모스크바 법원은 이 재판에서 적어도 법치주의적인 절차를 지키는 것처럼 보이는 것마저도 포기했다. 이 두 명의 피고인들은 첫 번째 공판에서 탈세 혐의로 선고받았는데, 3억 5천만 톤의 석유를 훔치고 자회사 주식을 빼돌린 혐의를 받았다. 변호인이 유명한 증인들을 소환하는 데 성공한 다음에 이 재판은 피고인들에게 유리하게 돌아가는 듯이 보였다. 당시 증인들은 오랜 기간 재임한 경제부 장관 게르만 그레프German Gref, 빅토르 크리스텐코 Viktor Khristenko 산업통상부 장관, 빅토르 게라시첸코Viktor Gerashchenko 러시아 중앙은행 총재, 이전 푸틴 집권기의 총리였지만 이제는 야권의 지도자적 인사인 미하일 카시야노프였다. 그들은 피고인들을 위해 모든 것을 증언했다. 그들은 혐의를 받고 있는 절도 행위가 국가감독위원회 모르게 일어나기는 불가능하다고 증언했다. 이 증언은 공소의 근거를 무너뜨렸다.

그러나 혐의를 벗겨주는 증인들의 발언은 판결에서 고려되지 않았다. 법원은 오히려 감독당국이 계획적으로 기만당했다고 주장했다. 이런 얼토당토않은 행태는 재판의 부조리를 공개적으로 드러냈다. 국내외의 법률 전문가들은 곧 법원이 처음부터 진위 확인에는 전혀 관심이 없었고 오히려 호도르콥스키와 레베데프를 2017년까지 철창에 가두기 위한 행정부의 공공연한 충성스러운 앞잡이였다는 것을 분명히 보여주는 많은 불합리와 모순들을 지적했다.[14] 2010년 12월 30일, 판결이 선고되기 전부터 푸틴은 **도둑은 감옥에 있어야 한다**고 공개적으로 발언하면서 호도르콥스키 재판에 대해 속단했다. 그의 유죄 선고는 올리가르히를 겨냥한 경고의 목소리로 오랫동안 반향을 일으켰다.

이후 재판에서 유죄를 선고받은 이들의 항고 신청이 기각되었다. 이 사건이 절대로 독립적인 법원의 자율적인 사건이 아니었다는 점은 빅토르 다닐킨Viktor Danilkin 재판장의 보좌관이자 언론 대변인인 나탈리야 바실리예바Nataliya Vasilyeva의 증언에서도 드러난다. 그녀에 의하면, 재판장은 상급기관인 모스크바시 법원으로부터 이런 판결을 내리도록 강요받았다. 다닐킨은 수차례 전화를 통해 지시를 받았다고 한다. 이 사실은 이미 소련 시절에도 있었던 **전화 재판**이 포스트 소비에트 시대에도 여전히 이루어지고 있다는 것을 의미한다. 즉, 행정부가 원하는 대로 판결하도록 사법부에 전화상으로 지시한 것이다. 실증적 관련 연구들이 이런 지속적인 악습을 확인했기 때문에, 바로 정치적으로 그렇게 논란이 있던 이 유코스 재판에서 이 재판 방식을 이용했을 것이라는 추측이 허무맹랑한 것은 아니었다.[15]

또다시 이용된 **전화 재판**에 대한 질책은 곧 호도르콥스키의 두 번째 재판에 대해 커진 많은 비판적 의견들과 궤를 같이 했다. 2011년 5월에 국제사면위원회는 이 두 명의 피고인들을 **비폭력 정치적 포로**라고 지칭했다. 두 번째 재판이 전체적으로 오류가 많고 정치적인 동기가 있었다는 것에 더 이상 의심의 여지가 없었기 때문이다.[16] 반면에 러시아 국영 TV 채널들은 여전히 유코스 사건을 선동 목적으로 계속 이용하려고 했다. 특히 2011년 9월 1일 로씨야Rossiya 채널에서 호도르콥스키는 절도와 심지어는 살인에 연루되어 있는 괴물이라며 악마 취급을 당했다.[17] 이미 2003년에 그랬던 것처럼 두마 선거를 앞두고 옐친 시대의 올리가르히에 반대하는 포퓰리즘적 의견과 이른바 민중 친화적인 정부 진영에 호의적인 포퓰리즘적 여론이 조성되었다.

메드베데프 시대에는 유코스 기소의 판결을 바로잡으려는 시도가 있었다. 메드베데프 집권기에 조직된 인권 보호와 시민사회 발전을 위한 위원회는 2011년 말 호도르콥스키와 레베데프에 대한 판결을 취소할 것을 강하게 요구했다.[18] 이와 관련해 보고서 작성에 참여한 학자들은 그들의 활동을 반대하는 사람들로부터 압력을 받고 괴롭힘을 당한다고 느꼈다. 그런 이유에서 러시아 고등경제대학교의 유명한 경제학 교수인 세르게이 구리에프Sergei Guriev는 해외여행을 떠나 몰래 프랑스로 도피하기도 했다. 그는 크라스노카멘스크 같은 곳보다 파리를 선호한다고 말했는데, 이는 호도르콥스키의 동시베리아에서의 첫 번째 복역을 암시한 것이었다.[19]

인권 보호와 시민사회 발전을 위한 위원회는 법학 전문 의견을 통해 두 명의 석유 재벌에 대한 두 번째 재판의 근본적인 법률 위반을 증명했다고 결론냈다. 따라서 이 위원회는 검찰총장에게 판결 취소를 요청할 것을 요구했다. 메드베데프 대통령이 위원회의 발의에 전적으로 동의한 반면에 푸틴은 여전히 고집을 굽히지 않았다. 2011년 12월 15일에 열린 국민과의 대화에서 푸틴은 모든 러시아 대통령이 호도르콥스키의 사면을 검토해볼 수 있지만, 이는 사면 신청자의 유죄 인정을 전제로 한다고 말했다. 그러나 호도르콥스키는 그런 부당한 요구를 계속해서 거부해왔다.[20]

놀랍게도 이 전 유코스 회장은 2013년 12월 20일에 사면되었다. 이 석유 재벌의 사면을 위해 푸틴을 여러 차례 설득한 한스디트리히 겐셔 Hans-Dietrich Genscher 전 독일 외무부 장관을 비롯해 모든 관련인들이 증언한 바에 의하면, 호도르콥스키는 11월에 사면청원서를 제출했지만 유죄인정서는 내지 않았다고 한다. 호도르콥스키는 푸틴에게 도움을 요청했고 어머니의 중병으로 인한 가정 사정을 이유로 사면을 청했다. 이 청원은 수용되었고, 그 후 모든 일이 매우 빨리 진행되었다. 호도르콥스키는 겐셔가 마련한 개인 전용기를 이용해 바로 베를린으로 날아갔다.[21] 그는 원래 2014년 8월까지 구금되어 있을 예정이었다. 2014년 1월 말 플라톤 레베데프는 러시아 최고법원의 판결로 풀려났다.[22]

예상치 못한 호도르콥스키의 사면의 이유에 대해 많은 소문과 추측이 떠돌았다. 전반적으로 푸틴이 소치 올림픽 개최를 직전에 앞두고 서방과의 관계에서 좋은 분위기를 형성하려는 제스처였을 것으로 추측된다. 그러나 호도르콥스키는 2014년 1월 26일 모스크바 일간지 ≪모스콥스키 콤소몰레츠Московский Комсомолец≫와의 인터뷰에서 사면 청원이 공식적으로 수용된 동기는 일부 측근들에게 자신의 독단적인 결정권을 증명하려고 한 푸틴 스스로의 생각이었다고 말했다.[23] 푸틴은 그들에게 대통령의 모든 결정에 영향을 줄 수는 없다는 점을 보여주려고 했다는 것이다. 호도르콥스키에 의하면, 그의 사면은 푸틴에게 자신이 군림하는 신디케이트에서 1인자로서의 지위를 주장하면서 다양한 세력을 다시금 통제 아래에 두고 균형을 유지하기 위한 반가운 기회였다.

## 부패에 홀로 맞서 싸운 마그니츠키 변호사

두 차례의 호도르콥스키 재판을 통해 러시아의 사법기관이 지배 엘리트들의 정치적·경제적 이익을 위해 얼마나 쉽게 도구화될 수 있는지 증명되었다. 그리고 한편으로 마그니츠키 사건은 공무원들의 부패에 대항한 1인 투사의 무력함을 보여주었다. 국가권력은 금기와 형 집행에서 자의적인 강압 수단을 이용해 언제든 제지받지 않고 반격할 수 있다. 열정적인 젊은 변호사 세르게이 마그니츠키는 미국의 투자기업인 허미티지 캐피털Hermitage Capital의 모스크바 지부에서 회계사이자 고문으로 일했다. 그는 업무의 일환으로 내무부 공무원들의 이상할 정도로 높은 세금 환급률을 확인하기 위해 당국의 조사를 요청했다. 마그니츠키는 내무부 공무원들이 국고에서 총 2억 3천만 달러를 탈루한 거액의 부패 행위를 발견했다. 그는 공무원들의 부패에 대한 증거를 제출한 이후 2008년 11월 24일 오히려 그 자신이 세금 탈루에 공모한 혐의로 체포되었다.

그는 모스크바에 위치한 악명 높은 부티르카 형무소에 미결구금되었다. 2008년 11월 6일, 내무부의 조사위원회 위원장은 마그니츠키 사건을 하필이면 이 젊은 변호사의 폭로로 심한 타격을 입은 아르툠 쿠즈네초프Artyom Kuznetsov 중령에게 위임했다. 마그니츠키가 구금되어 있던 동안 쿠즈네초프와 다른 사람들은 그가 증인 진술을 철회하도록 압력을 가했다. 마그니츠키는 저항했다. 그는 구금 중에 여러 당국에 비인도적인 구금 환경에 대한 항의서를 480번이나 보냈고, 특히 검찰총장에게는 장문의 글을 써서 보냈다. 그러나 그의 청원서는 아무런 답변을 받지 못했다. 정직한 다윗이 러시아의 힘센 골리앗에 대항하는 드라마는 위태롭게 흘러갔다. 마그니츠키는 매우 열악한 조건의 감옥들을 옮겨 다니며 11개월의 구금 생활을 했고 췌장염을 앓았지만 의료 지원이 거부되었다. 2009년 11월, 마그니츠키는 37세의 나이로 마트로스카야 티시나 감옥에서 사망했다.[24]

마그니츠키의 변호인들만이 그들의 의뢰인에 대한 기소가 날조되었다고 강조한 것은 아니었다. 대통령이 법률 자문을 요청해 이 사건을 조사하도록 위임받은 인권 보호와 시민사회 발전을 위한 위원회도 같은 결론을 내렸다. 이미 2011년에 제출된 위원회의 중간보고서에 의하면, 내무부의 조사관뿐만 아니라 판사와 의사들 모두 마그니츠키의 죽음에 책임이 있다는 것이 확인되었다. 마그니츠키의 부패 폭로로 지목된 그 조사 공무원들이 마그니츠키 소송 절차를 진행했다는 점에서 뚜렷한 이해관계의 충돌이 있었다. 보고서는 결과적으로 마그니츠키가 어떤 의료 지원도 받지 못했을 뿐만 아니라 그가 죽음에 이르기까지 고무 곤봉으로 오랫동안 구타당했다는 추측에 충분한 근거가 있다는 결론을 내렸다. 그의 몸에 남아 있는 타박상과 부러진 손가락이 그 증거였다. 모든 조사당국들은 마그니츠키가 마지막에는 독방에서 침대에 수갑이 채워진 채로 묶여 있었고 구속복을 입은 채로 발견되었다고 만장일치로 확인했다. 그가 사망하고 15분이 지나서야 의료진이 허락되었다고 한다.

2011년 12월, 전문가들이 작성한 75쪽 분량의 최종 보고서가 제출되었다. 「세르게이 마그니츠키 고문과 살해와 러시아 정부의 은폐The Torture and Murder of Sergei Magnitsky and the Cover Up by the Russian Government」라는 보고서 제

목은 충격적인 조사 결과를 예고했다. 이 보고서는 마그니츠키를 대상으로 이루어진 체계적인 고문을 증명하는 수백 장이 넘는 문서와 사진을 담고 있었다. 모스크바 공공감독위원회와 모스크바 헬싱키 그룹의 수장인 발레리 보르시초프는 인테르팍스Interfax 통신에 이렇게 발언했다. "우리가 알고 있는 사실들은 마그니츠키가 구타의 결과로 죽었다는 의견을 뒷받침한다. 실제로 그는 살해당했다."[25]

메드베데프 대통령은 이미 2009년에 마그니츠키 사건 조사를 지시했다. 그에 따라 교도소에 있는 두 명의 의사가 고발당했지만 연루된 몇몇 경찰 공무원들은 심지어 승진하고 상까지 수여받았다. 2011년 9월에는 라시트 누르갈리예프 내무부 장관이 마그니츠키 사건에 책임이 있을 수 있는 경찰 공무원들을 향해 장황한 말로 경고했지만 아무도 구체적으로 책임을 물을 수는 없다고 말했다. 2011년 12월 말 위원회 회원들은 메드베데프 대통령에게 마그니츠키 사건에 대한 보고서를 제출했다. 그들은 마그니츠키 사망에 연루된 사람들의 형법적인 처벌을 호소했다. 그러나 이 사건에 대한 조사는 완전히 무위로 돌아갔다. 그사이에 미국 측에서 지원사격이 도착했다. 2011년 초 벤 카딘Ben Cardin 상원의원은 마그니츠키 사건에 책임이 있는 수십 명의 러시아 공무원들에 대해 입국 금지와 경제적인 제재를 가하는 세르게이 마그니츠키 법안을 제출했다. 이 마그니츠키 리스트에 대항해 러시아 외무부는 러시아 무기거래상 빅토르 부트 Viktor But를 구속한 미국 수사관들의 러시아 입국을 금지했다.

마그니츠키 사건은 러시아와 미국 사이에 민감한 정치적 갈등의 싹을 틔웠다. 왜냐하면 오바마 대통령이 마그니츠키 법안에 서명해 발효시키자마자 푸틴이 이런 러시아에 대한 **모욕적 조치**에 대해, 그가 표현한 바에 따르면, 적절한 보복을 가했기 때문이다. 그것도 참으로 센세이셔널한 방식으로 말이다.[26] 2012년 12월 말, 푸틴은 미국 시민의 러시아 고아 입양을 금지하는 법안을 통과시켰다. 이는 미국에서 숨진 러시아 입양아의 이름을 딴 **디마 야코블레프**Dima-Yakovlev **법**으로 불렸다. 예상대로 모스크바 헬싱키 그룹은 이 법안에 항의했다. 심지어 세르게이 라브로프 외무부 장관도 난색을 표했는데, 바로 이 입양 문제와 관련해서 외무부는 미국 측과 양자 협정을 위해 많은 노력과 비용을 들였기 때문이었다. 블라디미르 루킨Vladimir Lukin 러시아 인권 담당 특사는 이 법안을 헌법에 위배되는, 아이들을 희생시킨 감정적인 보복 행위라고 말했다.[27]

2013년 1월 13일, 모스크바에서 수천 명의 사람들이 이 **비열한 법**에 반대하는 시위를 벌였다.[28] 게다가 푸틴의 이런 보복행위는 사회적인 비극을 낳았다. 이미 수많은 러시아 아이들이 그들의 새로운 부모님이 기다리고 있는 미국으로의 출국을 기다리고 있었기 때문이다. 이미 수년 전부터 많은 미국의 부부들이 아프거나 장애가 있는 아이들을 포함한 러시아의 고아들을 성공적으로 입양하기 위해 노력해왔다. 푸틴의 법이 그에 빗장을 채운 것이다. 동시에 그는 **디마 야코블레프 법**을 이용해 러시아 내 반미주의를 더욱 심화했다.

2012년 12월에 열린 기자회견에서 푸틴이 디마 야코블레프 법에 대한 많은 질문을 받았을 때 그는 자신의 반미 감정을 스스럼없이 내보였다. 푸틴은 마그니츠키 법안과 그와 관련된 러시아에 대한 **모욕적인 조치** 때문에 극도로 상처받았다고 주장했다. 그는 보복을 준비했다. 그리고 사람들이 기소도 없이 체포되어 마치 중세 시대에 그랬던 것처럼 속박되어 끌려가야 했던, 아부그라이브나 관타나모에서 일어난 인권유린 및 고문과 관련해 미국을 비난했다. 푸틴은 미국이 자국에서는 고문을 합법화했다고 주장했다. 그리고 더욱 분개하며 욕을 했다.

우리나라에서 그런 일이 일어났다고 상상해보십시오! 그들은 우리를 머리부터 발끝까지 물어뜯었을 겁니다! 그들은 전 세계에 시끄러운 소음을 내고 있습니다! 하지만 이에 대해서 그 누구도 항의하지 않고, 모두 숨죽이고 있습니다.[29]

반러적인 마그니츠키 법안 때문에 미국에 대한 푸틴의 매도는 한동안 계속되었다. 이런 모습은 푸틴의 정치가 얼마나 감정에 휘둘리는지 보다 분명히 보여주었다.

2012년 늦가을에는 망자를 대상으로 탈세와 불법 경영 혐의의 사후 형사소송 절차가 시작되면서 마그니츠키 사건은 더욱 비극적으로 치달았다. 이 사건은 ≪노이에 취르허 차이퉁Neue Zürcher Zeitung≫의 논평처럼 국가에서 지휘한 형법으로 왜곡되었다.[30] 이런 대응방식에 대해 러시아 대중들도 당혹스러워했다. 12월 18일 자 ≪모스크바 타임스≫는 지난 수천 년 동안 유럽에서 이런 일은 일어난 적이 없었다고 보도했다. 실제로 러시아 법에 따르면 사망자 가족들의 특별한 요구가 있어야지만 그런 소송이 진행될 수 있다. 당연히 마그니츠키의 어머니와 다른 가족들은 강력히 반대했다.

마그니츠키 사건에 대해 계속해서 의견이 갈렸다. 푸틴 정권 비호자들은 국가에 대한 어떤 **모욕**이든 적극적으로 대응하는 러시아 대외정책을 강력하게 지지했다. 메드베데프는 대통령일 당시에는 마그니츠키 사건에 귀를 기울이는 모습을 보였지만 이제는 힘없는 총리로서 푸틴의 입장을 단어 선택까지 주의해 대변할 수밖에 없었다. 이제 메드베데프는 사망한 마그니츠키를 **하찮은** 경리일 뿐이며, 그가 진실을 찾으려 한 것이 아니라 그의 의뢰인의 이익에 관심이 있었던 것이라고 모욕했다.[31] 그에 반해 러시아 야권 인사들은 세르게이 마그니츠키 법안과 유럽 국가 내에서 논의되는 그와 유사한 조치에 대해 결국 서방이 다시 가치 중심적이고 비판적인 대러 정책을 되찾았다고 기뻐했다. 다른 사람들은 이 사건의 중요하지만 해명되지 않은 관점들에 대한, 특히 2억 3천만 달러의 **세금환급액**이 어디에 있는가 하는 핵심적인 문제에 대해 계속해서 비판했다.[32]

마그니츠키 사건은 여러 메시지를 전했다. 우선 공정하고 효율적인 재판을 보장할 수 있는 독립적인 조사기관이나 사법기관이 없는 한 러시아의 부정부패 척결에 대한 촉구가 오랫동안 무위로 돌아갈 수밖에 없다는 것이다. 법과 진실을 엄수하는 수호자가 스스로를 제어하는 시스템은 특히 독선주의와 은폐, 오용, 끊임없는 위법을 초래한다. 러시아에서는 감옥 안에서 사망하는 일이 드물지 않았다. 마그니츠키 기소 사건은 악명 높은 감옥 테러 상황을 드러냈을 뿐만 아니라 관리들과 판사들의 분명히 잘못된 행동에도 불구하고 무슨 수를 써서라도 국가의 명망을 높이 유지하고 그들의 지도자의 무죄를 입증하기 위한 정치 지도부의 노력을 보여주었다. 특히 이미 죽은 사람에 대한 계속된 재판과, 마그니츠키는 절대로 고문받은 것이 아니라 **심장마비**로 사망했다는 푸틴의 주장이 이를 명백히 증명했다. 2012년 12월 20일에 열린 기자회견에서 마그니츠키 소송에 관한 추가 질문에 대한 푸틴의 발언은 다시금 체제의 전형적인 특성인 대중에 대한 고의적인 속임수, 혹은 전문가들이 말했던 것처럼 정부에 의한 불법행위의 은폐를 증명한다. 빌 보링Bill Bowring은 소송 사건들에서 보인 연막 전략을 러시아를 지배하는 **투명 권위주의**의 전형적인 특징이라고 표현했다.[33]

### 쿠시촙스카야 학살 사건

러시아의 부정국가로서의 또 다른 특징 중 하나인 조직범죄는 초기 시장경제와 국가와 경제가 유착된 과두적 자본주의가 형성된 이래로 뿌리내릴 좋은 자리를 찾았다. 세르게이 첼루킨 같은 전문가들은 러시아 국가 자체가 1990년대 중반부터 마피아법에 따라 작동했다고 주장했다. 중앙과 지방의 부패한 정부 및 주정부가 **조직된 범죄자 그룹**과 협업해 하나의 **새로운 불법국가**를 만들었다는 것이다.[34] 이 광범위한 발언은 어쨌든 쿠시촙스카야에서 일어난 엄청난 범죄의 배경으로는 어울렸다.

2010년 11월 5일, 크라스노다르 지방에 위치하고 단지 3만 5천 명만이 살고 있는 도시에서 두 가족이, 즉 네 명의 아이들을 포함한 총 12명의 사람들이 한 범죄 집단에 의해 일종의 보복성 행위로 몰살당했다. 이 사건은 세르게이 차포크Sergei Zapok가 이끄는 부대에 속한 범죄 조직이 이미 12년 동안 지속해온 테러 행위의 정점이었다. 이 조직은 지방 및 지역 당국의 공공연한 비호를 받았다. 그 지역의 거주민들은 수년 동안 괴롭힘을 당하고, 땅을 몰수당하고, 여성들은 성폭행을 당했다. 심지어 14살짜리 소녀들이 학교 정문에서 범죄자들에게 납치되었다.[35]

쿠시촙스카야 몰살 사건으로 모스크바를 비롯해 전국이 충격에 휩싸였다. 메드베데프는 지역 당국과 범죄 조직 사이에 직접적인 유착 관계가 있다고 말했다. 크라스노다르 지방의 주지사는 러시아의 모든 지역에서 비슷한 일이 일어난다며 간결하게 말했다. 메드베데프 대통령은 크라스노다르의 경찰청장을 해임하고 주지사와 담당 대통령 지역 전권위원에게 책임자를 최대한 빨리 색출하라고 명령했다.[36] 게다가 그는 당국과 시민들 사이의 의사소통과 시민들의 권리 보호를 개선하기 위해 새로운 유연한 전자 접수처 설립을 제안했다.[37] 그는 이 접수처에 쿠시촙스카야에서 일어난 조직범죄 같은 일들을 더 빨리 발견할 수 있을 것이라는 기대를 걸었다. 메드베데프의 조치는 성공 가능성이 높지 않았다. 이는 오히려 소련식의 고발제도를 기술적으로 개선하려는 시도에 가까웠다. 이는 관청과 범죄 유착의 근본악을 끝낼 수도, 더 나은 법적 보호를 보장할 수도 없었다. 비판적인 청원서가 신청인에게 얼마나 난처하게 흘러갈 수 있는지는 바로 이 문제와 관련해 예전에 드러난 바 있다. 이미 5년 전에 모스크바 일간지 ≪로시스카야 가제타 Российская газета≫에 범죄 조직에 대한 항의서가 발송되었다. 그리고 그에 대한 반응으로 그 편지의 발신인들이 체포되었다.[38]

어쨌든 쿠시촙스카야에서 일어난 사건은 이 비극의 더욱 근본적인 원인에 대한 열린 토론을 유발했다. 한 비평가는 크라스노다르 지방에서 볼 수 있었던 것처럼 그렇게 무법이 판치는 상황은 소련에서조차도 당시 정당과 안보기관의 양방향의 통제 덕분에 일어날 수 없었다고 말했다.[39] 다른 사람들은 오늘날 효율적인 견제와 균형의 부재와 그에 따른 사실상 제도화된 무법성과 부당성을 편재하는 부패의 원인으로 꼽았다. 사실상 이런 악습은 사건들을 이해하는 데 중요한 열쇠를 제공한다. 수년 동안 범죄 집단이 저지른 악행들이 지역 행정기관과 검찰, 경찰, 법원에서 체계적으로 은폐될 수 있었던 것은 범죄 집단이 그들의 침묵을 구매했기 때문이다. 몇몇 비평가들은 이것이 공무원들의 적은 봉급을 어느 정도 올려주었다며 이해되는 듯이 인정해주었다.

인정받는 변호사이자 공민재판부의 일원인 헨리 레즈닉은 그 범죄행위의 배경에 대해 더 나아가 지방의 법 집행기관들이 국가 내 두마에서부터 크렘린까지 최고위 기관들의 크리샤(지붕)의 비호 아래에 있다고 분석했다. 두마와 크렘린 모두 범죄의 뿌리를 근절하기 위한 어떤 것도 하지 않기 때문이었다.[40] 이는 불법체제가 생성되는 데 책임이 있는 정치 지도부에 대한 질책이었다. 그들이 정치의 안정성을 잘못 이해하면서 권력분립을 무너뜨리고 법 수호기관들을 수직적 권력구조에 통합하려고 노력했기 때문이었다.

2013년 11월, 크라스노다르 지방법원은 범죄 집단의 수장인 세르게이 차포크와 그의 가까운 조력자들에게 무기한의 형량을 선고했다. 차포크는 2014년 7월에 교도소 병원에서 혈전증으로 사망했다. 그의 조력자 중 한 명은 감옥 안에서 목을 매어 자살했다. 겁먹은 마을 주민들 사이에서는 차포크가 외국으로 도피했고 그의 도플갱어가 묻혀 있다는 소문이 사라질 기미가 보이지 않았다. 그들은 결국 시신을 발굴하기까지 했는데, 진짜 그들이 두려워하던 범죄자 세르게이 차포크로 드러나 모두 안심할 수 있었다.[41]

2015년 말에 다시 차포크 집단은 대서특필되었다. 야권 인사인 알렉세이 나발니는 그의 **반부패** 재단이 정기적으로 실시하는 러시아 내 부패에 대한 조사에서 차포크라는 이름을 발견했고, 심지어 미심쩍은 비즈니스 관계와 사치스러운 생활로 주목을 끈 당시 유리 차이카 검찰총장의 아들들과의 관련성을 발견했다. 2015년 12월 1일, 나발니는 당국이 차포크라는 이름에는 귀를 기울이고 그의 신호에 반응할 것이라는 생각으로 조사 결과를 발표했다.[42] 이 조사 결과에는 검찰총장의 아들들과 차포크의 범죄서클 사이의 연결고리에 대해 언급되어 있었다. 무엇보다도 차이카의 직속 부하들인 게나디 로파틴Gennadi Lopatin, 알렉세이 스타로베로프Alexei Staroverov가 중간 다리 역할로 지목되었다. 나발니는 의심스러운 사업들과 차이카의 아들들이 모아놓은 수백만 달러에 달하는 자산에 대해 보고했다. 차이카의 아들들이 그들의 비틀린 거래에서 아버지를 통해 **크리샤**의 혜택을 보았다는 추측이었다.[43]

대중들이 그의 폭로에 엄청난 관심을 보인 반면에 크렘린과 검찰총장은 나발니의 주장을 부인했다. 차이카는 개인의 명예를 실추시키려는 너무나 명백한 시도라며 자신을 변호했다. 나발니의 고발은 완전히 날조된 것이며, 그가 한 조사는 분명히 돈으로 사주된 것이라고 주장했다. 메드베데프와 푸틴의 대변인인 드미트리 페스코프도 동참했다. 차이카의 장성한 아들들의 행동에 대해 그 어떤 이해관계도 없다는 것이었다. 그들의 행동은 검찰총장과 아주 조금도 관련이 없다고 주장했다.[44] 몇몇 정치인들이 차이카가 의회 질의 시간에 스스로 무죄를 증명했다고 주장한 반면에 공산 진영 지도자인 주가노프는 나발니의 폭로 뒤에는 미국의 CIA가 있다고 확신했다. 즉, 널리 퍼진 반미주의 사상은 다시 한 번 러시아의 부패에 대한 언급을 완전히 차단하기 위한 도구가 되었다. 실제로 차이카 스캔들과 그 스캔들의 명백한 은폐는 악명 높은 **투명 독재주의**의 또 다른 특성이었을 뿐이었다.[45]

## 반정부 언론인 안나 폴리트콥스카야

2006년 10월 7일, 유명한 반정부 기자 안나 폴리트콥스카야가 48살의 나이로 모스크바에 위치한 그녀의 아파트 내 승강기로 이어진 계단에서 총을 맞고 숨졌다. 그날은 푸틴의 생일이었다. 대통령을 해치려고 한 누군가가 그 배후에 있을 것이라는 소문이 빠르게 생겨났다.[46] 푸틴 또한 살인의 주모자로 언급되었다. 람잔 카디로프Ramzan Kadyrov 체첸 대통령도 배후일 가능성이 있는 인물로 지목되었다. 결국 실제로 체첸인이 범죄 용의자로 체포되어 유죄판결을 받았다. 2009년 2월에 있었던 첫 번째 재판에서는 네 명의 체첸인이 기소되었지만 증거 부족으로 풀려났다.[47] 2014년 7월에는 다른 다섯 명의 용의자들이 폴리트콥스카야 살해 혐의로 강제 노동 수용소에서의 무기징역을 선고받았다. 네 명은 체첸인이고 한 명은 모스크바의 경찰이었다. 이미 2011년에는 또 다른 모스크바의 경찰이 살해 도구를 조달했다는 혐의로 11년 징역형을 선고받았다. 그 막후에 대한 흔적은 아직까지도 밝혀지지 않았다.

안나 폴리트콥스카야는 누구였고, 왜 그는 살해범들의 표적이 되었는가? 그녀는 뉴욕에 주재하던 소련 외교관 부부의 자녀로 태어나 소련과 미국 시민권을 모두 취득했다. 그러나 그녀는 모스크바에서 성장했고, 스스로 모스크바가 고향이라고 생각했다. 그녀는 모스크바에서 언론학을 전공했고 1999년부터는 반정부적인 성향으로 인해 러시아 외에서도 유명한 신문사인 ≪노바야 가제타≫에서 일하기 시작했다. 폴리트콥스카야는 북캅카스의 특파원이었다. 그래서 특히 두 번째 체첸 전쟁과 관련한 사건을 조사하고 그에 대한 기고문을 작성했다. 폴리트콥스카야는 종종 현장에 나가 전쟁 희생자들의 가족을 만나 상세한 인터뷰를 진행하면서 서민들의 삶에 대한 글을 썼다. 그리고 모스크바의 뮤지컬 노르오스트 공연 중에 난입한 체첸 테러리스트들의 인질극에서는 중재를 시도했지만 무위로 돌아갔다. 그녀는 2004년 10월 초에도 인질극을 중재하기 위해 베슬란으로 갔다. 그러나 목적지에는 도달하지 못했는데, 그녀가 비행기에서 차 한잔을 마신 다음 심각한 독극물 중독으로 추정되는 병세를 보였기 때문이었다. 비평가들은 이것이 살인 시도였다고 계속해서 추측했다.

이미 2003년에 독일 뒤몽Dumont 출판사는 두 번째 체첸 전쟁에 대한 그녀의 흥미진진한 보고서를 출간했다.[48] 2005년에는 1년 전에 'Putin's Russia'라는 제목의 영어판으로 발간된 그녀의 책을 『푸틴의 러시아에서 In Putins Russland』라는 제목으로 이번에도 뒤몽 출판사에서 출판했다. 러시아의 어떤 출판사도 그녀의 글을 책으로 만들 준비가 되어 있지 않았다. 그녀의 신문 기고문과 책은 많은 조사 결과를 상세하게 보도하고 있다.

체첸 공화국, 조직범죄 그리고 계획경제에서 약탈적인 초기 자본주의로 넘어가는 과도기에 러시아 곳곳에서 관찰할 수 있었던 마피아 구조의 형성과 운영 원리에 대해서도 볼 수 있었다. 그녀의 묘사방법은 생생하고, 『푸틴의 러시아』에서 보낸 그녀의 메시지는 인상적이고 흥미진진하면서 집요한 동시에 놀라웠다. 살인, 폭력, 부패, 공격적 인수, 법 보호기관과 검사 혹은 판사의 공모 등에 대한 폴리트콥스카야의 공포스러운 묘사는 이전에 서술한 쿠시촙스카야 사건과 동일했다.

이 작가는 자신의 책에서 관련인들의 이름을 숨김없이 밝히고 진실의 가장 깊은 바닥까지 도달하려고 끊임없이 노력했다.[49] 그녀의 사례집의 결론은 항상 푸틴 시스템의 기본 특징인 부패, 법의 독립성 부재, 체계적인 은폐로 끝난다. 최상위 사회계급인 VIP 계급은 마피아와 올리가르히로 구성되어 있고, 이 계급은 규칙과 법보다 더 강하다고 주장한다.[50]

폴리트콥스카야는 푸틴을 부정한다는 사실을, 더 나아가 경멸한다는 사실을 숨기려고 하지 않았다. 그녀는 푸틴을 니콜라이 고골의 소설 『외투Шинель』에 등장하는 키 작은 공무원 아카키 아카키예비치로 비유한다.

푸틴은 소련 시대 KGB의 전형적인 중령으로, 한 번도 대령이 되지 못한 중령의 제한적이고 편협한 세계관과 중령다운 초라한 모습을 갖고 있다. 푸틴은 그의 동료들을 염탐하는 데 익숙한 소련 비밀경찰의 방식과 복수심에 빠져 있다.

왜 그녀는 푸틴을 좋아하지 않는가? 이에 대해 그녀는 "그의 견유주의와 인종주의, 끝없는 전쟁, 거짓말 때문"이라고 말했다. 그리고 마지막으로 이렇게 말했다.

우연히 거대한 권력을 손에 쥐게 된 푸틴은 이런 권력을 이용해 러시아에 파멸적인 결과를 가져온다. 그가 사람들을 좋아하지 않아서 나는 그를 좋아하지 않는다. 푸틴은 스스로를 우리가 허리를 굽히고 두려워해야 하는 황제이자 신이라고 믿는다.[51]

폴리트콥스카야는 푸틴의 선전국가의 모든 금기를 자신의 책에 가져왔다. 그녀는 자신의 위험한 행동을 너무나 잘 알고 있었다.[52] 그녀는 수없는 경고와 익명의 전화, 살해 위협을 받았다. 그녀는 죽음을 깊이 숙고할 수밖에 없었다. 그럼에도 다음과 같이 말했다. "러시아의 민주주의 원칙이 결국 안착하고 민주적인 삶이 가능하도록 투쟁을 멈추지 않을 것이다. 비록 이런 투쟁의 결말이 좋지 않을 가능성이 있더라도 말이다. 삶이란 그런 것이다."[53]

폴리트콥스카야의 발간되지 않은 마지막 글에서 그녀는 다시 한 번 푸틴이 형성한 수직적 권력구조와 더욱 강해지는 적개심에 불만을 품었다. "푸틴이 말하는 적들은 대부분 서방에 자신을 팔아넘긴 자유주의 정치가, 인권운동가, 나쁜 민주주의자들 — 푸틴 같은 좋은 민주주의자와 반대로 — 이다." 폴리트콥스카야는 스스로를 정부가 완전히 러시아의 적으로 구분하는 사람이라고 생각했다. 실제로 러시아 위키피디아의 익명 글에 그녀는 그런 식으로 묘사되어 있다. 이 글은 폴리트콥스카야가 자신의 책을 이용해 "서방의 속물적인 국민들이 러시아와 푸틴을 향한 증오로 가득 차도록 부추기는" 데 능란하다면서 그녀의 러시아 포비아에 대해 묘사하고 있다. 또 다음과 같이 주장하고 있다. "이 여성으로부터 나온 언론들은 우리를 위한 위대한 순교자를 만들지 않았다. 그 대신 러시아를 향한 노골적인 언론전쟁을 유발했고, 국가체제의 명성을 떨어뜨렸다. 그녀는 태생적인 미국인이었다(!)"[54] 이처럼 푸틴의 프로파간다 연출가들이 불붙인 미국을 향한 적대감은 공공연히 여러 가지 형세들에 적합한 것으로 보였다.

폴리트콥스카야는 그녀가 살해된 지 몇 주 지나지 않아 굉장히 극적인 방식으로 사망한 알렉산드르 리트비넨코와 친밀한 관계에 있었다. 두 사람은 2006년 초 런던에서 마지막으로 만났다. 당시 폴리트콥스카야는 리트비넨코에게 생명의 위협을 느끼고 있다고 말했다. 그녀는 모스크바에서 그녀의 아이들과 작별인사를 할 때마다 마지막이라는 느낌을 갖는다고 말했다. 리트비넨코는 서둘러 그녀에게 러시아를 떠나라고 충고했다. 폴리트콥스카야는 부모님과 아이들을 두고 떠날 수는 없다고 말했다. 그녀의 공개되지 않은 마지막 글에서는 그녀에게 가장 중요한 것은 삶을 살아가는 것이고, 편집실에서 ≪노바야 가제타≫가 아니면 그 어디에도 걱정거리를 풀어놓을 곳이 없는 방문자들을 맞이하는 것이라고 강조되어 있다.

분명히 안나 폴리트콥스카야는 특히 체첸 공화국과 러시아의 갈등을 중재하려고 애쓴 인권운동가였으며 반정부적인 기자였다. 그녀는 권력 오용과 부패의 구체적인 사례에 대한 공개적인 발언을 통해 많은 적을 만들었다. 푸틴이 지배하는 러시아에서 그녀는 특히 재앙 예언자 혹은 러시아의 카산드라로 취급받았다. 그녀의 경고 어린 외침을 일반 대중들은 듣고 싶어 하지 않았다.

## 변절한 요원 알렉산드르 리트비넨코

1962년생인 알렉산드르 리트비넨코는 러시아 정보기관인 연방보안국 출신으로 테러와 조직범죄 근절을 위한 전쟁에 파견된 바 있다. 1998년 8월에 리트비넨코는 막 새로 임명받은 연방보안국 국장인 블라디미르 푸틴과 대화를 나누게 되었다. 이때 리트비넨코는 당국의 범죄적 구조에 대한 서류들을 푸틴에게 건넸다. 몇 달이 지나고 리트비넨코는 푸틴이 그 만남 이후에 지체 없이 그에 대한 조사와 그의 전화 도청을 지시했다는 사실을 알게 되었다. 리트비넨코는 러시아 정보기관의 부정한 부분들에 대한 진실을 백일하에 드러내는 일을 포기하지 않았다. 1998년 11월, 그는 네 명의 동료들과 함께 관련 내용을 발표하기 위해 기자회견을 열었다. 그들은 올리가르히이자 언론 대부인 베레좁스키를 살해하라는 명령을 받았다는 사실도 증언했다. 이 기자회견은 언론에 커다란 반향을 일으켰다. 동료들 중 한 명은 복면을 썼고, 나머지 세 명은 빛이 반사되는 안경을 착용했다. 발언은 리트비넨코가 했다. 그들의 이런 등장은 연방보안국에 대한 쿠데타나 다름없었다.[55]

리트비넨코는 미움을 샀지만, 파괴력이 있는 연방보안국의 자료들을 공표하려고 위험을 무릅썼다. 곧 그는 체포되었다. 무죄판결과 다시 체포되는 일련의 과정이 반복되었다. 리트비넨코는 도피하기로 결심했다. 2000년 11월 1일, 친구들의 지원으로 그는 부인과 아이와 함께 숨겨진 길을 통해 런던 히드로 공항에 도착했다. 그는 유니폼을 입은 영국 경찰에게 도움을 청했고, 이렇게 말했다. "저는 KGB 요원입니다. 정치적 망명을 요구합니다I am KGB officer. I am asking for political asylum." 리트비넨코 가족은 영국에 체류할 수 있었다. 그들은 2001년 5월에 정치망명 자격을 얻었고 2006년 10월에는 영국 시민권을 얻었다. 첫 몇 년 동안에는 이미 런던에 정착한 올리가르히 베레좁스키가 이 가족에게 큰 도움을 주었다. 중요한 연락은 소련의 반체제 인사인 블라디미르 부콥스키Vladimir Bukovskii와 체첸의 분리주의자인 아하메드 자카예프Akhmed Zakayev에게 취했다. 2003년에 리트비넨코는 러시아 정보기관인 M16의 시간제 근무자가 되었고 매달 월급을 받았다.[56]

리트비넨코는 유리 펠시틴스키Yurii Felshtinskii와 함께 러시아를 비판하는 책 『러시아 폭파Blowing up Russia』를 썼다. 이 책은 1999년 러시아 주거지에서 일어난 폭파 테러가 사실은 연방보안국이 공작한 것이라고 주장한다. 리트비넨코의 상세한 인터뷰 내용을 바탕으로 하고 있는 또 다른 책은 『루비안카 출신 갱단The Gang from the Lubyanka』이라는 자극적인 제목으로 출판되었다. 이런 출간물들로 인해 반체제 인사인 리트비넨코는 러시아 정보기관의 적으로서 자신의 이미지를 더욱 심화했다. 그렇지만 언론 활동이 생계를 유지하기에는 충분하지 않았기 때문에 그는 고객들에게 소련 초기의 사업 기회에 대한 정보를 조달하던 보안회사에서 고문으로도 일했다. 2004년 10월, 딱 적절한 때에 러시아 사업가이자 구 연방보안국 요원인 안드레이 루고보이Andrei Lugovoi가 리트비넨코에게 런던에서함께 자문 사업을 운영하자고 제안했다. 두 사람의 사업적 파트너십은 번성했고 심지어 우정으로 발전되는 것처럼, 적어도 리트비넨코에게는 그렇게 보였다.[57] 사실은 루고보이는 드미트리 콥툰Dmitry Kovtun과 공모해 리트비넨코를 살해하려는, 심지어 방사성 독극물인 폴로늄을 이용해 아무도 모르게 살해하려는 목표를 가지고 있었다.

이 시점에 그런 중대한 범죄를 실행하게 된 이유는 무엇이었나? 러시아 입장에서 리트비넨코가 배신자였다는 점은 자명했다. 그의 죄과 목록은 폭도, 국가반역자, 도피자, 망명자, 베레좁스키의 똘마니, 폭파 사건에 대한 비난, 탈주자 등등 많았다. 그러나 이런 모든 것은 이미 오래전부터 자명한 사실이었고, 리트비넨코는 옛 정보요원으로서 그의 지위나 망명자로서 정치적인 중요도로 보았을 때도 즉시 반격이 필요한 크고 위험한 반대자로 보이지 않았다. 그 단서는 미국에 거주하면서 러시아 기업의 경제적 신용도 감정에 정통하고 리트비넨코를 도와주었던 옛 스파이 유리 샤벳이 발견했다.[58] 샤벳은 리트비넨코에게 푸틴 행정부의 매우 높은 자리의 인물에 대한 정보를 주었고 이로부터 2주가 채 지나기 전인 2006년 9월 20일에 리트비넨코는 관련 서류를 루고보이에게 건넸다. 샤벳에 의하면, 아마도 그런 자료들이 어떻게 작성되어야 할지 루고보이에게 보여주기 위함이었을 것이다. 이후 루고보이는 의문스러운 러시아 인사에 대한 리트비넨코의 서류들을 연방보안국으로 전달했는데, 그 서류에 나타난 인사는 다름 아닌 당시 대통령 행정실 부실장이었던 빅토르 이바노프였다. 그리고 그 자료에서의 부정적인 평가 때문에, 한 영국 기업이 원래 관심을 보였던 거래에서 빠지게 되었고 결국 그 러시아 인사는 수천만 달러를 잃게 되었다.[59] 이것이 변절자인 리트비넨코에 대한 즉각적인 처형의 계기였을까? 아니면 러시아 지도부 인사들과 푸틴 스스로가 마피아와의 커넥션이 스페인 사법기관에 의해 밝혀질 만일의 위험을 미리 막으려고 했던 것인가? 실제로 리트비넨코는 스페인 조사관들과 접촉했었다. 리트비넨코와 스페인 검사 호세 그린다 곤잘레스José Grinda Gonzales의 만남은 11월 8일로 예정되어 있었다.[60]

2006년 10월 16일, 루고보이와 콥툰은 우선 독극물을 작은 컨테이너에 넣어 런던으로 싣고 왔다. 오랜 시간 이후 영국 런던 경찰국이 증명한 것처럼, 아마도 두 사람은 그들이 어디 있든 어디로 움직이든 간에 곳곳에 오래 유지되는 방사능의 흔적을 남겼다는 사실을 몰랐던 것 같다. 약속 장소인 그로브너 거리에 위치한 보안업체 이리너스Erinys에서 리트비넨코를 만났을 때 그들은 첫 번째 독극물 살해를 시도했다. 하지만 그 시도는 무위로 돌아갔다. 리트비넨코가 그의 찻잔도, 물 잔도 건드리지 않았기 때문이었다. 이 추적자들은 그들의 희생자가 한 모금 마시기를 30분 동안 헛되이 기다렸다. 다시 한 번 이 두 추적자들이 모스크바에서 돌아왔을 때 비로소 살해 시도는 성공했다. 2006년 11월 1일 오후 4시 30분, 밀레니엄 호텔의 파인 바에서 그들의 만남이 이루어졌다. 당시 그곳에는 굉장히 많은 사람이 밀집해 있었고, 감시카메라는 없었다. 이번에는 리트비넨코가 모임에 합류했을 때 이미 그곳에 있던 흰색 세라믹 찻주전자에 있던 녹차를 몇 모금 마셨다. 그 차에는 함량이 높은 방사성의 폴로늄 210이 녹아 있었다. 몇 시간이 지나자 리트비넨코는 어지러움과 구토 증세를 보이기 시작했고 이틀 후에는 병원을 방문했다. 그는 고통스러운 3주를 보냈고 2006년 11월 23일에 43세의 나이로 사망했다. 처음에는 당황해

탈륨 중독 증세라고 말했던 의사들은 리트비넨코가 사망한 지 6시간이 지나서야 핵물리학 전문가들과 함께 폴로늄 210이 중독의 원인이라고 진단했다.[61] 이 독극물을 가이거 계수관으로는 확인할 수 없기 때문에 범죄 의뢰자는, 특히 범죄 실행자들은 이 살인 사건이 미스터리로 남을 것이라고 생각했다. 또한 국가 변절자의 오랫동안 이어진 고통스러운 죽음이 다른 배신자들에게 끔찍한 예시로 보일 것이라고 생각했다. 이는, 루크 하딩Luke Harding이 조사한 결과, 계획된 테러가 일어나고 이틀 후에 콥툰이 지인에게 이야기한 것이다.

리트비넨코는 사망하기 몇 시간 전까지만 해도 조사관들에게 말하고 답할 수 있었기 때문에 자신의 살인 사건을 몸소 간단하게 설명할 수 있었다. 이때 친구들은 머리카락이 빠지고 뼈만 남은 얼굴에 눈은 돌출되어 으스스한 모습으로 죽어가는 환자의 녹음 파일을 언론에 전달하는 데 도움을 주었다. 그리고 그의 마지막 메시지가 공개되었다. 그 메시지에서 리트비넨코는 푸틴을 강하게 비난했다.

당신은 아마도 나를 침묵시킬 수 있을지 모르나 이 침묵에는 대가가 따를 것이다. 당신은 당신의 사악한 적들이 주장하는 것처럼 야만적이고 잔인하다는 것을 증명해 보였다. …… 당신은 한 사람을 침묵시키는 데는 성공했을지 모른다. 하지만 푸틴 당신, 전 세계에서 들려오는 항의는 남은 생애 동안 당신의 귓속을 파고들 것이다.

언론을 통해 생생히 방송된 리트비넨코의 고발과 죽음의 고통은 많은 사람들이 추측했던 것처럼 겁주는 효과를 거두었던 것 같다. 이 전체 상황은 국가 반역자에 대한 비전문적인 처형으로 보였다.[62] 이 드라마의 어두운 그림자는 러시아에 내려앉았고 푸틴 정권에 대한 부정적인 인식을 더욱 강화했다. 이 사건은 크렘린이 이미 안나 폴리트콥스카야 살해로 외국에서 매우 망친 러시아의 이미지를 다시 회복하기 위해 노력하고 있을 때 터졌다.

영국의 경찰 당국은 빠른 조사 결과를 내놓았다. 2006년 12월 6일, 리트비넨코의 죽음은 살인 사건으로 분류되었다. 2007년 1월에 영국 런던 경찰국은 용의자인 루고보이와 콥툰의 송환을 신청했다. 그러나 크렘린은 서방에서 부당하게 정치화된 일반적인 범죄에 대한 모든 연관성을 부정했다. 두 용의자의 송환은 러시아 헌법이 자국민을 송환하는 것을 금지한다는 근거로 거절되었다.

러시아의 관료들이 이 사건을 덮으려고 노력한 반면에 러시아 정권의 주의 깊은 관측통들은 다양한 평가를 통해 갖가지 비판적인 메아리를 불러일으켰다. 언론인 율리야 라티니나Yuliya Latynina는 《모스크바 타임스》에서 그 살인 사건이 무엇보다도 모든 잠재적인 배신자들에 대한 경고라고 해석했다. 폴로늄의 흔적은 명함이자, 러시아가 보안기관들에 의해 지배받고 있다는 증거로 남았다.[63] 이 증거는 특히 푸틴에게 직접 보여주기 위한 의도였다. 국가안보기관 내부에서 특히 공격적인 분파는 서방과 좋은 관계를 유지하려는 푸틴의 노력을 방해하려고 시도했다. 라티니나에 따르면, 리트비넨코가 이미 오래전부터 기관들의 표적이 되었다는 것은 그의 초상화가 사격 연습을 위한 표적이었다는 사실에서부터 알 수 있다.

파벨 펠겐하우어는 리트비넨코 사건과 관련해 크렘린이 선포한 뉴스 보도 금지 조치, 그리고 폴로늄을 다루는 데 필수적인 연방보안국의 많은 부서 간의 협력 또한 대통령이 이 사건에 개입되어 있고 모든 일에 대한 정보를 입수했다는 사실을 증명했다고 밝혔다. 즉, 이 사건이 많은 정보 기관 분파들 사이의 전형적인 경쟁 관계로 벌어진 일이 아니라 일원적인 하향식 명령체계로 이루어진 일이었다는 것이다.[64] 카네기 재단 모스크바 센터의 알렉세이 말라셴코는 리트비넨코 사건을 밝히기 위한 모든 시도가 분명히 교착 상태에 빠졌을 것이라고 말했다. 그는 이런 말도 남겼다. "우리 모두는 이것(리트비넨코 암살)이 보안기관에 의해 실행되었다는 사실이 알려진 비밀이라는 것을 안다."[65] 그러나 또한 한편으로는 이 기관들이 대외 정치적인 이유로 인해 자백할 수 없을 것이라는 점 또한 분명하다고 했다. 전 세계적으로 활동하는 수석 연구가 올가 크리스타눕스카야는 그녀의 연방보안국 친구들은 이 일을 연방보안국이 주도했다고 믿지만 그런 서투른 살해방식은 소련의 KGB에서는 일어나지 않았을 것이라고 말했다고 밝혔다.[66]

2011년 10월부터 2014년 7월까지 런던에서는 리트비넨코 사인 심의가 이루어졌다. 이번에는 사망자의 미망인인 마리나 리트비넨코의 소송을 통한 조사라는 새로운 형식으로 강행되었다. 결과 보고서는 조사위원장인 판사 로버트 오웬Robert Owen 경이 2016년 1월 21일에 공식적으로 발표했다.[67] 오웬 판사는 많은 증인의 진술과 일반적으로 공개되고 또 비공개된 출처를 기반으로 조사했다고 설명했다. 답변한 전문가 중에는 옥스포드대학교의 유명한 러시아 역사학자인 로버트 서비스Robert Service도 있었다. 로버트 서비스는 특히 푸틴 정권이 마피아 국가인지 혹은 푸틴이 상트페테르부르크에서 마피아 갱단과 접촉했는지에 대한 정보를 주었다고 한다. 이 역사학자는 몇 가지 질문에는 대답을 회피했는데, 분명히 대답할 수는 없는 종류의 질문이었기 때문이다. 그는 러시아 정부가 이 살인 사건에 개입되어 있는지를 증명하는 일은 상당히 어렵지만, 푸틴의 대통령직이 각종 당국들이 아무런 방해도 받지 않고 그들의 억압적인 사업에 전념할 수 있는 정치적인 관용의 분위기를 만들었다고는 확실하게 말할 수 있다고 했다. 로버트 서비스는 리트비넨코 암살에 대한 푸틴의 공개적인 반응이 섬뜩함에 가까운 언어적 무관심의 증거라고 분개했다.[68] 실제로 푸틴은 리트비넨코가 죽어가는 침대 위에서 푸틴을 상대로 제기한 살인 혐의에 대해서 의미심장하고 또 악의적인 방식으로 조롱했다. "그가 폭력적인 죽음을 겪었다는 어떤 증거도 없다. 이런 일을 한 사람들은 신이 아니다. 그리고 불행하게도 리트비넨코 씨는 나사로Lazaros*가 아니다."[69]

로버트 오웬 경은 자신의 마지막 논고에서 러시아 보안기관이 이 살인을 지시했다고 분명히 발언했다. 이는 아마도 당시 연방보안국 국장인 니콜라이 파트루셰프와 아마도 블라디미르 푸틴 러시아 대통령이 지시했을 것이라는 내용이었다.[70] 오웬은 이 두 범죄자들의 사적인 살해 동기는 전혀 찾을 수 없었으며, 그에 반해 푸틴과 리트비넨코 사이에 강한 사적인 적의감이 있었다고 말했다. 또한 신랄한 이바노프에 관한 보고서와 살해

* 성서에 나오는 예수의 제자. 예수의 특별한 사랑을 받아 사후 4일 만에 예수에 의해 부활했다.

계획 사이에 확실한 연관성은 없다고 보았다. 이 보고서는 이미 2004년에 루고보이가 처음으로 리트비넨코와 접촉했을 때부터 존재했기 때문이었다.

직접적인 법적 결과는 없는 오웬의 보고서에 대해 러시아에서는 안도감과 적대감이 뒤섞여 나타났다.[71] 그리고 흥미로운 분석들이 나왔다. 리트비넨코가 스스로 폴로늄을 취급하다가 감염되었다는 추측부터 영국의 안보기관이 자신의 직원을 살해했다는 추측, 또 루고보이와 콥툰이 희생자이고 리트비넨코가 가해자라는 소문까지 있었다. 빅토르 이바노프는 이 조사를 사기극이라고 보았다. 그에게 씌워진 혐의는 영국과 영국 국가정보기관의 음해라는 것이다. 옛 KGB 장군이었던 세르게이 이바노프는 국가보안위원회는 1959년부터 더 이상 누구도 살해하지 않았다고 주장했다. 또한 러시아 정보기관 입장에서 리트비넨코는 근본적으로 더 이상 관심도 없는 아무개였다고 지적했다. 크렘린궁 대변인인 페스코프는 오웬의 보고서가 푸틴의 관심을 끄는 사안이 전혀 아니라고 주장했다. 심지어 페스코프는 오웬의 보고서가 유사 조사일 뿐이라며 비웃었고, 그 판사의 항고는 아마도라는 단어에 근거해 꼬투리 잡는 영국식 유머를 증명했을 뿐이라고 말했다.[72]

그사이에 안드레이 루고보이는 러시아에서 경력을 쌓았다. 리트비넨코가 살해된 지 1년이 지나고 그는 지리놉스키의 우익 대중주의 정당인 자민당 소속의 두마의원이 되었다. 2015년 3월에는 조국에 헌신했다는 이유로 푸틴에게서 훈장을 수여받았고, 심지어 의회정치의 발전에 크게 기여하고 활발하게 입법 활동을 했다는 이유로 칭찬받았다. 벤 에머슨Ben

Emmerson 칙선 변호사는 루고보이에 대한 훈장 수여는 범죄자와 푸틴을 명시적으로 동일시한 것이라고 지적했다.[73] 루고보이는 계속해서 스스로 무고하다는 듯이 행세했다. 심지어 2012년 4월에는 TV에 나와 거짓말 탐지기 테스트도 진행했다. 그가 리트비넨코의 죽음에 무언가라도 했는가, 또 한번이라도 폴로늄을 취급해봤는가라는 두 결정적인 질문에 분명히 아니라고 대답했다. 로버트 오웬의 조사 과정에는 특히나 훈련받은 요원에게는 거짓말 탐지기를 속이는 것이 얼마나 쉬운 일인지 묘사되어 있었다. 그렇게 루고보이의 무죄에 대한 의문스러운 증거가 적어도 그가 출연한 러시아의 영어 프로파간다 채널인 RT 방송에는 적합했다.[74]

리트비넨코 사건은 특히나 극적인 방법으로 오늘날 비밀경찰 국가로서 러시아의 특징을 전체적으로 반영한다. 이 스캔들의 과정은 불충하고 반항적인 요원을 무자비하게 제거하는 것까지 이 시스템의 전형적인 특징들을 폭로했다. 그 특징들은 불투명한 국가권력 및 결정 기준, 은폐된 범죄 및 마피아와 비밀정보기관의 구조적 유착 관계, 거짓 정치 문화, 모든 악행의 악의적인 은폐와 범행 실행자에게 상까지 수여하는 지경까지 가는 책임자의 무죄 증명 등이었다.

### 야권 정치인 보리스 넴초프

러시아에서 보리스 넴초프는 정치적 자유주의 야권에서의 대표적인 인물이었다. 그는 보리스 옐친의 아나톨리 추바이스와 함께 두 젊은 개혁가로 불린 사람이었다. 그들은 개혁에 대한 열정 때문에 젊은 늑대들이라고 불리기도 했고, 한동안 부총리라는 고위 공직으로 생활하기도 했다. 그 전에 넴초프는 니즈니노브고로드 주지사로서 첫 번째 정치 활동의 박차를 가했고, 동시에 개혁가로서의 명성도 얻었다. 옐친은 그곳에서 넴초프를 다시 모스크바로 데려왔고 대통령직의 후계자로서도 고려했었다. 그러나 옐친은 1998년 8월에 일어난 경제위기의 결과로 그 젊은 개혁가들을 해임했다. 1999년 여름에 옐친이 푸틴을 행정부 수반직과 이후 대통령 후계자 희망 후보로 대중에 소개했을 때 넴초프는 곧바로 이 시기의 다른 정치적 주요 인사들을 비판하고 조롱하는 반응을 보였다. 그는 이를 정신나간 행동이라고 표현했다.[75]

1999년에 넴초프는 다른 민주주의 성향의 정치인들과 함께 우파 연합이라는 의원연합을 결성했다. 이 연합은 8.6퍼센트라는 약소한 지지율을 얻었다. 심지어 2003년 두마 선거에서는 민주주의 성향의 야블로코 정당처럼 의회 진입 조건인 득표율 5퍼센트에도 미치지 못했다. 이는 푸틴 시스템에서 모든 민주적인 세력들이 점점 소외되는 현상을 반영한다. 넴초프는 작은 자유주의 진영의 선봉에 섰다. 그는 직접 러시아의 새로운 정치질서라고 말한 바 있는 푸티니즘에 대해 명백하고 비판적인 관찰자로서 일찍이 등장했다.[76]

넴초프는 어려워진 제반 조건에도 불구하고 자신의 정치적 야망을 포기하지 않았다. 2009년 시장 선거에서는 자신이 태어난 도시인 소치에서 후보로 등록했다. 넴초프는 선거운동에서 계획적인 방해를 받았으며 국가에 충성적인 언론에서는 웃음거리가 되었다. 그렇게 그는 크렘린 정당인 통합 러시아당의 후보이자 당시 시장이었던 아나톨리 파호모프Anatoly

Pakhomov와의 경쟁에서 기회도 없이 패배했다. 결국 넴초프는 그가 공동으로 창당하고 2013년 야로슬라블 시의회에 진입한 인민자유당의 후보로 나가 성공을 거두었다. 인민자유당은 2012년 러시아공화당과 합당했다. 넴초프는 공동 당수로 활동했고 마지막까지 의원직을 수행했다.

많은 작가들이 확언했듯이 넴초프는 예외적인 정치인이었다. 그는 항상 쾌활하고 열정적이며 전투적이고 긍정적이었으며 항상 매력적인 미소를 짓는 사람이었다.[77] 모든 반정부 시위에서 그는 항상 최전선에 서 있었다. 그는 메드베데프와 푸틴이 모의한 직무 교환에 반발한 시위나 2012년 5월 푸틴의 취임식 전야에 있었던 행진과 시위에서 용감하게 발언했다. 넴초프는 항상 다른 시위대들과 함께 체포되었다. 그럼에도 그는 러시아의 독재정권이나 푸틴의 정치에 대한 비판을 숨기지 않았다. 2014년 12월 10일 ARD와의 인터뷰에서 그는 러시아를 마피아 국가라고 표현했다.[78]

넴초프는 일련의 보고서를 통해 푸티니즘에 대해 충격적인 평가를 내렸다. 그는 살해되기 전에 러시아의 동우크라이나 전쟁 참여에 대한 고발 문서를 작성하는 데 열중해 있었다. 그는 크렘린의 우크라이나 정책에 대해 자유주의 야권 진영에서 처음부터 끝까지 신랄하게 비판한 몇 안 되는 사람들 중 한 명이었다. 그는 이미 2012년부터 크림반도 합병 준비가 착수되었다고 확신했다. 크렘린의 최우선 목표는 국가주의적인 도취감을 이용해 푸틴의 지지율을 다시 높게 올리는 것이었다.

넴초프는 살해되기 4일 전 ≪파이낸셜 타임스Financial Times≫와 진행한 인터뷰에서 푸틴을 정말 부도덕한 인간이라고 표현했다. 그리고 푸틴은 새로운 국가의 살아 있는 괴물 레비아탄이며 소련 체제보다 훨씬 더 위험하다고 말했다.[79] 넴초프는 특히 푸티니즘과 연관된 거짓의 시스템을 비난했다. 이 주제는 2015년 2월 27일 그가 살해되기 불과 몇 시간 전에 라디오 방송국 모스크바 공감과 한 인터뷰의 핵심이었다. 그때 넴초프는 푸틴을 병적인 거짓말쟁이라고 칭했다. 이 인터뷰의 또 다른 주제는 3월 1일 일요일에 예정되어 있던, 이미 승인받은 야권 주도의 모스크바 반대 시위였다.[80]

모스크바 공감과의 약속이 끝난 넴초프와 우크라이나인 여자친구 안나 두리츠카야Anna Duritskaya는 모스크바 정중앙에 위치한 굼 종합백화점에 있는 카페 보스코에 잠시 들렀고 오후 11시경에는 넴초프의 집을 향해 걸어갔다. 그때 그들은 거대한 크렘린 성벽에서 멀지 않은 볼쇼이 모스크보레츠키 다리를 건너고 있었다. 그 다리 위에서 넴초프는 마카로프 권총에서 발사된 몇 발의 총격을 당해 숨졌다.[81] 그와 동행한 여자친구는 무사했다. 살인범은 그들을 뒤에서 미행하고 있었다. 범행이 끝나자 살인범은 공범과 범행 장소까지 함께 타고 온 흰색 자포로제츠로 뛰어들어 그곳을 빠져나갔다. 이상하게도 그날 저녁에 이 지역에 설치된 크렘린궁의 감시카메라는 거의 모두 작동하지 않았다.

푸틴은 넴초프 살해 소식을 들었을 때, 지가르가 보도했듯이, 최대한 빠른 사건 규명을 지시했다. 3월 4일, 그는 내무부 직원들 앞에서 다음과 같이 말했다. "우리는 최근에 러시아가 함께 겪은 것과 같은 비극의 불명예에서 벗어나도록 해야 한다. 보리스 넴초프에 대한 야비한 암살은 우리나라 수도 도심의 한가운데에서 발생했다."[82] 푸틴과 푸티니즘을 비판했지만 어쨌거나 이 희생자는 옐친 시대의 제1부총리였으며 그때부터 정계의 저명인사였다. 이런 점에서 크렘린은 그에 걸맞은 빠른 진상 규명을 위해 노력하는 모습을 보여주었다. 범행이 일어나고 불과 며칠 후 알렉산드르 보르트니코프 연방보안국 국장은 첫 번째 수사 결과를 발표했다. 수사 결과에 의하면, 범인들은 체첸 내무군 부대 세베르(북방) 출신의 보안 장교들이었다. 그들은 세베르 대대의 중대장이자 작전 그룹을 통솔하는 루슬란 게레메예프Ruslan Geremeyev의 명령을 받았던 것으로 추측된다. 다섯 명의 체첸인이 체포되었는데, 그중에는 저격수인 자우르 다다예프Zaur Dadaev도 있었다. 공범자인 베슬란 샤바노프Beslan Shabanov는 그로즈니에서 체포하려는 순간 폭발이 일어나 현장에서 숨졌다. 넴초프 살해 이후에 벌어진 일들의 자세한 내용은 《노바야 가제타》의 상세한 조사에서 서술되었다.[83] 그들은 당시 사건과 관계자들의 혼란스러운 사진을 실었다. 명령을 지시한 사람으로 추정되는 게레메예프는 조사당국에 출두하지 않았다는 사실이 분명해졌다. 람잔 카디로프 체첸 대통령의 공식 경주마 관리사인 그는 아랍에미리트로 도피했다. 게레메예프의 운전사인 루슬란 무후디노프Ruslan Mukhudinov 역시 그곳으로 피신했다. 이 사건의 범행자들 가운데 저격수인 다다예프와 그의 친척인 안조르 구바셰프Anzor Gubashev는 모스크바에서 잉구셰티야로 되돌아간 직후에 약물 운반 혐의로 러시아연방 마약단속국 직원들에 의해 현행범으로 체포되었다. 다다예프의 체포 소식이 들려온 직후 카디로프는 그가 러시아의 진정한 애국주의자이고 신앙심이 깊은 남자이며 용기 있는 전사라고 변호했다. 곧 모스크바에서 체포된 이들은 그들의 원래 자백을 부인했다. 조사당국 국장인 바스트리킨은 게레메예프에 대한 결석재판 공소와 수색 공고를 막았다. 결국 범행 계획자로 게레메예프가 아니라 그의 운전사인 루슬란 무후디노프가 지명된 고발장이 등장했다. 이 고발장에 의하면, 총알은 다다예프가 아니라 체포 과정에서 숨진 샤뱌노프가 발사했다. 다시 체첸 공화국으로 돌아간 게레메예프는 다다예프가 넴초프 살해를 전혀 실행할 수 없었다고 주장했는데, 왜냐하면 그는 그 문제의 시간에 모스크바에서 자신과 함께 체첸의 정부 관리들을 감시하고 있었다는 것이다. 즉, 이 주장은 죽은 샤바노프가 총을 쐈고 찾을 수 없는 무후디노프가 그 범행의 지시자였다는 것이었다. 이 모든 것에서 범행 과정의 묘사가 복잡해질수록 가해자는 더욱 보이지 않게 하려는 의도가 명확해짐을 잘 알 수 있다.

푸틴은 넴초프 살해라는 불행과 명확한 체첸인의 흔적을 어떻게 처리했나? 이 사건이 러시아 대통령과 카디로프 체첸 대통령이 유지해온 친밀한 사적 관계에 어떤 영향을 미쳤을까? 미하일 지가르에 의하면, 그 사건 이후 몇 주 동안 카디로프는 푸틴과 통화를 할 수 없었다. 그는 필사적으로 푸틴과 연락하려고 애썼고, 인스타그램을 통해 러시아 대통령에게 연이어 충성스러운 메시지를 보냈다.[84] 3월 11일, 아직까지도 러시아 실로비키 중 가장 영향력 있는 사람이자 이제는 강력한 안정보장회의의 서기인 니콜라이 파트루셰프에게서 카디로프는 넴초프 살해 사건 조사에 대한 정보를 직접 받았다. 그 이튿날 카디로프는 "러시아를 위태롭게 만들고, 러시아 경제를 전복하고, 우리 국가에 혼란과 불안정의 씨앗을 심으려고 한" 미국에게 엄청난 비난을 퍼부었다. 또한 카디로프는 서방의 정보기관들이 계속해서 자신에게 혐의를 뒤집어씌우고 있다고 불평했다. 러시아연방 내무부 부대원이었던 자우르 다다예프 체포와 관련해 자신에 대한 선동을 시작했다는 것이다. 이런 서방에 대한 공격 또한 카디로프가 고맙게 여기고 인간으로서 존경하는 푸틴에 대한 충성의 메시지였다. 그는 푸틴과 러시아에 대항하려고 하는 모든 사람에게 맞설 것이라고 말했다.[85]

카디로프는 푸틴에게 개인적·정치적인 충성심을 직선적으로 드러냈다. 반대로 푸틴은 엇갈린 반응을 보였다. 한편으로는 카디로프와의 사적인 대화를 거부했지만 다른 한편으로는 3월 9일에 카디로프에게 직업적 성공과 공적 활동, 수년 간의 노고에 대한 보답으로 명예 훈장을 수여했다. 이 시점에 푸틴은 심지어 10일 동안 사라졌었다. 아무도 그의 행방을 모르는 것처럼 보였다. 지가르의 정보에 따르면, 푸틴은 숙고의 시간을 위한 휴식을 가졌다고 한다.[86] 이 러시아 대통령은 국가의 이런 긴장된 분위기 속에서 무엇을 숙고했던 것일까? 그의 투견이라고도 불렸던 체첸 지도자와의 특별한 관계에 대해 생각한 것일까? 전체 수직적 권력의 명백한 실패와 연방 보안기관과 지방 보안기관의 위험한 경쟁 관계를 특별히 걱정한 것이 아닐까? 아마도 우선은 24살의 어린 람잔 카디로프와의 개인적인 관계가 고민이었을 것이다. 2004년 람잔의 아버지이자 당시 체첸 대통령이었던 아흐마디 카디로프가 살해된 후 푸틴은 상징적으로 카디로프의 아버지 역할을 했다. 람잔은 공공연히 푸틴을 자신의 아버지라고 공언했고, 그를 위해서 자신의 삶을 바칠 것이라고 말했다.[87] 러시아의 유력한 아버지에 대한 아들의 정례적으로 반복되는 이런 충성 고백은 중세 시대 군주에 대한 가신의 맹세를 떠올리게 했다. 어쨌거나 그 안에서는 꽹

장히 전통적인 정당화 패턴이 나타났다. 이는 러시아가 추구하는 독재정권에는 맞지 않았지만 카리스마적인 정당화에 기초한 전반적인 푸틴 숭배에는 굉장히 적합했다.

다수의 작가들은 푸틴과 람잔 카디로프가 체첸 공화국의 러시아연방 잔류와 체첸 정부의 광범위한 자치권을 놓고 협상했다고 주장한다. 스타니슬라프 벨콥스키는 러시아에 대한 카디로프의 무조건적인 충성심이 거꾸로 그가 세계 곳곳에 있는 모든 적을 제거할 수 있게 한다고 말했다.[88] 이런 주장은 수년 전 카디로프가 ≪뉴스위크Newsweek≫ 기자에게 한 발언과도 일치한다. "푸틴을 비판하는 사람은 인간이 아니며, 그들은 나 자신의 적들이다. 푸틴이 내 편에 서 있는 한 나는 내가 하고 싶은 일을 할 수 있다. 알라후 아크바르(하나님은 위대하시다)."[89]

넴초프 살해 동기에 대한 러시아의 공개 토론에서는 매우 다양한 주장이 제기되었다. 연방수사위원회 대변인 블라디미르 마르킨Vladimir Markin은 별로 신뢰가 가지 않는 가능성들을 열거했다. 그 추측들 가운데 하나는 프랑스의 풍자 신문인 ≪샤를리 에브도Charlie Hebdo≫를 옹호하던 넴초프의 반이슬람적인 사상으로 인한 이슬람 주의자들의 보복 살해였다. 이런 추측은 자우르 다다예프의 살해 동기로도 설명되었으나 정작 넴초프의 어머니는 아들이 그 어떤 종교도 믿지 않았다고 주장했다. 그 외에 넴초프의 연적이 넴초프와 모델인 안나 두리츠카야의 관계를 질투해서 범행을 저질렀다는 가능성도 제기되었다. 공식 정부 대변인은 넴초프는 절대로 푸틴의 정적이 아니었다고 강조했다. 이 사실은 푸틴의 높은 지지율과 일반 국민과 다를 바 없는 넴초프의 낮은 인지도를 비교해보면 알 수 있고, 넴초프 살해 사건으로 푸틴이 얻는 것은 아무것도 없으며 오히려 손해만 얻었다고 공식적으로 주장했다.[90] 카디로프와 같은 애국주의 그룹은 러시아를 전복하려는 목적을 가진 미국의 군대가 살해를 지시했다고 지적했다.

넴초프는 일부 공식 정치 노선의 추종자들에게는 국가 반역자였다. 그들은 그가 특히 미국인들이 크림반도 합병의 결과로 제재를 받은 인사들의 목록을 작성하는 데 도움을 주었다고 생각했다. 우익 포퓰리스트들과 반자유주의자들에게 넴초프는 무조건 러시아 유로마이단의 투사이자 전형적인 제5열(적과 내통하는 집단을 이름)의 대표자였다. 국가주의 언론인인 알렉산드르 프로하노프Alexander Prokhanov는 넴초프가 자신이 아닌 푸틴이 옐친의 후계자로 선택된 것에 대해 원한을 품었으며, 이것이 넴초프의 깊은 반푸티니즘의 이유일 것이라고 말했다. 프로하노프는 화살을 돌려 넴초프 살해 혐의를 증오의 전쟁에 있는 증오스럽고 끔찍한 야당인 진보주의 진영에 덮어씌웠다.[91]

정치적 진보주의자들과 사망자에 대한 모든 모욕으로 인해 아나톨리 추바이스 같은 넴초프의 동료들은 자기비판을 했고 과열된 국가적 논란을 중단할 것을 요구했다. 추바이스는 러시아 내부에 악의와 증오, 공격이 많아졌다고 불평했다. 블라디미르 루킨 전 러시아 인권 담당 특사는 넴초프는 국가에서 부추긴 증오와 편재하는 프로파간다에 의해 살해된 것이라고 주장했다.[92] 2015년 3월 1일에 열린 넴초프를 위한 대규모 추모 행진에서는 프로파간다가 살해했다라고 적힌 현수막이 적지 않게 눈에 띄었다.

넴초프 살해 사건과 관련한 과정과 배경들은 완전히 새로운 관점을 드러나게 했다. 국가의 독점 권력은 명백히 무너졌다. 블라디미르 리시코프는 이에 대해 다음과 같이 경고했다. "물론 러시아는 공식적으로 KGB의 도움으로 통치되지만, 그 옆에는 많은 무장한 준테러리스트 집단들이 있다." 그래서 넴초프 살해와 같은 사건들은 최상위 권력층에서의 세세한 명령이 불필요하다는 것이다.[93] 이런 리시코프의 발언은 의심할 여지없이 무장단체들과 체첸 대통령 카디로프의 개인 사병들을 암시한 것이었다. 이처럼 넴초프 살해 사건에서 발견된 **체첸의 흔적**들은 푸틴 러시아의 상태에 대한 핵심적인 문제, 즉 크렘린이 국가의 정치 프로세스를 아직도 조종하고 있는가 하는 문제를 주의 깊은 관측통들에게 생각해보게 만들었다.

—

# 후기 푸티니즘

—

## 개인숭배와 패권 회복 요구

푸틴의 세 번째 통치에서 생겨난 통치체제는 후기 **푸티니즘**이라고 표현할 수 있다. 크림반도 합병 문제가 중심에 있었던 이 시기에 이 시스템의 원래 특징들은 강화되었고 새로운 특징들도 추가되었다. 일단 크림반도 환수와 함께 국가 정체성 탐색 작업은 분명한 해답을 찾았다. 정부와 국민들은 마침내 러시아가 그렇게 오랫동안 염원해왔던 강국으로서의 지위를 다시 얻었다고 생각했다. 그러나 그것은 지속되지 않았다. 게다가 러시아의 시리아 개입은 러시아가 패권 회복을 계속 요구하고 있음을 증명했다. 이후 국가 정체성에 대한 논의는 새로운 세계 질서에서 러시아를 위한 최고의 자리를 모색하는 방향으로 바뀌었다.

외부의 입장뿐만 아니라 후기 **푸티니즘** 시스템의 내부 구조도 바뀌었다. 정권의 정치적 정당성의 수단이 변했는데, 국가적·군사적 동원이 중요한 자원이 되었다. 정체성 구축의 일환으로는 역사의 긍정적인 재해석이 성공했다. 푸틴 숭배는 정권의 핵심 기둥으로서 새로운 차원에 접어들었다. 이런 모든 일과 우크라이나에서의 승리는 푸틴 지지율을 80퍼센트에서 90퍼센트로 급속도로 향상시켰다. 또 추가적인 시스템 안정을 위해 군사적 지원이 포함되었는데, 이는 40만 명의 대통령 직속 **국가근위대**였다. 체제 비판가들은 이런 개혁으로 미루어 보아 독재주의가 이미 도래했다고 보았다. 그러나 실제로 실로비키와 올리가르히로 이루어진 신디케이트인 푸틴의 엘리트 카르텔은 해산되지 않았고 그 구성만 바뀌었을 뿐이었다. 그리고 젊은 기술 관료들은 높은 관직까지 올라갔다.

이 모든 변화는 러시아의 미래 정치에 무슨 의미를 갖는가?

### '푸틴이 없으면 러시아도 없다': 러시아의 제임스 본드

푸틴 숭배는 처음부터 푸티니즘의 핵심적인 특징이었다. 이 책의 머리글에서도 이미 언급된 것처럼 이 특성을 처음으로 찾아낸 사람은 ≪뉴욕 타임스≫ 기자 윌리엄 새파이어였다. 그는 2000년 1월 31일에 푸틴이 그저 대통령 권한대행이었으며 고위직 진출을 준비하던 그 시절에 이미 푸티니즘에 대해 경고한 바 있다. 새파이어는 뛰어난 통찰력으로 당시 시작되고 있던 현상을 개인숭배의 새로운 형식이자 진실의 억압과 러시아 권력 회복 요구의 재기라고 묘사했다. 2012년 초 푸틴이 다시 대통령이 된 다음, 그리고 우크라이나 사태에서 푸틴의 독재정치가 선전적이고 군사적으로 확장된 다음에 푸티니즘이라는 개념은 정치학과 언론학에서 자리 잡았다.

관측통들은 후기 푸티니즘의 특징을 설명하는 데 무엇보다도 과도하게 애국주의적인 연출을 꼽았다. 화려한 소치 올림픽, 크림반도 환수를 기념하는 국가적인 축하 행사, 첨예화된 반미적 수사법, 붉은 광장에서의 화려한 군사행진 등이 그 예였다.[1] 푸틴에 대한 지도자 숭배는 당시 정치적 정당성의 궁극적인 자원으로 보였다. 푸틴이 지도자로서 적임이며 심지어는 신이 그를 보냈다는 주장뿐만 아니라 다른 칭송들도 더해졌다. 2014년 10월에는 대통령 행정실 제1부실장이었던 뱌체슬라프 볼로딘이 다음과 같은 발언으로 사람들을 열광시켰다. "푸틴이 존재하는 한 러시아가 존재한다. 푸틴이 없으면 러시아도 없다."[2] 블라디슬라프 이노젬체프는 이런 국가와 지도자의 동일시가 푸티니즘이 기존의 통치 유형 중에서 독자적인 유형, 즉 지배자 숭배나 개인숭배의 유형임을 드러내는 결정적인 증거라고 보았다.[3] 그는 여전히 러시아의 형식적 민주주의와 정권의 독재주의적 성격에 대체로 일치하는 공식을 찾는 일이 불필요하다고 생각한다. 오늘날의 러시아 정권은 한마디로 개인숭배와 같다는 것이다.

이때 고려할 점은 모든 개인숭배가 인물의 사진이나 스냅샷에 기반하는 것이 아니라 목표를 겨냥한 시각화, 다양한 확대화, 승격화, 신비화한 이미지에 기반한다는 것이다. 전문가들이 증명한 것처럼 변화가 많은 푸틴 개인숭배를 위한 풍부한 토대가 된 것은 소련 시대, 차르 시대, 그리고 러시아정교회의 그림에서 제공되는 국가 문화의 시각적 기억이었다.[4] 『최후의 게임: 블라디미르 푸틴의 탈바꿈Endspiel: Die Metamorphosen des Wladimir Putin』에서 미하일 지가르가 보여주고자 한 것은 사실 푸틴은 전혀 존재하지 않는다는 것이었다. 오히려 그는 "푸틴의 차르 이미지는 대부분 푸틴의 개입 없이 그의 측근에 의해서 구상되었다"라고 말했다.[5] 푸틴 숭배의 묘사는 이미지와 현실을 일치시키거나 합일화하려는 푸틴 이미지 설계자의 의도를 드러낸다.

그동안 푸틴 숭배라는 현상은 정치학자, 역사학자, 인문학자, 새로운 젠더학의 대표자 등 굉장히 다양한 분야의 학자들의 관심을 받아왔다. 서방과 동방의 모든 정치학자에게 구소련 공화국들에서 발전하지 않은 정당들, 독재주의적 정치 문화와 함께 드물지 않게 볼 수 있는 특별한 형태의 정치적 정당성은 분명히 큰 연구 대상이었다. 그런 시스템에서는 보통 선거뿐만 아니라 대통령의 카리스마 있는 분위기를 조성함으로써 정치적 정당성을 얻을 수 있다. 역사학자와 사회학자들은 이런 현상의 초기 형태

혹은 다른 것과의 유사성 - 예컨대 스탈린 숭배 - 이 등장하기를 기대할 수밖에 없었다. 반면에 젠더학자들은 권력의 남성화와 그 원인 및 목표 설정에 초점을 두었다. 이런 시각에서, 예컨대 탐정 영화에서 푸틴이 액션 영웅으로 그려지는 것은 시사하는 바가 많다. 러시아 기자인 블라디미르 솔로비요프Vladimir Solovyov는 궁금증 많은 한 영국 언론인에게 푸틴의 이미지를 다음과 같이 설명했다. "말하자면, 그는 우리의 제임스 본드입니다."[6]

이 주제를 속속들이 조사한 알렉산드라 엥겔프리드Alexandra Engelfried는 「권력의 도상학: 러시아 예술과 매스미디어 내 블라디미르 푸틴Eine Ikonographie der Macht: Vladimir Putin in Kunst und Massenmedien Russlands」이라는 기대되는 제목의 박사논문을 제출했다. 이 작가는 정치학과 미술사 사이의 정치적 도상학에 대한 조사가 정리되었다고 생각한다. 실제로 그 논문은 푸틴 아래에서의 언론학, 매스미디어의 푸틴 이미지 생산, 초상화 예술에서 푸틴의 이미지와 심지어 대중 스타로서의 푸틴의 상업화까지 많은 분야를 조명했다. 엥겔프리드는 매스미디어와 고도로 발전한 정치적 기술의 통제 덕분에 크렘린의 프로파간다 부서가 푸틴에 대한 이미지들을 확산시키고 정치적 메시지를 전달할 수 있다고 생각한다. 그는 푸틴의 공식 선전 사진의 특정한 역할들과 신화적 요소들을 찾아냈다. 그중에는 강한 의지를 가진 지도자, 현대적 사령관, 승리가 보장된 애국주의자, 카리스마 있는 구원자, 독실한 차르이자 군주라는 이미지가 있다. 통치자로서 푸틴의 다른 이미지는 다재다능하고 용맹한 스포츠인이다. 그는 유도인, 수영인, 아이스하키 선수처럼 보이게 하거나 위풍당당하게 상체를 노출하기도 했다. 바로 이런 모습에서 의도했던 남성적이고 영웅적인 이미지 연출을 통한 권력과 힘이 표출되고, 심지어 푸틴의 섹스 심볼로서의 이미지도 생겨났다는 것이다. 그에 반해 푸틴이 자신의 강아지를 돌보고, 새끼 고라니에게 먹이를 주고, 시베리아에서 비행기를 타고 두루미에게 올바른 길을 제시하는 대담한 시도 등을 통해 동물애호가로서의 모습을 보여줌으로써 배려심 있는 보호자 역할 등의 이미지가 드러난다고 말한다. 주목할 만한 점은 푸틴이 영웅적인 야성적 남자뿐만 아니라 예술가, 화가, 가수, 피아노 연주자, 심지어 스타로 연출되었다는 것이다.[7] 국가 최고 지도자의 모든 재능과 능력을 펼쳐 보이는 이유는 모두가 푸틴을 매력 있고 경탄스럽게 생각하게 하기 위한 것이라는 결론을 쉽게 내릴 수 있다.

이 작가가 말했듯이 푸틴의 국가 지도자적 재능과 소명 의식, 국가를 새로운 강국으로 이끄는 열망을 증명하는 푸틴에 대한 묘사를 찾는다면 특히 미술 시장에서 많이 찾을 수 있다. 특히 푸틴의 정치적 통치자 역할을 그림으로 그려낸 예술가 부부 드미트리 브루벨Dmitry Vrubel과 빅토리아 티모페예바Viktoria Timofeyeva나 니카스 사프로노프Nikas Safronov 같은 저명한 예술가들의 손에서 그려진 푸틴의 초상화들이 있다. 사프로노프는 스스로를 새로운 **왕궁 화가**라고 여기면서 푸틴에게 공식적인 의뢰를 받지 않았는데도 아부하려는 뻔한 의도로 자신의 작품을 헌정한다. 사프로노프는 2000년에 이미 전형적인 통치자 모습을 한 푸틴의 초상화를 그렸다. 이 그림에서 푸틴은 국가와 교회 권력을 상징하는 건물들이 보이는 집무실의 열린 창문 앞에서 진지한 표정으로 자세를 취하고 있다. 2005년에는 화가 장 클루에Jean Clouet가 1530년에 그려진 르네상스 시대의 프랑스

왕 프랑수아 1세Francois I의 초상화에 푸틴의 얼굴을 그려 넣었다. 그의 의도는 프랑스 왕이 권력의 집중화를 추구했다는 의미에서 푸틴의 통치 의지를 암시하는 것이었다. 이 화가는 푸틴도 자신을 르네상스 국왕으로 묘사한 것을 굉장히 마음에 들어 했다고 말했다.[8] 또 그는 불타는 모스크바를 배경으로 푸틴을 같은 시기에 그린 대통령 초상화와 같은 자세를 취한 나폴레옹으로 묘사하기도 했다.

브루벨과 티모페예바는 함께 〈2007〉이라는 제목의 기념비적인, 그러나 비판적인 그림을 그렸다. 그들은 당대의 주요 주제들과 관계자들을 두 개의 캔버스에 나눈 한 콜라주로 그려 넣었다. 그림에서는 푸틴과 대중적으로 저명한 인사들 외에도 체포된 올리가르히인 호도르콥스키나 독살로 살해된 리트비넨코도 볼 수 있다. 이 그림을 담은 한 언론사의 사진에서는 사격 연습장에서 리트비넨코의 사진을 총으로 겨누는 푸틴의 모습은 삭제되어 있었다.

콜라주를 보는 사람은 푸틴이 총으로 호도르콥스키를 곧장 겨냥하고 있다는 인상을 받는데, 이는 예술가들이 분명히 의도한 효과였다. 리트비넨코의 얼굴은 의미심장하게 절반으로 나뉘어 있는데, 브루벨에 의하면 한쪽은 문명화된 유럽을 암시하고 다른 한쪽은 그와 정반대되는, 리트비넨코의 죽음의 어두운 배경을 분명히 암시하는 것이다.[9] 반체제적인 작품 〈2007〉은 2012년 페름 전시회에서 다시 한 번 등장했지만 그 이후에는 전시되지 않았다.

스탈린 숭배와 새로운 푸틴 숭배를 비교해보면 근본적인 차이점이 드러난다. 스탈린 숭배는 상부에서 시작되어 분명한 가이드라인을 따라야 했던 반면에 푸틴 숭배는 국가에서 규정한 규범들과 아래에서 시작되는 이니셔티브가 근본적으로 연결되어 있음을 보여준다. 그 외에 〈2007〉에서 볼 수 있듯이 가끔 솔직한 정권 비판도 있다. 푸틴 집권 초기에 정치적 의사소통의 새로운 요소로서 생겨난 개인숭배는 비판과 의아함을 불러일으켰다. 실제로 2004년에 알렉세이 메리노프Aleksei Merinov는 개인숭배가 새롭게 생겨났지만 그 자리에 인격체가 없었을 뿐이라고 주장하며 이런 현상을 비꼬았다. 이 부분이 눈에 띄는 것은 러시아어에서는 개인숭배라는 단어가 인격체에 대한 숭배를 의미하기 때문이다. 예컨대 메리노프는 자신의 책 『푸틴키ПУТИНКИ』에서 숭배를 통해 형성된 러시아 내 푸틴의 편재성에 대한 느낌을 굉장히 위트 있게 그려낸다.[10]

근육질의 상체를 드러내고 낚시를 하거나 말을 타는 푸틴의 사진들은 매우 진지하게 운동을 좋아하는 통치자의 바람직한 모습을 시사한다. 예컨대 2007년 8월 15일 ≪콤소몰스카야 프라우다Комсомольская правда≫는 그런 모습을 하고 있는 푸틴의 커다란 사진을 "푸틴 같은 사람이 되어라!"라는 제목으로 게재했다. 이 신문은 비슷한 근육 운동을 할 수 있는 특정한 운동법도 함께 알려주었다. 또한 조각가 주라프 체레텔리Zurab Tsereteli가 실물 크기로 조각한 유도복을 입은 푸틴 동상의 제목 〈건강한 신체에 건강한 정신이 깃든다Вздоровом теле, здоровый дух〉는 신체 연마와 정신 건강의 조화를 보여준다.[11] 푸틴 스스로도 위에 묘사한 자세가 전체적으로 건강하고 스포티한 생활방식의 모범이라고 생각한다고 미국의 TV쇼 사회자인 찰리 로즈Charlie Rose와의 인터뷰에서 강조했다. 로즈가 푸틴이 발가벗은 상체를 드러내고 말을 타는 사진을 언급하면서 이런 사진으로 강한 이미지를 조성하려고 했는지 물었을 때 푸틴은 이렇게 대답했다. "아시다시피 제 위치에서는 누구든 사람들에게 롤모델이 되어줄 필요가 있어요. 그리고 그것이 제가 할 수 있는 일이라면 그렇게 해야지요."[12]

젠더학 전문가들은 다재다능한 스포츠맨이자 대담한 슈퍼맨으로 연출되는 푸틴의 사진들이 의미하는 것은 더 많다고 생각한다. 이 사진들에는 남성성 숭배, 그리고 그만큼의 여성 적대적인 가치를 견지하는 마초적 구상이 숨어 있다. 푸틴이 할리 데이비슨 오토바이를 타고 질주하고, 호랑이나 회색 고래를 잡고, 헬멧도 쓰지 않은 채 봅슬레이를 타고, 시베리아 강에서 수영하고, 폭격기를 운전하고, 공중 진화 작업을 하고, 위험한 갈색 곰과 함께 사진을 찍는 모습 등이 대표적이다. 발레리 스펄링Valerie Sperling은 이런 보여주기식 묘기들이 마초적 액션의 무한한 연속이라고 보았다.[13] 타티야나 미하일로바Tatyana Mikhailova는 이를 정력의 과장적인 힘이라고 표현하고,[14] 헬레나 고실로Helena Goscilo는 남성성의 성적 대상화라고 말한다.[15] 또한 푸틴과 제임스 본드의 유사성에 대한 분석도 간과할 수 없다. ≪노이에 취르허 차이퉁≫에서는 마초 독재주의가 러시아를 지배하고 있다는 의견이 등장했다.[16]

### 재탈환의 영웅, 푸틴

블라디미르 솔로비요프뿐만 아니라 지리학자인 앤드류 폭설Andrew Foxall 역시 영화 주인공인 제임스 본드가 푸틴의 시각화를 보여주는 매우 적합한 인물이라고 생각했다. 하지만 그는 톰 클랜시Tom Clancy의 스릴러

소설에 나오는 주인공 잭 라이언이 더 알맞다고 주장한다. 폭설은 야생적이고 낭만적인 투바 공화국에서 상체를 드러내고 말을 타거나 군 행진을 하는 푸틴의 사진들은 남성성의 암시 그 이상이라고 보았다. 그는 여기에서 지정학적 시나리오를 발견했다. 끝없는 영토의 거친 강줄기에서 거대한 자연과 싸우는, 가끔은 원주민과 함께 있는 푸틴의 사진들은 국민 그리고 국가와의 연대성을 가진 푸틴의 모습을 상징하는데, 여기에 정치적인 의도가 내재되어 있다는 것이다. 러시아 지도를 들고 사진가들과 방문한 푸틴의 모습은 거대한 영토의 의미, 즉 지정학적 요구권이 있는 영토 국가인 러시아를 상징하고, 푸틴은 직접 세계 강국을 향한 야망과 결부된 헤게모니적인 남성성을 상징한다는 것이다. 이후 러시아지리학협회 수장이 된 푸틴은 폭설의 지정학적 이론이 옳은 것 같다고 말했다. "우리는 러시아를 말할 때 자동적으로 대*러시아라고 말한다. 나는 평지의 면적, 영토, 국민, 천연자원 등이 강대국의 양도할 수 없는 요소라고 반복해서 강조한다."[17]

후기 푸티니즘의 대외정책이 지정학적 사고의 영향을 많이 받았다는 것은 크림반도 합병 이후부터는 공공연해진 사실이다. 러시아 정부의 세계관의 특징은 당연히 구소련 공화국들이 계속해서 러시아의 지배권 아래에 남아 있다고 생각하는 것이다. 이는 특히 푸틴 대통령 취임 15주년을 기념해 만들어진 〈대통령президент〉이라는 제목의 다큐멘터리 영화가 명확히 보여준다. 150분 동안 상영되는 전기적 영화는 푸틴 대통령 집권 아래에서 이루어낸 모든 것을 다루는데, 무엇보다도 러시아가 자발적이고 의도적으로 자신의 영토를 포기했다는 놀라운 관점을 드러낸다.[18] 그리고 한편으로는 소련의 실제 자멸 행위를 부정하고, 다른 한편으로는 모든 구소련 공화국들에 대한 러시아의 통치권을 강조한다. 이는 지금까지 이 국가들을 러시아의 영향권으로 평가한 것을 훌쩍 넘어서는 지정학적 공리였다.

어떤 측면에서 영화 〈대통령〉은 새로운 푸틴 숭배의 정점을 보여주었다. 이 영화에서 푸틴은 멀리 내다볼 줄 아는 전략가이자 성공적인 사령관, 능숙한 책략가로 연출된다. 또한 러시아의 영토를 재탈환하고 서방으로부터 러시아를 보호하는 용감한 인물로 그려졌다. 이런 새로운 방식의 정치적 정당성은 남다른 수단들, 전쟁과 그와 동반된 상부에서 내려온 국가주의적 동원에 기반했다. 니콜라이 페트로프는 이런 정치적 정당성은 이전에 생활수준의 향상에 힘입어 얻은 국민의 높은 지지율과 근본적으로 구분되는 강요된 정치적 정당성이라고 말한다. 그러나 석유 사업에서의 소득 감소로 인해 시스템의 성과로서 일구어낸 정당성은 사라졌다.[19] 그렇지만 그사이에 빈번히 선전된 적개심이 싹터 있었다. 여기에 특히 국가에서 주도한 프로파간다로 인해 서방, 무엇보다도 미국에 대한 불신이 생겨났다. 우크라이나에서 얻어낸 승리의 도취감도 더해졌다. 사회학자 레프 구드코프가 강조한 것처럼 소련과 옛 소련 시대의 의식구조가 다시 활성화되었다. 크림반도 합병 이후 강대국이라는 국가적 자아도취가 굴욕과 상처라는 만성적인 감정을 완전히 보상해주었다. 게다가 사람들은 아직 푸틴 덕분에 이루어졌다고 생각하는 2002~2012년의 실질적인 생활수준의 개선이 반드시 되돌아올 것이라는 기대 속에 살았다.[20]

본래 크렘린이 우크라이나 갈등에 개입하지 못하게 만들려는 의도로 가한 EU와 미국의 제재에 대한 반응으로 다른 현상이 나타났다. 러시아에서 모두 다 함께 반항적인 방어 자세를 갖춰야만 한다는 감정이 생겨난 것이다. 러시아 국민들은 실제로 그들의 지도자인 푸틴에게 더욱 가까이 몰려들었다.[21] 지지율은 더욱 상승했다. 관측통들은 이를 고대의 통치체제에서 흔히 볼 수 있는 강한 가부장적인 인식구조의 표현이라고 보았다. 미국의 푸틴 비판가인 스티븐 블랭크Steven Blank 같은 다른 작가들은 개인숭배의 최상의 효과로 유아증과 사회 내부에서의 정치적 무신경증을 강조했다.[22]

## 강력한 실로비키와 새로운 국가근위대

크림반도 합병 이후 국민들 사이에서 푸틴의 입지가 커진 것처럼 엘리트 카르텔에서 푸틴의 권위, 즉 신디케이트 혹은 비공식 정치국 내에서도 푸틴의 권위가 강화되었다. 결국 푸틴은 그의 실로비키들과 함께 군사적 성공을 거두었다. 이에 따라 실로비키들이 신디케이트에서 자신들의 입지를 고착화할 수 있었던 반면에 올리가르히들의 중요성은 작아졌다. 이는 무엇보다도 EU와 미국의 제재로 인해 실제로 그들의 수입과 사업 기회가 몹시 큰 타격을 받았기 때문이었다. 뉴스 매체인 블룸버그가 작성한 억만장자 지표에 의하면, 2014년에 러시아에서 가장 부유한 21명의 기업인들이 총 610억 달러의 손해를 입었고, 이는 그들 전체 자산의 4분의 1에 해당하는 액수였다. 이런 배경으로 봤을 때, 2015년 초에 이미 푸틴의 정치국 내 변화에 대한 언론 보도가 올라온 것은 놀라운 일이 아니었다.

보도에 따르면, 푸틴은 그의 이너서클을 동우크라이나의 분리주의자를 돕는 극단주의 실로비키들로 이루어진 소규모 그룹으로 축소했다. 그 일원으로는 당시 니콜라이 파트루셰프 안전보장회의 서기, 알렉산드르 보르트니코프 연방보안국 국장, 미하일 프랏코프 해외정보국 국장, 세르게이 쇼이구 국방부 장관, 블라디미르 콜로콜체프Vladimir Kolokoltsev 내무부 장관 등이 있었다. 그에 반해 올리가르히는 뒤편으로 밀려났고 더 이상 푸틴의 안중에 없었다.[23]

푸틴과 그의 이너서클이 계속해서 안보 조직들 가운데 비밀경찰을 정권의 가장 중요한 조력자로 여겼다는 사실은 그의 새로운 국가근위대 창설을 통해 분명히 알 수 있었다. 2016년 초에 국가근위대의 창설이 결정되었고 여름에 공식적으로 창설되었다. 국가근위대는 35만 명에서 45만 명 규모로 이루어진 새로운 연방 보안기관이었다. 내무부 소속 부대들과 특수 경찰 OMON도 여기에 합병되었다. 법률에 의거하면 이 새로운 군부대는 **공공질서와 안보 보호**를 위해 헌신해야 한다. 푸틴은 국가근위대 창설 이유에 대해 무엇보다도 테러에 대항하는 더욱 효과적인 싸움을 들었다. 특히 2015년 10월 말에 러시아가 시리아에 군사를 투입한 이래로 이슬람 테러단체들에게 더욱 심하게 위협받고 있다고 주장했다. 그러나 관측통들은 국가근위대 창설이 러시아 내 유로마이단 형성과 신디케이트 내 푸틴 정권에 대항해 반역을 꾀하는 반발 세력에 대항할 수 있는 중요한 보루일 것이라고 생각한다. 어쨌든 새로운 국가근위대는 유용한 지렛대 역할을 했는데, 반복되는 기관들 사이의 **다툼**을 견제할 수 있었다.[24]

푸틴은 그에게 무조건적으로 복종하고 그가 완전히 신뢰하는 62세의 빅토르 졸로토프를 국가근위대의 수장으로 임명했다. 졸로토프는 지금까지 내무군을 이끌어왔고, 그 전에는 13년 동안 대통령 경호대장으로 일해왔다. 비평가들은 푸틴이 새로운 국가근위대를 통해 스스로 일인 통치자가 되었을 뿐만 아니라 강력한 정치적 영향력을 얻은 국내 정보기관인 연방보안국의 대항마를 만들 수도 있었다. 이렇게 보면 다시 한 번 러시아식 견제와 균형이 발동한 것이다. 마가레테 클레인Margarete Klein이 분석한 것처럼 오직 푸틴 직속의 국가근위대는 모든 기관들과 크렘린 그룹들의 최고 심판관으로서 푸틴의 위치를 강화했다. 그리고 근위대 창설로 인해 기관들 사이의 관할은 다시 한 번 분배되어야 했다. 푸틴은 안보기관들의 다중심적 조직에서 판을 다시 짬으로써 기관들 사이의 경쟁과 불안정성을 선동했다. 이는 푸틴 자신에게는 이득이 되었다.[25]

두드러지는 점은, 국가근위대 아래에 람잔 카디로프의 군 집단이 소속되었다는 사실이다. 이는 체첸 지도자의 독자 행동을 공공연히 방해하는 악의적인 압박이었다. 결론적으로 새로운 친위대의 창설로 목표한 바는 무엇보다도 다음의 두 가지였다. 하나는 실로비키의 전반적인 강화이고, 다른 하나는 이 진영 내에서 상호 간의 견제 강화였다.

### 파나마 페이퍼스와 데오프쇼리사찌야

국가근위대가 창설되었던 그 시기에 마른하늘에 날벼락처럼 이른바 파나마 페이퍼스Panama Papers 사건이 대서특필되었다. 전 세계적인 부패를 파헤치기 위해 국제적으로 탐사 활동을 하는 저널리스트들에 의해 설립된 국제탐사보도언론인협회의 화살은 특히 푸틴 신디케이트의 백만장자들을 향했다. 크렘린과 가까운 기업인들이 지난 몇 년 동안 적어도 20억 달러를 국외에 있는 유령 회사를 통해서 빼돌리고 일부는 국가로 다시 들여왔다는 사실이 조사를 통해 드러났다. 조사에 참여한 ≪쥐트도이체 차이퉁Süddeutsche Zeitung≫을 비롯한 국제 언론들은 2016년 초에 파나마에서 발견한 해외 계좌들과 유령 회사들에 대해 상세하게 보도했다. 이 사건으로 그들은 2017년 4월에 퓰리처상을 수상했다. 처음에 러시아 국영 TV 채널들은 이 스캔들을 덮었다. 그러나 비판 성향의 ≪노바야 가제타≫가 이 탐사 프로젝트에 참여했다. 그리고 러시아의 범죄자들이 고발당했다는 사실이 러시아에서도 알려지자 푸틴의 대변인이 말했듯이 대통령에 대한 정보 공격에 대항해 강한 반격이 시작되었다. 크렘린은 러시아 경제 거물들이나 푸틴 정권의 대표자들 혹은 푸틴 스스로가 그 모든 혐의점에 연루되어 있을지도 모른다는 사실을 단호하게 부정했다. 푸틴 대변인 페스코프는 미국 정보국의 사주를 받아 일하는 기자들을 비난했다.[26]

푸틴 역시 자신은 그런 혐의와 상관이 없다고 직접 해명했다. 그는 자신이 파나마 페이퍼스에서 전혀 언급되지 않았다고 당당하게 주장할 수 있었다. 푸틴은 자신의 친구인 첼리스트 세르게이 롤두긴을 변호했다. 서방의 언론 보도는 어쩌면 롤두긴이 푸틴을 위한 자금 송금을 담당한 허수아비였을 수도 있다고 추측했다. 이에 대해 푸틴 대변인은 "그런 것은 없습니다"라고 말했다. 푸틴은 시민과의 대화 다이렉트 라인에서 그 문서 자체는 역외 회사에 대해 그 어떤 잘못된 정보도 가지고 있지 않다고 인정했다. 그는 외국에 있는 악기를 구입하기 위해 전 재산을 투자하고 그 악기들을 러시아로 가져오는 롤두긴 같은 사람들이 자랑스럽다고 말했다. 그리고 롤두긴은 심지어 비싸고 고풍스러운 바이올린과 첼로를 구매하기 위해 개인적인 빚까지 져야만 했다고 주장했다.[27] 파나마 페이퍼스로부터의 비방과 추측에 대항한 방어 전선은 확대되었다. 러시아의 역외 회사 설립에 대한 비난에 대해 정부 대표자들은 원칙적으로 합법적인 절차라고 변호했다. 그리고 러시아의 올리가르히들에게 타당한 이유 없이 데오프쇼리사찌아de-offschorisazija,• 즉 그들의 역외 계좌를 해체하고 자산을 국내로 다시 들여오게 하는 것이 푸틴의 오랜 소망과 요구였다고 주장했다.

푸틴은 언론의 선동 뒤에 미국이 있다는 자신의 추측을 강하게 주장했다. 미국이 불안을 책동하면서도 세계의 진정한 문제에 대해서는 관심이 없다는 것이었다. 그는 자신을 향한 비난들은 러시아를 향한 공격이나 다름없다고 주장했다. 자신에게 혐의를 뒤집어씌우는 것은 적절하지도, 정의롭지도 못하다고 말이다. 동시에 푸틴은 세계 평화를 지키기 위한 러시아의 최근 업적들을 언급하며 러시아에 대한 비난을 차단했다. 예를 들어 러시아는 시리아에 군사를 투입함으로써, 러시아가 **지정학적 문제를 해결**하기 위한 준비가 되어 있다는 것을 표현했다고 주장했다.[28] 이 발언은 강력해진 세계 강국으로서의 부인할 수 없는 역할을 전면에 부각하고, 파나마 페이퍼스 폭로 같은 성가신 부차적 문제들로부터 주의를 돌리려고 푸틴이 얼마나 노력했는지를 역설한다.

크렘린 비판가이자 반부패 재단 설립자인 알렉세이 나발니는 러시아

---

• 반(反)해외유출법.

의 자금 거래와 관련해 감춰져 있던 파나마 페이퍼스가 발견되면서 이제 내부 부당 거래, 돈세탁, 푸틴 친구들로부터 다른 친구들로 그리고 결국 푸틴에게 돌아오는 자금 송금 등에 관한 진실에 가까워졌다고 확신했다. 나발니의 사무실에서는 유령 회사와 역외 회사들의 문제에 대해 아예 이 야기를 꺼내지 않는 공공연한 경향을 비웃었다. 그들은 정부의 불성실한 태도에서 다음과 같은 모순적인 논리를 발견했다. "우리는 역외 회사를 가지고 있지 않습니다. 다른 사람들도 모두 그런 것을 가지고 있어요!"[29] 물론 이런 진짜 논리의 바탕이 된 것은 정권을 구성하는 기본적 특징 중 하나인 정계와 재계의 유착이다. 그렇기 때문에 이런 요소를 흔들거나 아 예 붕괴시키려는 외부의 모든 시도는 별로 성공적이지 못했던 것이다.

　파나마 페이퍼스에 관한 짧은 소동이 있은 지 며칠 지나지 않아 다시 금 외국에서 크렘린궁에 훼방을 놓은 일이 있었다. 이번에는 12명의 러 시아 시민들, 그중에는 드미트리 코자크Dmitry Kozak 부총리 같은 푸틴의 측근 몇 명도 포함되어 있었는데, 그들에 대해 스페인 사법기관이 체포 명령을 내린 것이다. 코자크는 지금까지 존경받고 비교적 결점이 없는 푸 틴의 동료라는 평판을 받아왔는데, 이미 상트페테르부르크에서부터 푸틴 의 곁에 있었다. 스페인 사법당국은 해당 인물들과 러시아 마피아 조직들 의 협력을 지적했는데, 그중에는 탐보프의 마피아 대부인 게나디 페트로 프Gennadi Petrov도 있었다.[30] 이 사건에 대해 크렘린은 공식적인 입장을 발 표하지 않았다. 다만 러시아 검찰 대표들을 스페인에 은밀히 파견한 다음 피고인들의 사법절차를 본국에 맡기라고 제안했다.[31]

## 색깔 없는 2016 두마 선거

스페인의 체포 명령도, 파나마 페이퍼스도 정치 지도부의 구조 개혁을 위한 의미 있는 성과는 거두지 못했다. 눈앞에 다가온 선거들 역시 지배적인 신디케이트에게 즉각적인 의미는 없었지만 국가 지도부 무리 내부의 자리 교체를 위한 동기로 이용될 수는 있었다. 어쨌든 언론은 2016년 9월 18일에 있을 이른바 통일적인 선거에 유권자들이 긍정적으로 참여하도록 만들기 위해 노력했다. 12월에 확정되어 있던 두마 선거의 선거일은 적절한 근거 없이 9월 말로 앞당겨졌다. 동시에 39개의 연방 주체에서도 지방의회 선거가 이루어지고 7명의 지방 수장과 시의회에 대한 투표가 실시되었다. 의회 선거에는 이미 2003년 이전에 유효했던 선거법을 다시 적용했다. 유권자 표의 절반은 정당 목록에, 절반은 직접선거에 부여되었다. 이는 신중하게 고른 후보들을 지지할 수 있게 했다.[32] 결과적으로 9월에 실시된 선거에서 예상대로 통합 러시아당이 승리했다. 통합 러시아당은 54.2퍼센트를 득표해 그다음으로 13.3퍼센트를 기록한 공산주의자들과 13.2퍼센트를 획득한 지리놉스키의 자유민주주의당과 엄청난 격차를 벌리며 승리했다. 공정 러시아당은 6.2퍼센트밖에 득표하지 못했다. 야당들에게는 아예 기회가 주어지지 않았는데, 그들의 후보들이 이미 입후보할 때부터 불리한 입장에 있었기 때문이었다.[33]

크렘린은 선거 결과에 전반적으로 만족했지만 선거 참여율은 기대보다 많이 저조했다. 그 원인으로는 선거의 조기 실시 탓도 있을 것이다. 선거 동원 단계가 여름휴가 시기로 앞당겨졌기 때문이다. 이는 2011년 말

대규모 시위를 이끌었던 과열된 반응을 초기부터 덮기 위한 계산이었을 것으로 생각된다. 러시아연방의 투표율은 2011년 60퍼센트였던 것에 비해 2016년에는 전체적으로 47.8퍼센트에 달했다. 대도시의 투표율은 확연히 낮았는데 모스크바는 41.3퍼센트, 상트페테르부르크는 40.38퍼센트였다. 게다가 이 지역들과 시베리아 지역에서는 **통합 러시아당**이 겨우 12~15퍼센트밖에 얻지 못했다. 그에 반해 자치 지역인 체첸 공화국과 타타르스탄 공화국 국민들은 **권력 정당**의 특별히 더 충성스러운 추종자로서 약 90퍼센트에 달하는 투표율을 보여주었다. 이런 소련식의 결과들은 상부에서부터 많은 유권자를 동원한 결과였다.

이 선거를 분석한 한스헤닝 슈뢰더는 전반적으로 선거 참여율이 낮은 이유는 정치 시스템이 권력과 국민을 연결하지 않기 때문이라고 당연하게 강조했다.[34] 실제로 사람들은 색깔 없는, 관료주의로 점철된 정당인 통합 러시아당에 거의 동질감을 갖지 못한다. 앞서 살펴본 것처럼 국민들은 단지 크림반도 합병 이후부터 더욱 전면에 드러난 푸틴 숭배를 통해 정치 지도부와 연결되어 있기 때문이다. 인공적으로 만들어진 정치 정당들의 약점이 드러날수록 계속해서 푸틴 숭배를 성공적으로 유지하는 것이 중요해졌다. 반대로 푸틴은 권력 유지를 투표율이라는 형태에 의존했다.

### 인사 순환의 시작: 젊은 기술 관료들

푸틴의 권력 유지를 위해 더 중요했던 것은 자유주의자들부터 초국가주의자들까지 다양한 엘리트 그룹들 사이의 균형 유지였다. 그 증거는

2016년 한 해 동안 보안기관들과 국가 관료체제 지휘부에서 실시된 구조 조정과 인사 교체였다. 이는 2016년 8월 세르게이 이바노프가 대통령 행정실장이라는 자신의 높은 직책을 ─ 그들의 주장에 따르면 자신이 원해서 ─ 내려놓으면서 시작되었다. 이 소식은 폭탄처럼 갑작스럽게 떨어졌는데, 어쨌든 이바노프는 처음부터 푸틴의 최측근이자 정치 실세로 여겨졌기 때문이다. 전 KGB 중장 출신으로 연달아 엄청난 국가 관직에 오른 이바노프는 이제 새롭게 만들어진 자리인 **자연보호·환경·교통 문제 담당 대통령 특별대표**라는 별로 만족스럽지 않은 보상을 받았다. 이는 분명한 좌천이었다. 그렇지만 옐친 시대부터 시작해 푸틴이 집권하면서 비로소 제대로 공식적인 최상위 권력기관으로 자리 잡은 안전보장회의의 일원으로는 남았다. 대통령 행정실의 이바노프의 후임으로는 그의 대리인 중 한 명인 안톤 바이노Anton Vaino가 임명되었다.[35]

공식적으로 이바노프의 해임에 대한 이유가 언급되지 않은 반면에 뒤에서는 우크라이나 정책에 대해서 이바노프와 푸틴 사이에 의견 대립이 있었다는 소문이 돌았다.[36] 이바노프가 보안기관들의 계속되는 경쟁 싸움에서 완전히 패배했으며 빅토르 졸로토프가 이끄는 반대 분파가 선두에 자리 잡았다는 소문이었다. 실제로 바로 2016년 8월에 많은 보안기관이 대중에게도 알려질 정도로 요란한 닭싸움을 했다. 이는 2007년에 체르케소프가 비판하면서 공공연하게 알려진 실로비키들 내부의 갈등과 관련된 **모두를 향한 모두의 전쟁**을 상기시켰다. 이미 그 당시에 그랬던 것처럼 이번에도 여러 체포 소식이 톱뉴스를 장식했다. 예를 들어, 일부 내무부와 연방수사위원회의 고위 관리들이 부패 혐의로 체포되었다. 또한 알렉산드르 바스트리킨이 연방수사위원회 위원장 자리에서 해임될 수도 있다는 소문이 돌았는데, 물론 이번이 처음은 아니었다. 모든 소문들 가운데 가장 파괴력이 큰 소문은 소련 시대의 KGB처럼 전권을 가진 국가안전부에 모든 보안기관이 합병될지도 모른다는 것이었다. 그러나 이 소문들은 곧 수그러들었다. 그중에 잔류한 것은 현존하는 보안기관들의 수장들이 계속해서 서로를 물어뜯는다는 느낌이었다. 그리고 그들은 이런 싸움으로 제도적 기둥이자 정권 합법화의 원천 중 하나로서 자신의 기능을 손상시켰다.[37]

2016년 가을에는 대통령의 인사정책에 체감할 수 있는 새로운 바람이 불었다. 이때 세 가지 경향을 살펴볼 수 있었다. 하나는 최상위 실로비키들과 국가 관리들 간의 로테이션, 또 하나는 보수적 애국주의 성향에 치우친 인사 임명, 마지막은 간부 연령이 대체로 하락하는 추세였다. 마지막 요소는 고르바초프 시대나 옐친 시대의 유사한 경향을 연상시켰다. 두 지도자 모두 젊은 사람이 효율성과 정치적 실행력이 있다는 생각에 사로잡혀 있었다. 게다가 러시아 정치 문화에서 전형적으로 볼 수 있는 정치와 국가 행정의 혼동이 나타났다. 이미 소련에서는 정치라는 용어를 무언가 부적절하고 독단적인 것과 결부했다. 그때와 달라진 것은 많지 않다. 예를 들어 옐친은 푸틴을 새로운 유형의 재능 있는 행정 전문가로 소개했다. 푸틴도 스스로 관리자라고 칭하는 것을 좋아했다. 그리고 옐친 시대와 메드베데프 정권에서도 소련과 마찬가지로 다시금 행정 간부를 위한 자금이 만들어졌다. 이는 바로 정치적 다원주의에 대한 반사적인 거부와 그에 맞게 여러 정당에서 책임감 있는 정치인을 모집하는 현상을 반영했다. 포스트 소비에트적인 러시아에서는 공무원들 가운데 국가 고위 직을 모집하는 일과 관련해 관리자라는 표현이 유행했다. 그러나 푸틴의 새로운 젊은 관리인들은 — 이 정권의 창시자들과 매우 유사하게 — 대부분 고위 관리나 대기업 출신의 지배적이었던 노멘클라투라와 밀접한 관련이 있거나 친척 관계이기도 했다. 따라서 재계와 정계의 공생은 새로운 간부들 아래에서도 지속되었다.

새로운 대통령 행정실장 역시 그랬다. 44세의 전직 외교관이었던 안톤 바이노는 에스토니아의 노멘클라투라 집안 출신이었고 다양한 국가기관, 특히 의전 업무에서 경험을 쌓아왔다. 그는 메드베데프의 인력 가운데 첫 100인조에 속하는 한 사람이었고 처음부터 재계와 좋은 관계를 가지고 있었다. 아버지 에듀어드Eduard가 2009년부터 자동차 제조기업 오토바즈의 부회장으로 재직했던 반면에 아들인 바이노는 2014년부터 오토바즈도 속한 신디케이트인 로스텍의 감사위원회 행정부 부실장이었다. 안톤 바이노에 대해서 또 알려진 사실은 그가 푸틴의 비공식 정치국의 1인자인 세르게이 체메조프와 같은 층에 사는 가까운 이웃이었으며 고상한 모스크바 요트클럽의 부동산도 소유하고 있다는 것이었다. 즉, 바이노는 모든 측면에서 후기 푸티니즘 엘리트 그룹의 전형적인 대표자다. 파비안 부르크하르트Fabian Burkhardt는 안톤 바이노가 기술 관료적이고 도둑-신가산제적인 요소들이 두드러지는 오늘날 권위적 시스템에서 이루어진 공직 경력의 전형적인 예시라고 보았다. 그는 관료주의와 국가 경제 사이의 회전문은 기술 관료들이 개별적 이해관계의 대리인 역할을 할 수 있도록 만들 것이라고 주장한다.[38]

당시까지 대통령 행정실 제1부실장이었던 뱌체슬라프 볼로딘은 계속되는 인사 교체의 일환으로, 이미 옐친 시대부터 거시 정치에서 이름을 날리고 첫눈에 새로운 기술 관료 소속임을 알 수 있는 세르게이 키리옌코를 위한 자리를 마련했다. 옐친은 1998년에 키리옌코에게 총리직을 수여했는데, 당시 젊고 재능 있고 그 어떤 정당이나 운동과 연결점이 없는 행정 전문가를 정부의 수반직에 올려야만 한다는 믿음이 있었다. 또한 그의 후보는 그 어떤 시기에도 올리가르히와 전혀 관련이 없었다. 체르노미르딘 내각의 에너지부 장관이었던 키리옌코는 36세의 나이에 의회의 엄청난 반발에도 불구하고 총리로 임명되었다. 이후 정치 연대기에서 키리옌코는 계란 모양의 유명한 동명 초콜릿을 가리키는 서프라이즈 에그로 통했다.[39] 푸틴 집권기에는 고위직을 도맡았고 2007년에는 러시아 국영 원자력 공사 로자톰의 회장직을 얻었다. 그리고 푸틴이 그를 대통령 행정실 제1부실장으로 임명하고 국내 정치를 맡겼을 때는 자유주의 진영에 정치적 해동기에 대한 반가운 기대를 불러일으켰다. 반면에 전문가들은 키리옌코가 일단 푸틴의 2018년 대통령 선거 재출마를 준비하고 최근에 교체된 간부 구조가 잘 기능하는지 감시할 것이라고 말했다.[40]

2016년 11월, 민첸코 컨설팅 그룹은 가장 최근의 푸틴 정치국 구성에 대한 보고서를 내놓았다. 이번에도 정치국은 8명의 인물로 구성되어 있었고 다음과 같은 계급질서가 있었다. ① 첨단기술 통합기업 로스테크놀로지 대표이자 드레스덴 시절부터 푸틴의 친구였던 세르게이 체메조프, ② 로시야 은행 이사회 의장 유리 코발추크, ③ 러시아 국방부 장관 세르게이 쇼이구, ④ 드미트리 메드베데프 총리, ⑤ 두마의 새 의장 뱌체슬라프 볼로딘, ⑥ 국영 석유기업 로스네프트의 사장 이고리 세친, ⑦ 기업가 아카디 로텐버그Arkadi Rotenberg, ⑧ 모스크바 시장 세르게이 솝야닌Sergei Sobyanin이었다. 이 구성 인원을 보면 한쪽에는 재계 대표자들, 다른 한쪽에는 고위 공무직 대표자들이 최고 권력을 똑같이 나눠 가지고 있음을 알 수 있다. 새 정치국의 정치국원 후보자들로는 새 국가근위대 대장 빅토르 졸로토프와 바이노, 키리옌코 등 행정부의 최고 대표들도 있었다.[41]

에브게니 민첸코는 직접 그의 컨설팅 회사에서 작성한 권력자들의 계급 목록에 대해 근본적으로는 올리가르히와 실로비키의 오래된 친위대들이 여전히 집권하고 있으며, 그 구성이 달라졌을 뿐이라고 평가했다. 이 보고서의 작성자들은 푸틴이 주변인들의 인질이 되지 않으려 했다고 강조했다. 그래서 푸틴 대통령은 새로운 권력 정세를 기반으로 다음 대통령 임기를 계획하기 위해 자신이 집권하고 있는 동안일지라도 정치국을 약화하려고 노력했다. 푸틴은 젊은 출세자들, 즉 스스로 기술 관료라고 명명하는 엘리트 가족의 자제들을 철저히 조사했다. 그중에는 안톤 바이노, 툴라 지역 주지사 알렉세이 듀민Aleksei Dyumin, 모스크바 주지사 안드레이 보로뵤프Andrei Vorobyov, 러시아 산업통상부 장관 드미트리 만투로프Dmitri Manturov도 있었다.[42] 보고서 작성자들은 또한 푸틴이 다음 임기에는 다시 서구와의 교류에 활기를 불어넣고 싶어 한다고 추측했다. 이때 아마 체제 내 자유주의자인 알렉세이 쿠드린 전 재무부 장관이 도움을 주었을 것이다. 카네기 모스크바 센터의 안드레이 콜레스니코프는 올리가르히와 기관들 출신의 오랜 동료들로 이루어진 지금까지의 신디케이트와 달리 순종적인 새로운 관료들은 분명히 푸틴의 모든 정치적 노선에 함께할 것이라고 생각했다. 그러나 콜레스니코프에 의하면 푸틴은 앞으로도 자신의 실로비키들을 손에서 놓지는 않을 것이다. 푸틴은 오직 비밀경찰들의 개입을 통해서만 효율적인 통치가 가능하다고 생각한다. 게다가 그는 자신의 안전 보장을 생각해야만 한다. 오늘날 푸틴은 더 이상 독립적이고 부패한 인물들에 의존하고 있지 않다. 그들이 재산을 신중히 다루고 그들에게 주어진 과제를 잘 따르는 한 국가를 함께 통치하는 올리가르히들의 재산에 대해 탐탁지 않게 생각하지도 않는다. 푸틴은 지금 스스로에게 안전성을 부여하고 이너서클 내부에서의 갈등을 최소화하는 환경을 조성하고 있다. 콜레스니코프에 의하면 오늘날 강경파(실로비키)가 정치와 대외 정치를 맡고 있고 온건파(자유주의자)가 경제와 비즈니스, 자산, 조세정책을 담당하고 있다. 그러나 분파 전쟁에 관해서는 실로비키들과 온건파는 서로 가깝다. 강경파와 온건파 모두 크림반도의 환수를 지지한다. 여기까지가 안드레이 콜레스니코프의 분석이었다.[43]

## 푸틴 체제는 얼마나 견고한가?

정치적 세력의 내부 균형을 새롭게 맞추기 위한 모든 경향을 보면 알 수 있듯이, 소련 붕괴 이후에 시작된 국가 건립 과정은 아직까지도 명확히 종결되지 않았다. 민주주의 기관들은 없어지지는 않았지만 심하게 뒤집어졌다. 최근의 선거 결과를 보면 정치 참여에 국민들의 관심이 점점 사라지고 있다는 것을 분명히 알 수 있다. 그렇기 때문에 2018년 대선 당시 크렘린 정권은 투표율을 높이기 위해 어떤 의미와 동기를 부여할 수 있을지 고민했다. 2017년 3월 말의 청년 시위에서 볼 수 있었듯이 사회적 평등이나 반부패 운동과 같은 주제들은 전체적으로 사람들을 모으는 잠재력을 가지고 있다. 그러나 이것이 정권의 기반 자체를 흔들지 않는다면, 이런 문제들이 얼마나 진지하고 단호하게 해결될 수 있겠는가? 부패가 한 정치체제의 특별히 두드러지는 약점 가운데 하나일 뿐만 아니라 그 정치체제 자체로 묘사되는 것은 드물지 않은 일이었다.

후기 푸티니즘 정권은 대체 얼마나 견고한가? 정치학 전문가들의 의견은 분분하다. 니콜라이 페트로프는 푸틴 정권의 개선이 전혀 불가능하다고 여기고 있다. 권력 피라미드가 거꾸로 되어 있다는 것이다. 그에 의하면, 권력의 과도한 중앙집권은 정권을 불안정하고 비효과적으로 만들었다. 그리고 사람들은 정치적 정당성을 위해 항상 새로운 군사적 승리에 의존한다. 푸틴의 측근들과 오랜 동료들은 푸틴의 이너서클을 떠났고, 그들은 **아첨꾼들**과 **충복**으로 대체되었다. 그런 신하들을 데리고는 국가가 형성될 수 없다. 또한 악명 높은 **통제**를 통해 엘리트들을 관리하는 것은 오히려 안정성을 부여할 수 없다. 페트로프는 그 예시로 초반에 주지사나 올리가르히들의 자의로 연출된 해임을 들었다. 그는 이 일들이 무엇보다도 시스템의 전반적인 쇠퇴를 보여준다고 생각한다.[44]

실제로 2016년 가을에는 경쟁 갈등이나 논란이 있는 자산 소유권과 관련해 정권의 전형적인 약점을 조명한 사건들이 발생했다. 이 사건들의 배경은 대개 표면에 드러나지 않았다. 또한 대중들에게는 이해할 수 없는 해명이 남았다. 특히 소란스러웠던 사건은 2016년 11월 당시 경제개발부 장관이었던 체제 내 자유주의자 알렉세이 울류카예프Aleksei Ulyukaev의 척

출이었다.[45] 그는 석유기업인 바쉬네프트의 사유화와 바쉬네프트를 대상으로 한 국영기업 로스네프트의 공격적 인수에 반대했다. 조사위원회 정보에 의하면, 울류카에프는 인수에 동의하는 대가로 거액의 뇌물을 요구했다. 이런 소문에는 또다시 오랜 **정치국원**이자 푸틴의 측근인 이고리 세친 로스네프트 사장이 **강탈적 인수**의 일반적인 방법들을 이용해 이긴 것인지, 혹은 어떤 다른 요소들이 개입되지는 않았는지에 대한 의문이 따라붙었다. 과연 부패한 것은 일부일까? 아마도 심지어 모든 관계자가 부패한 것은 아닐까? 알렉세이 나발니는 확실히 후자라고 생각한다. 그런 사건은 시스템이 부패했다는 추측이 옳음을 증명할 뿐이라고 말한다.[46] 정치학자인 페트로프는 이 사건이 정권의 막을 수 없는 몰락의 또 다른 증상이라고 보았다.

그에 비해 그렙 파블롭스키와 타티아나 스타노바야Tatiana Stanovaya와 같은 다른 정치학자들은 이 시스템이 여전히 충분한 안정적 메커니즘을 가지고 있다고 생각한다. 파블롭스키는 정권이 그의 창시자이자 주인인 푸틴에 맞서 분명히 살아남을 것이라고 확신한다. 알레나 레데네바가 **시스테마**라고 명명한 비공식적 구조의 정권과, 규범을 따르며 깊게 내면화된 정계와 재계 관계자들의 행동방식에는 전체적으로 강건한 생존 능력이 있다는 것이다.[47] 두 전문가 모두 체제 유지를 위해 반공식적 **감독관들**의 능력이 중요하다고 꼽는다.[48] 이들은 정치 지도부로부터 특정한 정치적 과제의 책임 있는 실행과 관련해 다양한 권한을 위임받았다. 실제로 그들은 국가적 기능을 행사한다. 스타노바야는 그들을 정권의 **일꾼**이라고 칭했다. 세르게이 소뱌닌 모스크바 시장은 모스크바의 모든 문제를 다뤄야 했고, 람잔 카디로프는 자신의 체첸 공화국의 문제를 해결해야 했다. 푸틴은 특별 임시 관리인으로 블라디슬라프 수르코프를 돈바스에 투입했다. 때로는 전체 기관들이 특별한 임무를 받기도 했다. 예컨대 국가안전보장회의는 제재에 대한 해결책으로 필요했던 수입 대체 문제를 해결하라는 임무를 받았다. 이는 이 기관의 관할과는 전혀 상관없는 임무였다.

스타노바야와 파블롭스키 모두 감독관 시스템 같은 제도들이 독립했다는 데 동의한다. 그리고 푸틴 정권이 내부에서 붕괴되는 경우에도 그 제도들은 계속해서 작동할 것이라고 말한다. 스타노바야는 이 시스템은 위와 아래에서 동시에 상응하는 수요가 존재할 때 비로소 위축될 것이라고 확신한다. 그러나 그렇게 되더라도 이 시스템은 비슷한 방식으로 계속해서 작동할 것이라고 본다. 푸틴이 사라진다고 할지라도 새로운 푸틴이 생겨날 것이라는 의미다. 그러나 아직 당장은 지금의 푸틴 시스템에 대한 수요가 높다. 푸틴 개인의 높은 지지율은 계속해서 정권의 든든한 지지대가 되고 있다. 특히 푸틴의 가장 최근의 대통령 임기 동안에 매우 급격히 증가한 다양한 **푸티니즘들** — 반미주의, 국가주의, 인기영합주의, 보수주의, 가부장주의 등 — 이 어떻게 정의될지는 아직 열린 문제로 남아 있다. 이런 모든 주의ism의 내면화 정도는 이미 오래전부터 반체제 언론에서 논의되었다. 요점은 이것이었다. 즉, 경제위기와 그 결과로 이어진 생계유지비의 증가로 인해 사람들의 인식이 냉장고의 빈곤한 내용물이나 아직도 국영방송의 프로파간다적 연설로부터 더욱 많은 영향을 받는가? 2016년 블라디미르 겔만Vladimir Gelman이 한 보고서에서 언급했듯이, 아직까지도 TV는 냉장고보다 우위를 점하고 있다.[49]

많은 비판적인 관측통들은 심각한 국가의 격동이 일어나고 있다고 생각하면서 혁명적인 사건들도 배제하지 않는다. 이는 반복적인 시위, 곳곳에서 일어나는 민중 시위, 반란 없이 오랫동안 지속되는 위기, 그리고 발레리 솔로뵤프Valeri Solovyov의 표현처럼 거리 위가 아니라 사람들의 머릿속에서의 혁명 등 다양한 형태를 취할 수 있다.[50] 그런 생각에서 1917년의 마법 같은 혁명의 날이 절대적인 역할을 했다. 그러나 정치 지도부는 그 역사적인 날에 대해 대놓고 냉담한 태도를 보였다. 당시의 역사적인 변혁들이 오늘날 높게 평가할 긍정적인 역사의 사상에 전혀 들어맞지 않는다는 것이었다.

## 역사의 재평가: 건국신화와 승리신화

실제로 후기 푸티니즘에서 눈에 띄는 변화 중 하나는 완전히 새로워진 역사정책이다. 이 정책은 새롭고 최대한 긍정적인 역사관이 러시아 정체성을 향한 계속되는 탐색과 정권의 정치적 정당성을 확보하는 데 도움을 줄 것이라는 믿음에 의해 상부에서부터 시행되었다. 푸틴은 이미 2013년 2월에 역사 수업에 단일 교과서를 도입할 것을 지시했다.[51] 가을에 공표된 역사 교과서의 특징은 무엇보다도 러시아의 제국주의 역사를 옹호한다는 것이었다. 상징적으로 국가적 역사정책의 기반이 되는 건국신화와 승리신화가 수정되었다. 예를 들어, 1812년의 나폴레옹과 1945년의 히틀러 독일에 맞선 승리신화와 더불어 불패 러시아의 새로운 신화로서 1612년 폴란드와의 접전에서 이룬 승리에 대한 내용도 추가되었다.[52] 푸틴은 또한 러시아가 제1차 세계대전의 진정한 승리자라고 주장했다. 그리고 이런 당연한 승리가 진영 내부의 배반으로 인해 도둑맞았다고 말했다.[53]

이와 같은 외부의 적에 대한 국가적 승리의 결과에 혁명의 해인 1917년에 일어난 사건들은 어울리지 않았다. 푸틴 대통령은 민중 시위와 관련한 러시아의 경험에 대해 비판적인 태도를 보였다. 푸틴은 우리는 세계 혁명이 필요하지 않다고 언짢게 말했다. 그리고 학계에 1917이라는 주제를 더 연구해보라며 떠넘겼고 한 특별위원회에 세미나와 컨퍼러스를 개최할 것을 명령했다. 블라디미르 메딘스키Vladimir Medinski 문화부 장관(1970년생)은 역사적 혁명일을 기념하는 일을 훨씬 더 단호하게 거부했다. 그는 이미 1917년에 일어난 첫 번째 혁명인 이른바 2월 시민 혁명이 자유주의 정부가 의도했던 매우 큰 위험을 눈앞에 가져왔다고 확신했다.[54]

최근 몇 년 동안 국가의 자부심을 회복하는 동시에 정치적 정당성을 세우기 위한 도구로 이용하기 위해 역사를 학문에서 가져와 선동 수단의 하나로 끼워 넣으려는 경향이 더욱 두드러졌다. 이런 경향은 크림반도 합병 이후 특히 강해졌다. 크림반도를 합병하는 일 역시 당연한 통합이자 역사적 정당성의 복구로 여겨졌다. 그와 함께 그동안 크림반도 타타르인들의 오랜 주권과 크림반도의 다문화적인 특성을 무시했다. 러시아는 무엇보다도 러시아인에게 제국의 진주를 다시 돌려주는 데 중점을 두었을 뿐이었다.[55] 다른 때와 마찬가지로 이번에도 새로운 버전의 공식적 역사가 여론을 움직이기 위한 하나의 핵심 수단으로 이용되었다.

이런 새로운 긍정적인 역사관을 위해서 스탈린 시대를 재평가할 필요가 있었다. 그래서 스탈린식 정치의 긍정적인 측면과 부정적인 측면이 매우 균형적으로 새롭게 평가되었다. 만약의 긍정적인 측면을 더욱 신빙성 있게 만들기 위해 스탈린과 관련된 소비에트 이데올로기의 의미는 완전히 축소되었다. 그 대신 스탈린이 러시아를 지상의 가장 강력한 두 국가에 속하는 나라로 만들었다는 점이 강조되었다. 새로운 역사를 구상할 때 중세 시대의 키예프대공국과 함께 시작된 러시아 천년의 역사에서 소련은 상대적으로 짧은 시대로 축소되었다. 그 와중에 스탈린이 이끈 제2차 세계대전의 승리신화는 무조건 보존되어야만 했다. 그러나 그 뒤에 러시아에서 이루어진 스탈린의 공포 정치에 대한 내용은 사라졌다. 히틀러 독일에 대한 승리가 새로운 포스트 소비에트 러시아의 중심적인 탄생 신화가 되었다는 사실은 2015년 승리의 날 70주년을 기념해 열린 열광적인 축제를 통해 잘 알 수 있었다.[56]

엔스 지거트는 학술적으로 무책임한 역사 작업에 어떤 간계가 숨어 있을 수 있는지를 보여주었다. 친숙한 애국주의적 전설이 현실과는 완전히 동떨어져 있다는 사실이 드러났음에도 불구하고 계속해서 높이 평가되었다. 이는 **판필로프**의 영웅 행위에 대한 허구 이야기에서 확인할 수 있다. 공식적인 역사에 의하면, 이반 판필로프 장군의 지휘에 따라 제316소총병사단이 모스크바를 100킬로미터 앞두고 독일군의 진격을 용맹하게 방어했다. 28명의 병사로 구성된 소규모 부대가 4시간의 전투에서 18대의 독일 전차를 격파한 것이다. 이 28명의 병사들은 모두 전사했다. 그들은 뒤에 있는 모스크바를 방어하기 위해 무슨 일이 있더라도 영웅적인 수비전을 포기하지 않았다. 그러나 소련의 처음 주장과는 달리 곧 사망했다고 알려진 영웅들 가운데 몇몇이 생존자 무리에서 나타났다는 사실이 드러났다. 이에 관한 보고서는 스탈린의 명령에 의해 자료보관소에서 사라졌다. 그러나 이 사실은 고르바초프의 글라스노스트를 통해 드러났다. 2015년 7월에 이 주제는 모스크바 의회에서 격렬하고 감정적인 논쟁을 불러일으켰는데, 그럼에도 일부 참여자들은 그들이 영웅이라는 사실을 포기하지 않았다. 블라디미르 메딘스키 문화부 장관은 기독교 경전처럼 서사의 소련 영웅들에게 동일한 기준을 설정할 것을 명령했다. 즉, 사실과는 다르더라도 그들의 영웅적 지위가 흔들려서는 안 된다는 뜻이었다. 엔스 지거트는 오늘날 러시아 지배자들에게는 역사가 학문이 아니라 오로지 지정학적·정치적 전쟁의 싸움터 중 하나에 불과하다는 결론을 내렸다.[57]

### 글로벌 플레이어: 시리아와 전 세계에서의 러시아

러시아 역사의 이런 재해석이 있기 전에 국가적 자긍심을 더욱 고조하는 데 러시아의 시리아 개입이 큰 역할을 했다. 2015년 9월 30일, 러시아 군의 해외 파병에 결정권을 가지고 있는 연방평의회는 만장일치로 대통령이 요청한 러시아의 시리아 군사개입을 승인했다. 푸틴은 군사개입의 이유로 시리아 대통령의 도움 요청, 국제적 테러에 맞서 싸워야 하는 필요성을 언급했다. 확실한 것은 이 이니셔티브가 오직 국내와 전 세계적으로 깊은 인상을 남기기 위한 군사력 과시라는 의미의 선전 행위에 불과한 것이 아니었다는 점이다. 이 전략에는 훨씬 더 많은 의미가 있었다. 바샤르 알 아사드Bashar al-Assad 시리아 대통령을 군사적으로 지원하는 것은 특히나 미국에게 러시아를 협상 파트너로서 어느 정도 강요하려는 의도였

다. 실제로 러시아는 중동 지역의 중요한 플레이어로 자리 잡았다.[58]

심지어 푸틴은 이제 세계적인 사령관처럼 보였다. 바로 이것이 푸틴 숭배의 연출 의도였다. 전 세계에 글로벌 플레이어로서 러시아의 부인할 수 없는 역할을 과시했다. 서방의 대도시들에서는 러시아 없이는 국제적으로 중요한 문제를 해결할 수 없다는 이야기가 점점 들려왔다. 바로 그것이 2013년 2월에 발표된 러시아의 대외적 독트린의 내용이었고, 또한 바로 이처럼 러시아를 존중하는 목소리가 러시아의 시리아 정책이 의도한 바였다. 러시아 내에서도 시리아라는 이슈가 크림반도 합병 이후 천천히 수그러든 애국주의적 동원에 새로운 바람을 불러일으켰다.

지난 몇 년 동안 정계와 학계에서는 러시아의 새로운 국제적 입지부터 바람직한 새로운 세계 질서에 대한 문제까지 격렬하게 논의해왔다. 또한 아직까지 해결되지 않은 러시아의 국가적 정체성 문제도 함께 논의했다. 2016년 3월에 세르게이 라브로프 러시아 외무부 장관이 외교 전문 잡지 ≪러시아 글로벌 어페어스Russia in Global Affairs≫의 학문적으로 상세한 기사를 통해 이 문제를 언급한 것은 그렇게 놀라운 일이 아니었다. 한스헤닝 슈뢰더는 그 기고문에서 핵심적인 문장을 뽑아내 현재 크렘린이 러시아와 세계를 바라보는 관점과 러시아를 향한 국제 세계의 태도에 대한 러시아의 기대를 일목요연하게 정리했다. 이 글의 요점은 무엇보다도 러시아가 대국으로서, 또 세계의 주요 국가 중 하나로 인정받고 나아가 러시아가 주장해온 유럽 내 공동결정권을 가져야 한다는 것이었다.[59] 그럼에도 러시아는 자신만의 문화적·문명적으로 특수한 길을 주장한다. 확실히 설명하면, 러시아가 EU의 규범 가치와 헬싱키 협정, 파리 헌장의 가치 규범에 굴하지 않겠다는 의미였다. 이런 의지는 러시아가 헬싱키 협정과 파리 헌장에 직접 참여했을 때 더욱 분명히 볼 수 있었다. 러시아와 미국의 협력뿐만 아니라 러시아와 EU의 협력 역시 오로지 같은 **눈높**이에서 이루어질 때 가능하고, 외국은 러시아 내부의 상황을 비판해서는 안 된다는 것이었다. 슈뢰더는 라브로프가 이 요구를 통해 우선 국가의 옛 권세를 되살리고 그에게 주어진, 내부의 어려움에서 벗어나게 하는 임무를 수행했다고 추측했다. 이런 점에서 외무부 장관의 메시지는 국제정치에서 대화를 유인하기보다는 정치적 정당성에 기여했다.

러시아 외무부 장관이 세계에서 크렘린의 우월함을 굉장히 정언적으로 주장한 반면에 러시아 대외정책에 관한 다른 유명한 전문가들은 완전히 다른 목소리를 냈다. 안드레이 코르투노프Andrei Kortunov는 러시아가 서방세계와의 관계에서 끊임없이 동등한 취급을 요구하는 이유를 냉전 종식 이후 러시아가 갖던 기대감에서 찾으려고 했다. 그에 의하면, 러시아는 통합을 꿈꿨지만 서방이 동방을 흡수하는 방식은 아니었다. 이런 관점으로는 EU와의 관계에서 오직 **러시아-EU 공동 구역**만이 남게 된다. 러시아가 EU의 동등한 파트너가 될 수 있다는 것은 환상에 불과하다는 사실이 증명된 것이다. 러시아와 NATO의 관계에서도 상황은 비슷했다. 결국 **동등**에 대한 요구는 경제 문제뿐만 아니라 안보 문제에서 존재하는 양측의 실제 불균형에 근거하고 있다. 러시아는 하나의 변두리 세력이라는 지위로 추락하는 것을 막기 위해 필사적으로 노력했다. 근본적으로, **동등**에 대한 러시아의 집착은 깊이 심어진 제국주의 시대의 트라우마를 반영하고 있다.[60]

코르투노프가 국제사회에서 러시아의 태도를 현대사적 관점에서 이해 해보려고 노력한 반면에 러시아 대외정책 분야의 또 다른 저명한 전문가 인 세르게이 카라가노프Sergei Karaganov는 라브로프의 자명한 요구보다 더 격한 반응을 보였다. 푸틴의 첫 집권기에 크렘린의 서방 중심 정책을 열 정적으로 지지했던 카라가노프는 이제 서방을 신랄하게 비난한다. 전 세 계에 **포스트모더니즘**과 **초자유주의**를 강요하려는 서방의 시도는 처참하 게 실패했다고 카라가노프가 주장할 때, 그의 비판은 억지 논리처럼 보인 다. 그는 EU가 회원국들과 공동으로 함께 결정하는 정책을 고집하면서 각국이 자율적으로 결정하도록 내버려두지 않는다면, EU는 **정치적 실패** 자로 남을 것이라고 주장한다. 보다시피 카라가노프는 EU의 존재 의의를 근본적으로 완전히 잘못 이해하고 있다. 그리고 한편으로는 우크라이나 에서든 시리아에서든 세계에서 이룬 러시아의 성공에 대해 전혀 감동받 지 못한다. 그는 끊임없이 톨스토이의 작품인 『전쟁과 평화Война и мир』 에 나오는 다음의 구절을 인용한다. "전투는 승리를 굳게 결심한 이가 이 기는 것이다." 이 구절을 반복해서 탐독한 그는 러시아가 이런 결연함을 갖고 있다고 확신하게 되었고 그래서 러시아는 반드시 승리할 것이라고 생각했다. 그리고 그의 노력에 힘입어 이제 러시아는 근동 지역에서 글로 벌 플레이어라는 입증된 지위를 달성했다고 주장한다. 카라가노프에 의 하면, 장차 전 세계에서 러시아의 지위는 **태평양-대서양 권력** 중 하나일 것이다. 다극적인 새로운 세계 질서가 생겨나고 한 극단은 미국이, 다른 극단은 중국이 경제적으로 주도하는 대*유라시아가 될 것이다. 북경은 모스크바와 뉴델리, 도쿄, 서울, 테헤란, 자카르타, 마닐라의 견제를 통해 균형이 맞춰질 것이다. 미래에는 케케묵은 UN 안보리 대신에 빈 회의 같은 새로운 권력 콘서트가 필요할 것이다. 이 콘서트는 러시아와 중국, 미국이라는 세 강국들과 함께 시작할 수 있다고 카라가노프는 주장한다.[61]

카라가노프가 불러일으킨 러시아의 격한 정체성 논란에서 알 수 있듯이, 이런 국가적·군사적 동원은 정계와 학계 대표자들 앞에서도 멈추지 않았다. 여러 측면에서 많은 것이 1990년대의 집중적인 정체성 논쟁과 비교되었다. 1990년대에는 『러시아의 발명Die Erfindung Russlands』이라는 책이 등장하면서, 세계 내 러시아의 바람직한 위치에 관해서 굉장히 논쟁적인 토론이 많이 이루어졌다. 그에 비해 오늘날 많은 기고문들은 크렘린이 정해놓은 노선을 따라가거나 심지어 카라가노프처럼 그것을 능가하려는 것으로 보인다. 우리는 후기 푸티니즘이 시작될 때부터 더 이상 정치적 다원주의는 없었다는 사실을 상기해야 한다. 그렇기 때문에 바로 정치 담론이 부재한 자리에 러시아의 새로운 역사관과 세계 내 국가의 입지에 대한 논쟁이 명백히 불완전하고 동시에 몽상으로 가득한 대체제로서 작용해왔다.

블라디미르 루킨은 공식적인 이상적 정체성을 따라가지 않는, 러시아 대외정책과 관련해 뛰어난 소수 수뇌부 가운데 한 사람이다. 경험 많은 외교관이자 초기의 정치적 자유주의자, 인권 담당 특사, 학자로서 루킨은 러시아의 대내정책과 대외정책의 상반되는 노선을 신선한 방법으로 조롱했다. 그는 러시아가 이제야 정체성을 찾는 초기 단계에 들어선 상황을 모순의 주요 원인으로 꼽았다. 루킨에 의하면, 국가적 정체성을 찾기 위해서는 하나의 특정한, 문화적·역사적으로 단일한 단체로의 귀속이 필요하다. 그것도 공간과 시간적으로, 또 개인적인 동시에 집단적인 무의식에서 말이다. 포스트 소비에트 국가 초기부터 존재해온 가장 큰 문제는 선행 국가인 소련과 제정러시아의 관계를 확정하는 것이었다. 루킨에 의하면, 1917년 2월부터 11월까지만 존재했던 민주주의국가가 포스트 소비에트 국가의 유일한 **합법적** 선행 국가로 인정받을 수 있었다. 러시아가 1991년 8월 혁명 이후에 **국제사회**로 회귀하고 서방의 문명국가의 일원에 포함된 것은 매우 논리적이고 당연한 것이었다. 이는 전반적으로 민주주의의 승리와 양극화 세계의 종말, 세계 내 **유럽적 가치**의 최종적인 성공을 상징했다. 이와 같은 러시아의 방향 설정은 제국주의적·차르적·공산주의적 과거를 버린 것이었다.

루킨은 돌려 말하지 않는다. 그는 서방국가가 러시아를 동등한 입장으로 봐주기를 원하는 의심적은 요구가 말도 안 된다고 생각한다. 현재 러시아의 자기 정체성 설정은 실제 양극적 배경이 부재한 상황에서 가상의 양극을 만들어 카프카적인 상황을 만든다. 만든다. 새로운 양극성 − 루킨에 의하면 공식적 크렘린 정책 − 의 옹호자들은 전 세계 GDP에서 러시아가 생산하는 1.5퍼센트를 적국인 미국과 EU가 함께 생산하는 40퍼센트 이상의 생산량과 완전히 대등하다고 여긴다는 것이다. 루킨은 오늘날 우상화되고 신격화된 러시아의 역사에 대해 러시아는 어떤 의심의 여지도 없이 유럽의 일원이라며 단호한 주장으로 맞섰다.[62]

이처럼 러시아의 국가적 정체성과 바람직한 국제적 입지에 대한 평가는 분분할지라도 공식적인 여론 형성가들, 학계의 여론 주도층 그리고 일반 국민들이 확실히 동의하고 굳게 지키는 국가적 표준이 있는 것 같다.

러시아는 이들에게 러시아가 여러 민족으로 구성되었음에도 불구하고 새로운 민족국가라는 정체성과 애국주의를 확립할 것을 요구하고 있다.

애국주의는 매우 다양한 정체성을 부여한다. 러시아에서도 보장하는 자유민주주의의 기본 가치에 대한 적극적인 신념 표현이라는 의미에서 헌법 애국주의는 당시에 별로 호응받지 못했다. 이런 가치들은 통제된 여론에 의해 서구식 이념의 혼합물로서 나쁘게 묘사되었다. 반면에 지금의 정치 지도부는 국가와 사회의 진정한 장래성을 보장하기 위해 스스로 — 그들의 권력을 확고히 하기 위해 — 바뀌어야 하고 경제와 정치 구조를 근본적으로 개혁해야 한다. 특별히 정부가 이에 반대되는 방향으로 선회해 그들의 정당성을 갑작스럽게 잃을 위험을 감수할 필요는 없다. 오히려 우선 알렉세이 쿠드린 같은 이미 오랫동안 준비가 되어 있던 체제 개혁가들을 정부에 편입시켜야 한다. 2018년 대선에 다시 출마하려고 하는 국가 지도자인 푸틴이 스스로 배를 다른 방향으로 돌리고 애국주의에 새롭고 현대적인 모습을 부여할 수 있다.* 그것이 바로 프로파간다 국가와 푸티니즘으로 점철된 정치적 독재 체제의 장점이다. 이른바 보수주의라는 막다른 길목에서 이렇게 감춰져 있던 길을 가면 내부 자유화와 국가의 더 폭넓은 개방이 보장될 수 있다.

* 2018년 대선에서 푸틴은 4기 집권에 성공했다. 그 후 쿠드린의 재등용이 검토되었으나 하원은 그를 감사원장으로 임명했다.

## 옮긴이의 글 × 러시아식 민주주의를 민주주의라고 말할 수 있는가

이 책의 머리글에서는 푸틴과 그의 측근들이 러시아를 지배하는 정치형태인 '푸티니즘'이라는 용어가 등장한다. 아마도 이처럼 한 국가의 수장의 이름을 따서 정치형태를 명명하는 일은 전 세계적으로 유례없는 일일 것이다. 그 어떤 명망 있는 정치인도, 잔혹한 독재자도 그런 영광(?)을 쉽게 누리지 못했다. 그들의 통치방식이 이미 존재하는 많은 통치체제들 가운데 하나로 분류될 수 있었기 때문이다. 그들의 방식이 아무리 독특하더라도 어떤 통치체제의 극단적인 예시가 되거나 기존 통치체제의 변형된 형태로 불릴 것이다. 이를 반대로 말하면, 푸틴이 지배하는 러시아는 그 어떤 통치체제에도 속하지 않는다는 의미다.

2014년에 발생한 러시아의 크림반도 병합과 우크라이나 사태로 인해 서방국가들은 러시아에 제재를 가해왔다. 하지만 이런 조치들을 통해 러시아로부터 원하는 결과를 이끌어내기 위해서는 그 나라를 통치하는 이들의 생각을 읽을 수 있어야 한다. 그래서 많은 서방의 학자들은 국가의 위임을 받아 러시아와 푸틴을 심도 있게 연구하고 있다. 이 책의 저자는 독일의 정치학자로, 주요 연구 분야는 러시아의 정치체제다. 따라서 이 책에서는 서방국가에서 러시아를 어떤 관점으로 바라보는지 파악할 수 있다.

한국 독자들이 이 책에서 얻을 수 있는 것은 무엇일까? 2019년 현재 한반도에는 평화의 바람이 불고 있다. 2018년에는 남북정상회담이 세 차례나 이루어졌고 남과 북의 긴장은 많이 완화되었다. 비단 한국인뿐만 아니라 전 세계가 한반도에 평화가 오는 날을 고대하고 있다. 그렇지만 남북한의 평화를 위해서는 주변 국가들의 도움이 필요하다. 이와 관련해 블라디미르 푸틴은 남북한의 정치, 외교 부문에서의 모든 분쟁을 해결하는 데 적극적인 지원과 긴밀한 협력을 약속했다. 남북한을 연결하는 철도가 대륙 철도로 이어지면 러시아와의 공조가 핵심적이라는 사실은 두말할 것도 없다. 이와 같은 맥락에서 미래 발전을 위해 한국은 러시아를 제대로 이해해야 한다. 그리고 그 과정에서 러시아의 핵심에 있는 푸틴을 이해하는 일은 필수적이다.

소련이 붕괴하고 출범한 러시아연방은 내부적으로 많은 혼란을 겪었다. 이후 권력을 잡은 보리스 옐친이 처음으로 후계자로 점찍은 인물은 흥미롭게도 푸틴의 정적이었던 보리스 넴초프였다. 그러나 갑작스러운 국가재정 위기로 판도가 바뀌었고, 옐친은 KGB 국장이었던 푸틴이 수렁에 빠진 러시아를 구할 수 있다고 생각했다. 푸틴은 스스로를 관리자에 불과하다고 칭할 만큼 정치에는 문외한이었다. 그러나 크렘린과 옐친 패밀리는 대중매체를 이용한 선전 행위를 통해 푸틴을 대통령 자리에 올리는 데 성공했다.

처음에 푸틴은 옐친의 측근들에게 조종당했지만 차차 옐친 시대의 올리가르히들을 '푸틴가르히들'로 교체했다. 그들은 주로 같은 보안기관 출신의 '실로비키들'이었다. 푸틴은 자신에게 충성을 맹세하는 사람들을 위해 기업의 경영권을 빼앗아 그들에게 하사했다. 또 서구와는 다른 형태의 민주주의인 '러시아 유형의 민주주의'를 만들었다. 서구에서는 이를 '통제된 민주주의'라고 명명했다. 그럼에도 많은 진보 정치인들과 기자들이 푸틴의 독재에 맞서 비리를 폭로했다. 하지만 그들은 크렘린이 조종하는 대중매체의 조작으로 인해 국민들에게 조롱당하거나 심지어 목숨을 잃기도 했다.

명목상으로만 민주주의이고 사실상 독재주의 체제에서 살고 있는 러시아 국민들이 푸틴을 거의 맹목적으로 지지하도록 만들 수 있는 이유는 바로 크렘린이 장악한 미디어다. 러시아 지도부는 아무리 신디케이트가 공고하다 하더라도 반대 의견을 용인한다면 언젠가는 조직이 붕괴할 것임을 잘 알고 있다. 그들은 대중의 무의식 속에 침투해 조종하는 데 능한 인물들이다. 그들이 TV를 통해 내보내는 것은 오로지 푸틴에 대한 찬양뿐이며, 어떤 비판적인 메시지도 담지 않는다. 이에 따라 미디어를 통해 정치를 접할 수밖에 없는 국민들은 세뇌당한다. 이런 사회가 러시아가 주장하는 '동방식 민주주의'일까? 민주주의라는 범주 안에 속할 수는 있을까? 나는 다른 무엇보다도 이런 미디어의 장악과 그에 따른 선전과 통제가 러시아가 민주주의라는 개념을 넓게 해석해서는 안 되는 이유의 실례라고 생각한다.


모든 번역가가 그리하겠지만 저자의 의도를 확대해서 전달하지 않으면서도 독자들이 읽기 쉽게 번역하고자 노력했다. 대학원을 졸업하고 다양한 분야의 문서 번역과 통역 일을 많이 해왔지만 단행본 번역 작업은 처음이라서 주변의 많은 분께 도움을 받았다. 이 책을 편집하면서 가장 고생하셨을 편집자님을 비롯해 번역에 관한 모든 것을 가르쳐주신 분이라고 말해도 과언이 아닌, 너무도 존경하는 안인경 교수님과 항상 힘이 되어주는 가족과 친구들에게 고맙다는 말을 전하고 싶다. 부디 나의 번역이 저자와 독자를 연결하는 튼튼한 다리 역할을 해주었으면 한다.

# 미주

## · 머리글 '통치체제로서의 푸티니즘'

1 Heinrich Vogel: Manifestation der Macht. Russland und der Putinismus, in: Zeitschrift fur Ausen-und Sicherheitspolitik ZFAS(2015) 8:177-183 DOI 10.1007/s12 399-015-0500-x, S. 177-183.
2 Lev Gudkov: The Nature of ≪Putinism≫ in: Russian Politics and Law, vol. 49, Nr. 2, Marz-April 2011, S. 7-33.
3 Boris Nemzow / Wladimir Kara-Murza: Ugrosa Putinisma, Nesawisimaja Gaseta, 22.1. 2004.
4 Vgl. Tamas Csillag / Ivan Szelenyi: Drifting from Liberal Democracy: Traditional / Neoconservative Ideology of Managed Illiberal Democratic Capitalism in Post-communist Europe, in: Intersections. East-European Journal of Society and Politics I (1), S. 18-48.
5 Suddeutsche Zeitung, 19./20.12. 2015.
6 Walter Laqueur: Putinismus. Wohin treibt Russland? Berlin 2015, S. 12, 18 f.
7 Brian Taylor: The Code of Putinism, www.ponarseurasia.org/memo/code-putinism, November 2015.
8 Alena V. Ledeneva: Can Russia Modernise? Sistema, Power Networks and Informal Governance, Cambridge University Press 2013.

## · 옐친에서 푸틴으로: 러시아는 어떻게 연방보안국의 인질이 되었나

1 W. Portnikow: Lizo wlasti ili wlast liz w Rossii? In: Nesawisimaja Gaseta, 22.2. 1994.
2 Margareta Mommsen: Wer herrscht in Russland? Der Kreml und die Schatten der Macht, Munchen 2004, 2. Aufl., S. 16 ff.
3 Lilia Schewzowa / Igor Kljamkin: Eta Wsesilnaja bessilnaja wlast. Wybornaja monarchia w Rossii i jewo polititscheskaja perspektiva, in: Nesawisimaja Gaseta, 24./25.6. 1998.
4 M. Mommsen: Wohin treibt Russland? Eine Grosmacht zwischen Anarchie und Demokratie, Munchen 1996, S. 293.
5 Hans-Henning Schroder: Gesellschaft im Umbruch. Schichtung, demografische Entwicklung und soziale Ungleichheit, in: Heiko Pleines / Hans-Henning Schroder(Hrsg.): Landerbericht Russland, Bonn 2010, S. 361-378.
6 Vgl. M. Mommsen: Wer herrscht in Russland?, S. 43.
7 Vgl. David E. Hoffman: The Oligarchs. Wealth and Power in the New Russia, 2. Aufl., New York 2011.
8 M. Mommsen: Wohin treibt Russland?, S. 296.
9 Vgl. M. Mommsen: Das politische System Russlands, in: Wolfgang Ismayr(Hrsg.): Die politischen Systeme Osteuropas, 3. Aufl., Wiesbaden 2010, S. 423.
10 M. Mommsen: Wer herrscht in Russland?, S. 43.
11 Ebd., S. 37 f.; dieselbe: Wohin treibt Russland?, S. 163.
12 Ebd., S. 33.
13 Ebd., S. 242 ff.
14 Wladimir Gelman: Foderalismus, regionale Politik und kommunale Selbstverwaltung in Russland, in: Heiko Pleines / Hans-Henning Schroder(Hrsg.): Landerbericht Russland, a. a. O.,

S. 99 ff.

15 Timothy Colton: Yeltsin. A Life, New York 2008, S. 259.
16 M. Mommsen: Wer herrscht in Russland?, S. 55.
17 J. Malkin / J. Sutschkow: Polititscheskie Technologii, Moskau 2006, S. 35 ff.
18 Ulrich Schmid: Technologien der Seele. Vom Verfertigen der Wahrheit in der russischen Gegenwartskultur, Berlin 2015, S. 15.
19 Ebd., S. 17.
20 Neil Malcolm: New Thinking and After: Debate in Moscow about Europe, in: Ders. u. a.(Hrsg.): Russia and Europe: An End to Confrontation? London / New York 1994, S. 151–181.
21 Vgl. M. Mommsen: Die europaische Union und Russland, in: Werner Weidenfeld(Hrsg.): Europa-Handbuch, 3. Aufl., Gutersloh 2004, S. 482–502.
22 M. Mommsen: Wer herrscht in Russland?, S. 136 ff.
23 Ebd., S. 148 ff.
24 Stefanie Harter, Jorn Gravingholt, Heiko Pleines, Hans-Henning Schroder(Hrsg.): Geschafte mit der Macht. Wirtschaftseliten als politische Akteure im Russland der Transformationsjahre 1992–2001, Bremen 2003, S. 137 ff.
25 Ben Judah: Fragile Empire. How Russia Fell in and out of Love with Vladimir Putin, Newhaven und London 2013, S. 25.
26 Boris Jelzin: Presidentski Marafon, Moskau 2000, S. 254.
27 Michail Sygar: Endspiel. Die Metamorphosen des Wladimir Putin, Koln 2015, S. 17.
28 Vgl. M. Mommsen: Wer herrscht in Russland?, S. 180 ff.
29 Ebd., S. 189 ff.
30 Strobe Talbott: The Russia Hand. A Memoir of Presidential Diplomacy, New York 2002, S. 6 ff.
31 Boris Jelzin: Presidentski Marafon, S. 311 ff.
32 Jewgenij Primakow: Wosem mesjazew pljus, Moskau 2001, S. 212 ff.
33 Boris Jelzin: Mitternachtstagebuch. Meine Jahre im Kreml, Berlin und Munchen 2000, S. 319.
34 Ebd. S. 285.
35 M. Mommsen: Wer herrscht in Russland?, S. 95 f.
36 Z. B. Georgi Satarow im Interview mit dem Moskowski Komsomolez, 23.11. 2015.
37 Vgl. Michail Sygar: Endspiel, S. 219.
38 M. Mommsen: Wer herrscht in Russland?, S. 88 f.
39 Ebd., S. 95 f.
40 Fiona Hill / Clifford G. Gaddy: Mr. Putin. Operative in the Kremlin, Washington 2013, S. 9 ff.
41 N. Geworkjan / A. Kolesnikow / N. Timakowa: Ot Perwogo Liza. Razgoworys Wladimirom Putinym, Moskau 2000, S. 16 ff.
42 Georgi Satarow im Gesprach mit Olga Chwostunowa, Institute of Modern Russia, http://imrussia.org, 12.8. 2015.
43 Masha Gessen: Der Mann ohne Gesicht–Wladimir Putin. Eine Enthullung, Munchen 2012.
44 Michael Thumann: ≪Vielen Dank, meine Herren!≫ Interviewtermin mit Wladimir Putin: So hoflich ging Russlands neuer Prasident 1999 mit Journalisten um, Die Zeit, 15.2. 2016, S. 16.
45 M. Mommsen: Wladimir Putin–Zerstorer der Demokratie und Begrundereiner Oligarchie der

Geheimdienste, in: Ellen Bos/Antje Helmerich (Hrsg.): Zwischen Diktatur und Demokratie. Staatsprasidenten als Kapitane des Systemwechsels in Osteuropa, Berlin 2006, S. 33.

46 Vgl. Andrew Wilson: Virtual Politics. Faking Democracy in the Post-Soviet World, Suffolk 2005, S. 49 ff.; vgl. auch Michail Sygar: Endspiel, S. 20 ff., 394 f.

47 Zitiert nach Ben Judah, Fragile Empire, S. 47 f.

48 Ebd., S. 41 ff., 48 f.

49 M. Mommsen, Wer herrscht in Russland?, S. 90 ff.

50 Vgl. Arkadij Ostrovsky: The Invention of Russia. The Journey from Gorbachev's Freedom to Putin's War, London 2015, S. 267 ff.

51 Wiktor Tscherkessow, Kommersant, 9.10.2007, siehe dazu spater mehr.

52 Nesawisimaja Gaseta, www.ng.ru/politics/1999-12-20/4_millenium.html.

53 Ebd.

54 Der Spiegel Nr. 2/2000, 10.1.2000.

55 Vgl. Karen Dawisha: Putin's Kleptocracy. Who owns Russia? New York, London, Toronto, Sydney, New Delhi 2014, S. 261.

56 M. Mommsen: Wer herrscht in Russland?, S. 101.

57 Michail Sygur: Endspiel, S. 25 ff.

58 M. Mommsen: Wladimir Putin-Zerstorer der Demokratie, S. 41.

## · 시스템: 강력한 대통령과 비공식적 다원주의

1 M. Mommsen: Wer herrscht in Russland?, S. 100 f.

2 Karen Dawisha: Putin's Kleptocracy, S. 268.

3 Margareta Mommsen / Angelika Nusberger: Das System Putin. Gelenkte Demokratie und politische Justiz in Russland, Munchen 2007, S. 24 f.

4 M. Mommsen: Wer herrscht in Russland?, S. 98 ff.

5 Witali Tretjakow, in: Federal News Service, 3.10. 2003.

6 M. Mommsen / A. Nusberger, S. 24.

7 Boris Kagarlitsky: The Man without a Face, Moscow Times, 27.8. 2002.

8 Bettina Sengling / Johannes Voswinkel: Die Kursk. Tauchfahrt in den Tod, Munchen 2001, S. 204 ff.

9 Angus Roxburgh: Strongman. Vladimir Putin and the Struggle for Russia, London, New York 2013, S. 58.

10 Vgl. David E. Hoffman: The Oligarchs. Wealth and Power in the New Russia, New York 2011, S. 474 ff.

11 M. Mommsen: Das politische System Russlands, S. 460.

12 D. E. Hoffman: The Oligarchs, S. 488 f.

13 M. Mommsen / A. Nusberger: Das System Putin, S. 53.

14 Ben Judah: Fragile Empire, S. 41.

15 Andreas Heinemann-Gruder: Putins Reform der foderalen Strukturen, in: Osteuropa(50), Heft 9/2000, S. 979-990.

16 M. Mommsen: Das politische System Russlands, S. 465 ff.

17  Ebd., S. 432 ff.

18  Ebd., S. 447.

19  M. Mommsen: Oligarchie und Autokratie, in: Osteuropa (60), Heft 8, August 2010, S. 36 f.

20  Vladimir Gelman: Authoritarian Russia. Analyzing Post-Soviet Regime Changes, Pittsburgh 2015, S. 91 f.

21  Ben Judah: Fragile Empire, S. 121; Karen Dawisha: Putin's Kleptocracy, S. 92.

22  K. Dawisha, ebd., S. 92 ff.

23  Andrei Piontkovsky: The Dying Mutant, in: Journal of Democracy 20, Nr. 2, April 2009, S. 52 f.

24  M. Mommsen / A. Nusberger: Das System Putin, S. 67 ff.

25  M. Mommsen: Wer herrscht in Russland?, S. 104.

26  Pavel K. Baev: The Evolution of Putin's Regime. Inner Circles and Outer Walls, in: Problems of Post-Communism, (51), Nr. 6, November-Dezember 2004, S. 5.

27  Karen Dawisha: Putin's Kleptocracy, S. 308.

28  Ivan Krastev / Gleb Pavlovsky, Tatiana Zhurzhenko: The Politics of no Alternatives or How Power Works in Russia, Interview mit Gleb Pavlovsky, Eurozine/Transit, S. 1–21. Europaische Revue, http://www.eurozine.com/articles/2011-06-09-pavlovsky-en.html.

29  M. Mommsen / A. Nusberger: Das System Putin, S. 139.

30  M. Mommsen: Oligarchie und Autokratie, S. 26.

31  Ebd., S. 41.

32  Alena V. Ledeneva: Can Russia Modernise? Sistema, Power Networks and Informal Governance, Cambridge 2013; dieselbe: How Russia Really Works. The Informal Practices that Shaped Post-Soviet Politics and Business, Ithaca und London 2006.

33  Vadim Kononenko / Arkady Moshes(Hrsg.): Russia as a Network State. What Works in Russia when State Institutions Do Not? Basingstoke, Palgrave 2011, S. 5 f.

34  Olga Krystanovskaya / Stephen White: The Formation of Russia's Directorate, in: V. Kononenko / A. Moshes, Russia as a Network State, S. 19–38.

35  Pawlowski im Interview mit Krastev u. a., Eurozine/Transit, a. a. O., S. 14.

36  Karen Dawisha: Putin's Kleptocracy, S. 293 ff.

37  Boris Reitschuster: Putins verdeckter Krieg. Wie Moskau den Westen destabilisiert, Berlin 2016; Balint Magyar: Post-Communist Mafia State. The Case of Hungary, Budapest 2016.

38  Margareta Mommsen: Machtkampfe und Intrigen beim Wechsel von Kasjanow zu Fradkow, in: Russlandanalyse 20, Forschungsstelle Osteuropa, Bremen, 19.3.2004.

39  Michail Sygar: Endspiel, S. 80–82.

40  Mikhail Zygar: All the Kremlin's Men. Inside the Court of Vladimir Putin, New York 2016, S. 75.

41  M. Mommsen: Wladimir Putin-Zerstorer der Demokratie, S. 45.

42  Pawlowski im Interview mit Krastew u. a., a. a. O., S. 22.

43  Mikhail Zygar: All the Kremlin's Men, S. 41.

44  M. Mommsen: Wladimir Putin-Zerstorer der Demokratie, S. 47 f.; Uwe Halbach: Beslan-eine Zasur? In: Russland-Analysen Nr. 42, 22.10.2004.

45  Ebd., S. 48 f.

46  M. Mommsen / A. Nusberger: Das System Putin, S. 42.

47  Petra Stykow: Staat und Wirtschaft in Russland. Interessenvermittlung zwischen Korruption und Konzertierung, Wiesbaden 2006, S. 140.

48  M. Mommsen / A. Nusberger: Das System Putin, S. 26.

49  Mikhail Zygar: All the Kremlin's Men, S. 91 ff.

50  Margareta Mommsen: Surkows ≪Souverane Demokratie≫ in: Russland-Analysen Nr. 114, 20.10. 2006.

51  Wladimir Pribylowski: A Tercermundial Sovereign Oligarchy, in: Russkii Zhurnal, 13.10.2006.

52  M. Mommsen: Plebiszitarer Autoritarismus in Russland: Der Wandel seit 2000, in: Jerzy Mackow (Hrsg.): Autoritarismus in Mittel-und Osteuropa, Wiesbaden 2009, S. 244 f.

53  Ebd., S. 245.

54  Mikhail Zygar: All the Kremlin's Men, S. 107 ff.

55  Ebd., S. 108.

56  Ebd., S. 118 ff.

57  Lilija Švcova: Ende einer Epoche. Russlands Bruch mit dem Westen, in: Osteuropa(58), S. 65 ff.

58  Sergei Iwanow, zitiert nach Moscow Times, 20.8.2004.

59  M. Mommsen / A. Nusberger: Das System Putin, S. 77 ff.

60  Mikhail Zygar: All the Kremlin's Men, S. 146.

61  Rossijskaja Gaseta, 17.10.2007.

62  Interfax, 16.10.2007.

63  Nesawisimaja Gaseta, 12.10.2015.

64  M. Mommsen: Das politische System Russlands, S. 428 ff.

## · 푸틴-메드베데프의 연대 체제 그리고 푸틴 신디케이트의 위기

1  Wiktor Tscherkessow: Nelsja dopustit, chtoby woiny prewratilis w torgowzew, in: Kommersant, 9.10.2007.

2  Pavel K. Baev: Infighting among Putin's Siloviki Escalates to a ≪Clan War≫ in: Jamestown Foundation Eurasia Daily Monitor, www.jamestown.org, 11.10.2007.

3  Brian Whitmore: Russia: As Elections Near, Rivalries in Putin Circle Heat up, RFE / RL, 15.10.2007.

4  Vladislav Inozemtsev: Nature and Prospects of the Putin Regime, in: Russian Social Science Review (50), Nr. 1, Januar/Februar 2009, S. 40–60; Jewgenija Albaz uber Kryschtanowskaja, The New Times, 16.10.2007.

5  Wedomosti, 10.10. 2007: Ordinary Chekism; Smart Money Nr. 39: The General and his Article, 15–21.10.2007.

6  Kommersant, 23.1. 2006.

7  Olga Khrystanovskaya, The New Times, Moskau 21.4. 2008. Siehe dazu Peter Reddaway: Putin's Rule: Its Main Features and the Current Diarchy: Their Incipient Unraveling as the Economic Crisis Deepens, 18.2.2009, PBReddaway@cs.com.

8  Andrei Soldatov / Irina Borogan: The New Nobility. The Restoration of Russia's Security State and the Enduring Legacy of the KGB, New York 2010, S. 5.

9  Natalya Royeva, Forum Moscow/Russia, www.forum.msk.ru, 19.11.2007.

10 Andrei Rjabow, gazeta.ru, 23.6.2010.

11 M. Mommsen / A. Nusberger: Das System Putin, S. 72 ff.

12 Mikhail Zygar: All the Kremlin's Men, S. 136 f.

13 Ebd., S. 137.

14 Moscow Times, 17.12.2007.

15 Brian Whitmore, RFE / RL, 9.11.2007.

16 Russia Intelligence: Politics & Business Inside Russia, www.russia-intelligence.fr, 11.10.2007.

17 Moscow Times, 7.12. 2007; BBC Monitoring, 21.11. 2007; Moscow Times, 7.12.2007.

18 M. Mommsen: Wer wird Russland regieren? Die Kreml-AG, in: Norbert Schreiber(Hrsg.): Russland. Der Kaukasische Teufelskreis oder Die lupenreine Demokratie, Klagenfurt und Wien 2008, S. 44 ff.

19 Kommersant, 30.11. 2007; Moscow Times, 5.12. 2007; Jonas Bernstein: Finansgroup: How Russia's Siloviki do Business, Jamestown Foundation Eurasia Daily Monitor, www.jamestown.org, 30.11.2007.

20 Kommersant, 3.12. 2007; Wremja Nowostej, 5.12.2007.

21 Moscow Times, 29.8. 2007, 12.9. 2007; OSC (US Open Source Center) Analysis: Kremlin Infighting Seen behind Russneft Sale Delay, 30.8. 2007; Fred Weir: Kremlin Extends Grip on Oil, in: Christian Science Monitor, 10.9.2007.

22 Francesca Mereu: Sechin's Clan the Loser in a Week of Surprises, Moscow Times, 17.12.2007.

23 Anders Aslund: Russia's New Oligarchs, Washington Post, 12.12. 2007; Francesca Mereu, a. a. O.

24 Konstantin Rothnov: How Putin Has Rewritten the Rules of Business, BBC News, 3.12. 2007.

25 Russland-Analysen Nr. 153 / 2007, S. 2 ff.

26 M. Mommsen / A. Nusberger: Das System Putin, S. 79.

27 Mikhail Zygar: All the Kremlin's Men, S. 72.

28 Rossijsakaja Gaseta, 15.2.2008.

29 Wsja presidentskaja rat, in: Wremja Nowostej, 24.7.2008.

30 Nesawisimaja Gaseta, 11.3.2008.

31 Lilija Schewzowa, RIA Nowosti, 16.2.2008.

32 Olga Kryshtanovskaya: The Great Transition: Leaving in Order to Stay. The New President and His People, Wedomosti, 23.4.2008.

33 Nikolai Petrow, Nesawisimaja Gaseta, 1.7.2008.

34 Dmitri Furman, Nesawisimaja Gaseta, 25.1.2009.

35 Olga Kryschtanowskaja, zitiert von Alexandra Samarina, Nesawisimaja Gaseta, 26.11.2008.

36 Wremja Nowostej, 25.7. 2008; The New Times, 4.8. 2008. Pavel K. Baev: Duumvirate is Tested as Medvedev Speaks up against Putin, in: Jamestown Foundation Eurasian Daily Monitor, 4.8.2008.

37 ≪Dossier Russland≫, Hrsg.: Bundeszentrale fur Politische Bildung, www.bpb.de/system/files/pdf_pdf/lib/pdflib-47910.pdf, 14.6.2012.

38 Ebd.

39 Poslanie Federalnomu Sobraniju Rossijskoj Federacii, 5.11. 2008, ⟨www.kremlin.ru/video/185⟩

40 Douglas Birch, AP, 1.3. 2008.

41 Mikhail Zygar: All the Kremlin's Men, S. 172; OSC (US Open Source Center) Analysis: Russian Media Suggest Putin behind Presidential Term Extension, 5.12. 2008.

42 BBC Monitoring: Medvedev says Presidential System only viable Option for Russia, Rossiya 24, 13.5.2011.

43 Andrei Illarionow, 25.2. 2009, zitiert von Wladislaw Krasnow: The Russian Constitution at Fifteen. Discussed in Washington, ⟨president92⟩@gmail.com., 30.3.2009.

44 Yury Afanasiev: The End of Russia? www.opendemocracy.net, 21.1.2009.

45 Dmitri Medwedjew: Rossija, wperiod, in: gazeta.ru, 10.9. 2009; Hans-Henning Schroder: Modernisierung ≪von oben≫. Medwedjews zweiter Bericht zur Lage der Nation, Russland-Analysen 192/09, 20.11.2009.

46 Konstantin Remtschukow u. a.: ≪President's Team≫, Nesawisimaja Gaseta, 2.6.2009.

47 The Economist: Russia's Government. New Jobs, Old Faces, 17–23. Mai 2008.

48 Jeschednjewny Schurnal, Kommentar Alexander Ryklin, 22.7.2008.

49 Remtschukow, a. a. O.

50 Al. Dubien: Russia. Sad Return to the Past, Le Monde, 10.10.2011.

51 Mikhail Zygar: All the Kremlin's Men, S. 172.

52 Ebd., S. 198 f.

53 Anders Aslund: Schism in the Tandem is Getting Larger, Moscow Times, 27.4.2011.

54 Ellen Barry: Bulldogs Under the Rug? Signs of Putin-Medvedev Rift, New York Times, 9.5.2011.

55 E. Ivanov: The Matter of Trust: Ivanov Report, 14.4.2011.

56 gazeta.ru, 5.8. 2011; Victor Davidoff: A Stalin Slip and Putin Trick, in: Moscow Times, 10.5.2011.

57 Nesawisimaja Gaseta, 20.7. 2011.

58 Pavel Baev: Putinism Eclipses Empty Promises of Russian Modernization, in: Jamestown Foundation Eurasia Daily Monitor, 20.6. 2011.

59 Moscow News, 13.7.2011.

60 Mikhail Zygar: All the Kremlin's Men, S, 204 ff.

61 Russland-Analysen Nr. 226, 7.10. 2011, Beitrage zu Putins dritter Prasidentschaft, S. 2–12.

62 Eberhard Schneider: ≪Russland intern aktuell≫, Deutsch-Russisches Forum e. V.(Hrsg.): Russische Innenpolitik Oktober 2011, 1–5. Berlin.

63 Mikhail Dmitriyev: ≪The Point of No Return: The Stolen Sun≫, Wedomosti, 20.10.2011.

64 E. Schneider, a. a. O., S. 5 f.

65 www.russiatoday.com, Interview Putins mit den offentlichen Fernsehkanalen, 3.10.2011.

66 Moscow Times, 16.9.2011.

67 Moscow News, 30.9.2011.

68 Interfax, 5.10.2011; AP, 5.10.2011.

69 Alexander Kynew: Die Besonderheiten des russischen Parteiensystems, Russland- Analysen Nr. 227, 21.10.2011.

70 Russland-Analysen Nr. 228, 4.11. 2011, S. 16–20.

71 Wedomosti, 13.10. 2011; A. Kynew: Indirekte Wahlwerbung, in: Russland-Analysen Nr. 230, 24.11. 2011, S. 2–7.

72 Alexander Kynew, ebd., S. 6.
73 H. H. Schroder: Kundigen die Burger den Gesellschaftsvertrag? In: Russland-Analysen Nr. 231, S. 6–9; The Economist: Political Crisis in Russia, 10.12.2011.
74 OSCE. Internationale Wahlbeobachtung, in: Russland-Analysen Nr. 231, S. 3 f.
75 Moscow Times, 6.12.2011.
76 Alexander Makarkin: Regime and Opposition: Return of Politics, Politkom.ru, 26.12. 2011.
77 Mikhail Zygar: All the Kremlin's Men, S. 218 f.
78 Eberhard Schneider: Russland Intern aktuell, Russische Innenpolitik Dezember 2011.
79 BBC Monitoring, Echo Moskwy Online, 3.1.2012.
80 Pavel Felgenhauer: Under Political Pressure Putin Moves his Powerbase to the Kremlin, Jamestown Foundation Eurasia Daily Monitor, 5.1.2012.
81 Falk Bomsdorf: ≪··· eine moralische Niederlage der Partei der Macht≫, in: Russland- Analysen Nr. 231, 16.12. 2011, S. 9 ff.
82 A. Makarkin: Regime and Opposition, a. a. O.
83 Dmitri Medwedjew: Poslanie Federalnomu Sobraniju, http.//www.kremlin.ru/transcripts/14088.
84 Mikhail Zygar: All the Kremlin's Men, S. 218.
85 Ebd., S. 219.

· 보수의 물결과 국가적 선동 그리고 우크라이나 사태

1 Boris Dubin: Macht, Masse, Manipulation, in: Osteuropa, 64. Jg., 7/2014, S. 3–11.
2 Maria Lipman: Doppelte Polarisierung. Russlands gespaltene Gesellschaft, in: Osteuropa, 62. Jg., Heft 6–8/2012, S. 9–22.
3 Ivan Krastev / Stephen Holmes: An Autopsy of Managed Democracy, in: Journal of Democracy, vol. 23, Nr. 3, Juli 2012, S. 33–45; Owen Matthews: Meet Igor the Tank Engineer. Who Needs the Urban Elites When You Have Russia's Heartland?, Newsweekcom, 28.5.2012.
4 Mariya Riekkinen: The ≪Bolotnoe Affair≫ and the Implementation of the Right to Freedom of Assembly in the Russian Federation, in: Review of Central and East European Law 41(2016), S. 396–426.
5 Der Film wurde am 5. Oktober 2012 ausgestrahlt, dazu: Volker Pabst: Anatomie der Repression, Neue Zurcher Zeitung, 1.12.2012.
6 Foderales Gesetz der Russischen Foderation vom 20.7.2012, Rg.ru, http://rg.ru/2012/07/23/nko -dok.html.
7 Kerstin Holm: Staat und Furcht. Putin, die Kirche und die Kunst kunstfreier Kunst, in: Osteuropa 62. Jg., Hefte 6–8/2012, S. 209–218.
8 Mikhail Zygar: All the Kremlin's Men, S. 230 ff.
9 Genri Reznik: ≪Damit jeder weis, was verboten ist≫. Eine Einlassung zum Urteil gegen Pussy Riot, in: Osteuropa, 62. Jg., Hefte 6–8/2012, S. 226–228.
10 Dokumentation. ≪Atmet mit uns den Duft der Freiheit!≫, in: Osteuropa, 62. Jg., Hefte 6– 8/2012, S. 219–224.
11 Genri Reznik, a. a. O.
12 Peter Pomerantsev: The Year the Kremlin Lost Control of the Script, www. open-

democracy.net, 28.12.2012.

13  Mikhail Zygar: All the Kremlin's Men, S. 222 ff.

14  Doklad: Bolschoe Prawitelstwo Wladimira Putina i Politbjuro 2.0, Mintschenko Consulting, Moskau 21.8.2012, http//www.news.ru/russia/21aug2012/polituro.html. Siehe auch Doklad Bolschoe prawitelstwo Wladimir Putina i ≪Politbjuro 2.0≫, Jewgeni Mintschenko, Kirill Petrow, 19.11.2012.

15  Siehe den Kommentar zur Neuen Regierung und zur Prasidialadministrationbei RBC Daily. Aleksei Muchin: Putin's and Medvedev's Team. Expert: The Cabinet is Well- balanced but Putin and His Men are on the Commanding Heights, 22.5.2012.

16  Margarete Klein: Wechsel im russischen Verteidigungsministerium, in: SWP-Aktuell 71, Stiftung Wissenschaft und Politik, Berlin November 2012.

17  Russland-Analysen Nr. 127/2007, 23.2. 2007, S.13.

18  M. Klein: Wechsel im russischen Verteidigungsministerium. Ebd., S. 3.

19  Joachim Willems: Die Russische Orthodoxe Kirche. Stutze der Macht und Spiegel der Gesellschaft, in: Osteuropa, 62. Jg., Hefte 6‒8, S. 180‒189.

20  Ebd., S. 185.

21  Mikhail Zygar: All the Kremlin's Men, S. 250.

22  Hans-Henning Schroder: Ein Land wie jedes andere in Europa ···Russland und Deutschland im Wertevergleich, in: Osteuropa, 62. Jg., Hefte 6‒8/2012, S. 119.

23  BBC Monitoring: Die Zweite Taufe der Rus, ausgestrahlt auf Rossija 1 am 22.7.2013.

24  BBC Monitoring, 5.11.2013, nach Fernsehkanal Rossija, 4.11.2013.

25  Jutta Scherrer: Russland verstehen? Das postsowjetische Selbstverstandnisim Wandel, in: Aus Politik und Zeitgeschichte 47‒48/2014, S. 17‒26.

26  Moscow Times, 22.7.2013.

27  Mikhail Zygar: All the Kremlin's Men, S. 251.

28  Nikolay Petrov: September 8 Election as a New Phase of the Society and Authorities' Coevolution, Carnegie Moscow Center, Eurasia Outlook, 5.9. 2013.

29  Andrey Buzin: Uberraschende Burgermeisterwahl in Moskau, in: Russland-Analysen Nr. 263, 27.9.2013, S. 10 ff.

30  Zitiert nach Oliver Bilger: Zar Wladimir, der Freitag, Nr. 4, 23.1.2014.

31  Paul Goble: Window on Eurasia. Russia's Single Power Vertical Dividing at the Top, Commentator says, 27.8.2013; siehe dazu: Oleg Savitsky: Sovereign Democracy without Sovereign, Osobaya Bukva, 26.3.2013.

32  Richard Sakwa: Can Putinism Solve its Contradictions? www.Opendemocracy.net, 27.12.2013.

33  Alexander Rahr: Russia in Search of an Identity: Standing Separate from the West While Remaining a European Nation, Valdai Discussion Club / Moskowskije Novosti, 10.10.2013.

34  Waldai-Diskussionsklub,Youtube.com, 19.9.2013.

35  Hannes Adomeit: Innenpolitische Determinanten der Putinschen Ausenpolitik, SIRIUS Heft 1, S. 33‒52, Berlin 2017.

36  Elena Stepanova: The Spiritual and Moral Foundation of Civilization in Every Nation for Thousands of Years: The Traditional Values Discourse in Russia, in: Politics, Religion &

Ideology, vol. 16, Nos. 2–3, 2015, S. 119–136.

37 Andrei Kolesnikov: Russian Ideology after Crimea, Carnegie.ru/2015/09/22.

38 Thomas Bremer: Die Russische Orthodoxe Kirche und das Konzept der Russischen Welt, Russlandanalysen Nr. 289, 30.1. 2015, S. 6–8.

39 Jutta Scherrer: Russland verstehen?, S. 23.

40 Nina L. Khrushcheva: Inside Vladimir Putin's Mind. Looking Back in Anger, in: World Affairs, Juli/August 2014, S. 17–24.

41 Margareta Mommsen: Eurasische Wirtschaftsunion, in: Staatslexikon der Gorres- Gesellschaft, Freiburg 2017; siehe auch: The Eurasian Union. The Other EU. Why Russia Backs the Eurasian Union, in: The Economist, 23.8.2014.

42 Ulrich Schmid: Nikita Michalkow als politischer Mentor Russlands, in: Russland-Analysen Nr. 211, 3.12.2010, S. 10–12.

43 Zitiert nach Ulrich Schmid: Technologien der Seele, S. 182.

44 Gordon M. Hahn: Putin Myths and Putin Ideology, Johnson's Russia List, 16.1.2015; derselbe: Inside Putin's Head, http://gordonhahn.com, 31.1.2015.

45 Dmitri Trenin / Maria Lipman / Alexey Malashenko: The End of an Era in EU-Russia Relations, Moskau, Mai 2013.

46 Mikhail Zygar: All the Kremlin's Men, S. 234.

47 Jens Siegert: Putin, der Sieger, in: Russland-Analysen Nr. 269, 20.12.2013, S. 25 ff.

48 Lilia Shevtsova: Putin Comes out Ahead in Snowden Affair, Moscow Times, 25.7.2013.

49 Iswestija, 7.3.2000.

50 Ben Aris: Who is Vladimir Putin?, in: Business New Europe, www.bne.eu, 31.3.2014.

51 M. Mommsen: Wer herrscht in Russland?, S. 220 ff.

52 Iswestija, 30.5.2000.

53 Nesawisimaja Gaseta, 1.6.2000.

54 Margareta Mommsen: Die Europaische Union und Russland, in: Werner Weidenfeld (Hrsg.): Europa-Handbuch, 4. Aufl., Gutersloh 2004, S. 498.

55 Ebd., S. 500.

56 Rossijskaja Gaseta, 26.4.2005.

57 Margareta Mommsen: Die Europaisch-Russischen Beziehungen–eine Europaische Initiative, in: Ellen Bos / Jurgen Dieringer(Hrsg.): Die Genese einer Union der 27, Wiesbaden 2008, S. 264–297.

58 Susan Stewart: Russland und die Ostliche Partnerschaft, in: SWP Aktuell, 21. April 2009, S. 1–4.

59 Egbert Jahn: Ausdehnung und Uberdehnung. Von der Integrationskonkurrenz zum Ende der europaischen Integrationsfahigkeit, in: Osteuropa, 57. Jg., H. 2–3, S. 25–45.

60 Andrij Portnov: Krieg und Frieden. Die «Euro-Revolution» in der Ukraine, in: Osteuropa, 64. Jg., H. 1, S. 7–23.

61 Thomas Vogel: Uberforderung und Desinteresse. Die EU, die Nachbarschaft und die Ukraine, in: Osteuropa 64. Jg., H. 9–10, S. 51–65.

62 Alexander J. Motyl: Putin's Breathtaking Lies about Russia, CNN.com, 20.3.2014.

63 David A. Graham: The Two Events that Turned Putin against the U. S. Former Ambassador Michael McFaul on What Really Motivated Russia to Invade Ukraine, in: The Atlantic

www.theatlantic.com, 2.7.2014.

64 Daniel Treisman: Why Putin Took Crimea. The Gambler in the Kremlin, in: Foreign Affairs, Mai/Juni 2016.

65 Andreas Heinemann-Gruder: Politik als Krieg. Die Radikalisierung des Putinismus, in: Osteuropa(64), H. 9-10, 2014, S. 79-95.

66 Hans-Henning Schroder: Hat die Putin-Administrationeine Strategie? Russische Innen-und Ausenpolitik in der Ukraine-Krise, in: Russland-Analysen Nr. 277, 23.5.2014, S. 2-6.

67 Viktor Jerofejew im Gesprach mit der Neuen Zurcher Zeitung: ≪Putin wollte dieganze Ukraine≫, 20.7.2015.

68 Dokumentation in: Osteuropa, 64. Jg., Heft 5-6, Mai/Juni 2014, S. 87-99.

69 Andreas Heinemann-Gruder: Politikals Krieg, a. a. O.

70 Margareta Mommsen: Eine gekrankte Grosmacht? Russland und der Ukrainekonflikt, in: Perspektiven DS, 31. Jg., Heft 2, 2014, S. 99-109.

71 Heidi Reisinger/Aleksander Go'c: Hybrider Krieg in der Ukraine, Russlands Intervention und die Lehren fur die NATO, in: Osteuropa, 64. Jg., Heft 9-10/ 2014, S. 119-134.

72 Martin Malek: Moskaus Schlachtplane. Hintergrunde zu Russlands Krieg in der Ukraine, in: Osteuropa, 64. Jg., Heft 9-10, S. 97-117.

73 Roland Gotz: Die Russlandsanktionen. Ihre Konzeption, ihre Wirkung und ihre Funktion innerhalb der Russlandpolitik, in: Russland-Analysen Nr. 285, 7.11.2014, S. 2-5.

74 Spiegel Online, Panorama, 13.10.2015; bellingcat.com/tag/mh17, 4.4.2017.

75 Gunter Deuber: Russischer Banken-und Finanzmarkt im Sanktionskorsett, in: Russland-Analysen Nr. 285, 7.11.2014, S. 6-3.

76 Vgl. dazu Sabine Fischer: EU-Sanktionengegen Russland. Ziele, Wirkung und weiterer Umgang, SWP-Aktuell 26, Marz 2015.

77 Roland Gotz, a. a. O.

78 Vera Belaya: Russlands Importverbot fur Agrarprodukte und die Folgen fur die russischen und europaischen Agrarmarkte, in: Russland-Analysen Nr. 293, 27.3.2015, S. 2-6. Siehe auch den Leitartikel in der New York Times, ≪Putin vs. Parmesan≫, 21.8.2015.

79 Zeit Online, 11.12.2014.

80 John J. Mearsheimer: Why the Ukraine Crisis is the West's Fault, in: Foreign Affairs, www.foreignaffairs.com, September/Oktober 2014.

81 Alexander Motyl: The Ukraine Crisis According to John J. Mearsheimer: Impeccable Logic, Wrong Facts, http://www.europeanleadershipnetwork.org/the-ukraine-crises, 31. 10.2014.

82 Lilia Shevtsova: Humiliation as a Tool of Blackmail, in: The American Interest, www.the-american-interest.com/2015/06/02, 2.6.2015.

83 Lev Gudkov, in: Leon Aron: Putin's Russia. How It Rose, how It Is Maintained, and How It Might End, American Enterprise Institute, www.aei.org/wp-content/uploads/2015/05/ Putins-Russia.pdf; siehe auch Johnson's Russia List 97,15.5.2015.

84 Hans-Henning Schroder: Grosmacht und Geschichte. Uber die geistige Grundlegung der russischen Ausenpolitik heute, in: Russland-Analysen Nr. 314,22.4.16, S. 16-0.

85 Dmitri Trenin: Ukraine Crisis Causes Strategic Mental Shift in Global Order, in: Global Times,

www.globaltimes.cn, 17.5.2015.

86 Dokumentation in Osteuropa, a. a. O., S. 93. Siehe auch Putins Rede im Waldai- Klub,Sotschi, 24.10.2014, http://www.kremlin.ru/news/46860.

87 Interfax, 8.2. 2015.

## · 불법국가와 그 희생자들

1 Tai Adelaja: Lawlessness Unlimited, in: Russia Profile, 16.6. 2011; siehe auch Moscow Times, 20.11.2012.

2 Angelika Nusberger(Hrsg.): Einfuhrung in das russische Recht, Munchen 2010, S. 7.

3 Lew Gudkow: Russland in der Sackgasse. Stagnation, Apathie, Niedergang, in: Osteuropa 61. Jg., Heft 10/2011, S. 21-45.

4 Margareta Mommsen: Wer herrscht in Russland?, S. 230 f.

5 Ebd., S. 229 f.

6 M. Mommsen / A. Nusberger: Das System Putin, S. 135.

7 Mikhail Zygar: All the Kremlin's Men, S. 60.

8 M. Mommsen / A. Nusberger: Das System Putin, S. 135 ff.

9 Ebd., S. 135 ff.

10 Ebd., S. 138.

11 Richard Sakwa: Raiding in Russia, in: Russian Analytical Digest, Nr. 105, S. 9-13.

12 M. Mommsen / A. Nusberger: Das System Putin, S. 139.

13 EGMR, Beschwerdenr. 14902/04, 20.9.2011; Neue Zurcher Zeitung, 11.4.2012.

14 Otto Luchterhandt: Verhohnung des Rechts. Der zweite Strafprozess gegen Chodorkowskij und Lebedew, in: Osteuropa 61. Jg., Heft Nr. 4/2011, S. 3-42.

15 Alena Ledeneva: Telephone Justice in Russia: An Update, in: The EU-Russia Centre Review, Online 2011, Nr. 18, S. 4-22.

16 Neue Zurcher Zeitung, 28.5.2011.

17 Nesawisimaja Gaseta, 5.9.2011.

18 Neue Zurcher Zeitung, 22.12.2011.

19 Radio Svoboda, 3.2.2014.

20 http://www.premier.gov., 16.12.2011.

21 Der Tagesspiegel, 20.11.2013.

22 Neue Zurcher Zeitung, 25.1.2014.

23 Eberhard Schneider: Russische Innenpolitik, Deutsch Russisches Forum, Januar 2014.

24 Wedomosti, 19.7.2011; Interfax, 8.12.2011; Moscow Times, 29.11.2011.

25 Wedomosti, 19.7.2011; Christian Science Monitor, 6.7.2011; Moscow Times, 29.11.2011.

26 http.//www.kremlin.ru/news/17173, 20.12.2012.

27 Zitiert nach Eberhard Schneider: Russland intern aktuell. Russische Innenpolitik Januar 2013, Nr. 45.

28 Jens Siegert: Sergej Magnitskij, Dima Jakowlew und der Aufstand der Anstandigen, in: Russland-Analysen Nr. 250, 25.1. 2013, S. 25 f.

29 Michail Sygar: Endspiel, S. 285, nach http://en.kremlin.ru/events/president/news/17173.

30 Daniel Wechlin: Anklage der russischen Staatsanwaltschaft gegen einen Toten, Neue Zurcher Zeitung, 1.12.2012.

31 Interview Medwedews mit Bloomberg TV, Government.ru, 23.1. 2013; Itar Tass, Russian Press Review, 28.1.2013.

32 Robert Coalson: The Magnitsky Money: From Russia … And Then What?, RFE/RL, 11. 3.2013.

33 Bill Bowring: Gesetze und NGOs in Russland, in: Russland-Analysen Nr. 252, 22.2. 2013, S. 5. Bezug auf ≪stealth authoritarianism≫, Gordon M. Hahn.

34 Sergej Cheloukhine: The Roots of Russian Organized Crime. From Old-Fashioned Professionals to the Organized Criminal Groups of Today, in: Crime Law Soc. Change 2008, NR. 50, S. 353‒374.

35 Vladimir Shlapentokh: The Vulnerability of Putin's Feudal Regime. The Massacre in the Krasnodar Region and the Riot in Moscow, shlapent@msu.edu 23.11.2010.

36 Moscow News, 6.12.2010.

37 Interfax, 12.5. 2011; Nesawisimaja Gaseta, 19.5.2011.

38 BBC Monitoring Rossija 1: ≪Duel≫, Talkshow, 18.11.2010.

39 Ebd.

40 Ebd.

41 Argumenty i Fakty, 5.11.2015. Uschas Kuschtschewskoj.

42 Moscow Times, 10.12.2015.

43 Maria Lipman: How Putin Silences Dissent. Inside the Kremlin's Crackdown, in: Foreign Affairs, www.foreignaffairs.com, 18.4.16.

44 Rossija 1 T., 9.12.2015, Moscow Times, 10.12.2015.

45 Die Korruptionsaffare des Jahres‒≪Tschajka-Gate≫, Aus russischen Blogs, Russland- Analysen Nr. 307, 18.12.2015, S. 20‒3.

46 Elfie Siegl: Zum Tod von Anna Politkowskaja, Russland-Analysen Nr. 113, 13.10.2006.

47 Angelika Nusberger/Yury Safoklov: Keine Schuld und keine Suhne. Zum Ende des Prozesses im ≪Mordfall Anna Politkowskaja≫, in: Russland-Analysen Nr. 179, 13.3.2009.

48 Anna Politkowskaja: Tschetschenien. Die Wahrheit uber den Krieg, Koln 2003.

49 Stephen Kotkin: All that stands between democracy and Russia is Russia, in: The New Republic, www.tnr.com, 29.5.2006.

50 Anna Politkowskaja: In Putins Russland, Koln 2005, S. 203.

51 Zitate aus ihrem Buch ≪In Putins Russland≫, S. 290 ff., S. 304.

52 Sabine Adler: Ungeklarter Mord an einer unermudlichen Aufklarerin, in: ≪Kalenderblatt≫, 7.10.2016.

53 Norbert Schreiber(Hg.): Anna Politkowskaja‒Chronik eines angekundigten Mordes, Klagenfurt 2007, S. 28 f., weiter S. 45 ff.

54 Anna Politkowskaja: Die Freiheit des Wortes, Koln 2007, S. 9 ff., auch Hans Utz: Geschichte nach 1945, Wikipedia, Text vom 4.1.2017.

55 Julian Hans: Rebell vom Dienst. Wie aus dem Agenten Litwinenko ein Gegner Putins wurde, Suddeutsche Zeitung, 22.1.2016.

56 Luke Harding: A Very Expensive Poison. The Definitive Story of the Murder of Litvinenko and Russia's War with the West, London 2017.

57 Ebd.
58 John Joseph: Litvinenko Killed over Dossier on Russian Shvets, London Reuters, 16.12.2006.
59 Harding, ebd., S. 18.
60 Ebd., S. 99.
61 Ebd., S. 166 ff.
62 Ebd., S. 164.
63 Moscow Times, 29.11.2006.
64 Pawel Felgenhauer: Russian Political Intrigue Means Putin Could not Have Been in the Dark about Litvinenko Attack, Jamestown Foundation Eurasia Daily Monitor, 29.11.2006.
65 Interfax, 9.7.2008.
66 Zitiert nach Luke Harding, S. 236.
67 Stefanie Bolzen: Ausland Litwinenko-Report. Schwere Spannungen zwischen Moskau und London, Die Welt N24, 21.1.2016. Siehe auch Suddeutsche Zeitung, 22.1.2016 und PBS, Newshour, 21.1.2016.
68 Zitiert nach Luke Harding, S. 359 ff.
69 Ebd., S. 361.
70 RFE/RL, 21.1.2016. British Inquiry Implicates Russia, Putin in Death of Ex-Agent Litvinenko; Julian Hans: Eine Spur in den Kreml, Suddeutsche Zeitung, 22.1.2016.
71 Interfax 21.1.2016.
72 L. Harding, ebd., S. 427.
73 Ebd., S. 358.
74 Ebd., S. 354.
75 Margareta Mommsen: Wer herrscht in Russland?, S. 89.
76 Nesawisimaja Gaseta, 22.1.2004.
77 Daniel Wechlin: Vom Minister zum Dissidenten. Mit dem Tod Boris Nemzows verliert die russische Protestbewegung eine ihrer vielschichtigen Figuren, NZZ 3.3.2015.
78 Tagesschau.de, www.tagesschau.de/ausland/nemzow-interview-101.html.
79 Financial Times, 23.2.2015.
80 Echo Moskwy, 27.2.2015.
81 Boris Nemzow pogib ot puli, popawschei w serdze. http://lifenews.ru/news/150510, 28.2.2015.
82 Michail Sygar: Endspiel, S. 374.
83 Nowaja Gaseta, Investigative Report: Wie Boris Nemzow ermordet wurde, Original 24.2.16, Ubersetzung vom 26.2.2016.
84 Michail Sygar: Endspiel, S. 382 ff.
85 Sygar: Endspiel, S. 377 f.
86 Ebd., S. 382.
87 Ebd., S. 378 ff.
88 Zitiert nach Michael Thumann: Tschetschene vom Dienst. Nach dem Mord an dem russischen Oppositionspolitiker Boris Nemzow: Warum fuhrt die Spurwieder einmal in den Kaukasus? Die Zeit, Nr. 11, 12.3.2015.
89 Zitiert nach Oleg Orlow, Echo Moskwy, 9.3.2015.

90 Wladimir Posner auf ⟨pozneronline.ru⟩, 1.3.2015.

91 Zitiert in den Russland-Analysen Nr. 292, Aus russischen Blogs, 13.3.2015, S. 8 f.

92 Julian Hans: Tod des Kritikers. Die Ermordung von Oppositionsfuhrer Boris Nemzow zeigt, wie sehr Hass, Angst und Lugen Russland inzwischen regieren. Beobachtungen aus der Kampfzone Moskau, Suddeutsche Zeitung Nr. 50, 2.3.2015.

93 Wladimir Ryschkow im Gesprach mit Michael Thumann, Die Zeit Nr. 10, 5.3.2015, S. 3.

## · 후기 푸티니즘: 개인숭배와 패권 회복 요구

1 Vladimir Ryzhkov, Moscow Times, 25.8.2015.

2 Jens Siegert: Putin! In: Russland-Analysen Nr. 285, 7.11.2014, S. 31 f.

3 Vladislav Inozemtsev: Russia's flirtation with fascism. Putinism is real, but fleeting, The Daily Star(Libanon), 2.8.2016.

4 Alexandra Engelfried: Eine Ikonographie der Macht. Wladimir Putin in Kunst und Massenmedien Russlands, Dissertation Ruhr-Universitat Bochum, S. 225.

5 Michail Sygar: Enspiel, S. 394.

6 Wladimir Solowjow, zitiert nach A. Harding: Why is Putin Popular?, BBC News, 8.3.2000, ⟨http://news.bbc.co.uk/1/hi/world/europe/669247stm.⟩

7 Alexandra Engelfried, Eine Ikonographie der Macht, S. 38 ff.

8 Ebd., S. 133 ff.

9 Ebd., S. 158, Bild Nr. 87, 88.

10 Aleksei Merinow: Putinki, Moskau 2004, siehe die Zeichnung zum kult litschnosti S. 116.

11 Alexandra Engelfried: Eine Ikonographie der Macht, Bild Nr. 76.

12 CBSNews.com, All Eyes on Putin, Charlie Rose in 60 Minutes, Interview mit Putin, 27.9.2015.

13 Valerie Sperling: Sex, Politics, & Putin. Political Legitimacy in Russia, Oxford, New York 2015, S. 294 ff.

14 Tatiana Mikhailova: Putin as the Father of the Nation: his Family and Other Animals, in: Helena Goscilo(Hrsg.): Putin as Celebrity and Cultural Icon, Milton Park, Oxfordshire 2013, S. 65–81, S. 67.

15 Helena Goscilo: Russia's Ultimate Celebrity, in: Dieselbe(Hrsg.): Putin as Celebrity, S. 180 ff.

16 Neue Zurcher Zeitung, 13.12.2014.

17 Andrew Foxall: Photographing Vladimir Putin: Masculinity, Nationalism and Visuality in Russian Political Culture, in: Geopolitics 18 (2013), S. 132–156, bes. S. 139, 142, S. 148.

18 Ivan Tsetkov: Russia Direct: ⟨he President⟩ and the cult of personality 2.0, www.russia-direct.org, 7.5.2015. Siehe auch Jens Siegert: Was suchen wir in Putins Kopf? In: Russland-Analysen Nr. 316, 20.5. 2016, S. 20–22, auch Euromaidan Press, 28.14.2015, http://euromaidanpress.com.

19 Nikolai Petrov: Russia's Ruling Regime Must Modernize or Face Collapse, Moscow Times, 22.1.2016.

20 Lew Gudkow, Interview mit ≪The Village≫, Uber die Wirksamkeit der Propaganda in Russland, in Russland-Analysen Nr. 308, 22.1.2016, S. 7–13.

21 Mikhail Alexseev / Henry E. Hale: A New Wave of Russian Nationalism? What Really Changed in Public Opinion after Crimea, Ponars Eurasia, www.ponarseurasia.org, Mai 2015.

22 Stephen Blank: I, Putin. The Russian Cult of Personality, The Interpreter, www. interpretermag. com, 26.5.2015.

23 Eberhard Schneider: Russland intern aktuell, Nr. 69, Russische Innenpolitik Januar 2015; Schneider bezieht sich auf Mitteilungen der Nachrichtenagentur Bloomberg vom 23.1.2015. Siehe weiter Fred Weird: Oligarchs out, 〈Siloviki〉 in? Why Russia's Foreign Policy is Hardening, Free E-mail Newsletters, World / Europe, 2.2.2015.

24 Margarete Klein: Russlands neue Nationalgarde. Eine Ruckversicherung fur Putin gegen Massenproteste und illoyale Eliten, SWP Aktuell 55, August 2016, bes. S. 4.

25 Ebd.

26 Siehe zum Beispiel SZ 4.4.2016, 5.4. 2016, SZ 8.4.2016, SZ 15.4. 2016, SZ 27.4.2016.

27 SZ 8.4.16, NZZ 6.4.16.

28 SZ 8.4.2016.

29 SZ 5.4.2016.

30 Mark Galeotti: Putinism Won't End with a Bang, but a Warrant. www.opendemocracy. net, 13.5.2016.

31 Cornelia Gerichsweiler: Spaniens Justiz nimmt Putins Umfeld ins Visier, in: Neue Zurcher Zeitung, 17.5.2016.

32 Alexandr Kynew: Besonderheiten russischer Wahlen 2016, in: Russland-Analysen Nr. 319, 1.7.2016.

33 Kirill Rogov: Putins mude Macht. Die Wahlen vom 18. September wurden zum Lehrstuck in Sachen Manipulation. Denn die Russen sind ermattet, Suddeutsche Zeitung 26.9.2016. Siehe auch Julian Hans: Kreml-Parteiholt Dreiviertelmehrheit, Suddeutsche Zeitung 20. 9.2016.

34 Hans-Henning Schroder: Russland im Herbst 2016, Dumawahlen und Regimeumbau, Russlandanalysen Nr. 322, 7.10.2016, S. 2-6.

35 Ebd.

36 Eberhard Schneider: Russland intern aktuell, Russische Innenpolitik August 2016, Nr. 88, S. 3.

37 Hans-Henning Schroder: Russland im Herbst 2016, a. a. O.

38 Fabian Burkhardt: Ordnung der Macht. Die Generation Anton Wainos und Russlands techno-burokratischer Autoritarismus, in: Russland-Analysen Nr. 322, 7.10.2016, S. 13-19.

39 Margareta Mommsen: Wer herrscht in Russland?, S. 77 f.

40 Gordon M. Hahn: Putin's Surprise: The Resurrection of Sergei Kirienko, in: Russian and Eurasian Politics, https://gordonhahn.com, 22.11.2016.

41 Wladimir Gelman: Das Jahr 2016 im Ruckblick: Russische Innenpolitik, in: Russland- Analysen Nr. 327, 16.12.2016, S. 17 ff.

42 Andrei Vinokurov / Alexander Atasuntsev: How Vladimir Putin Is Reshaping the Kremlin's Political Elite, Russia Beyond the Headlines/gazeta.ru, 10.11.2016.

43 Pavel Koshkin: Hawks vs. Doves. Who will dominate in the Kremlin before the 2018 elections? Interview mit Andrei Kolesnikow, profile/pavel-koshkin, 22.11.2016.

44 Nikolay Petrov: Putin's Downfall: The Coming Crisis of the Russian Regime, European Council on Foreign Relations, ecfr.eu, April 2016.

45 Yekaterina Sinelschikova: Experts Puzzled by Bribery Charges Against Economy Minister

Ulyukayev, Russia Beyond the Headlines, www.rbth.ru, 16.11.2016.

46 Aleksej Nawalnij: Er ist ein hundertprozentiger Gauner-eingesperrt wurdeeraber nicht deswegen, Russland-Analysen Nr. 326, aus russischen Blogs, 2.12.2016, S. 14.

47 Gleb Pavlovsky: Russian Politics Under Putin. The System Will Outlast the Master, Foreign Affairs, Council on Foreign Relations, 2016.

48 Tatiana Stanovaya: No Putin-Collapse of the regime? Intersection, http://intersection project.eu, 3.3.2016.

49 Wladimir Gelman: Das Jahr 2016 im Ruckblick, a. a. O., S. 19.

50 Paul Goble: With Reforms Impossible, Some Russians Predict Revolution, Baklanov Says, in: Johnson's Russia List, 1/2017, 2.1.2017.

51 Wolfram von Scheliha: Staatliche Geschichtsschreibung im Post-Imperium. Putins Einheitslehrbuch fur den Geschichtsunterricht, Russland-Analysen Nr. 271. 14.2.2014, S. 2 ff.

52 Stefan Troebst: Vom 《Vaterlandischen Krieg 1812》 zum 《Großen Vaterlandischen Krieg 1941-1945》. Siegesmythen als Fundament staatlicher Geschichtspolitik in der Sowjetunion, der Russlandischen Foderation, der Ukraine und Belarus, in: Russland- Analysen Nr. 271, 14.2.2014, S. 7-10.

53 Jens Siegert: Russische Nationalstaatsbildung, in: Russland-Analysen Nr. 294, 24.4.2015, S. 23-25.

54 Neil MacFarquhar: 〈evolution〉 What Revolution? Russia Asks 100 Years Later, in: The New York Times, 10.3.2017.

55 Wilfried Jilge: Anmerkungen zur historischen Legitimation der Krim-Annexion in Russland, in: Russland-Analysen Nr. 291, 27.2.2015, S. 2-6.

56 Thomas Sherlock: Russian politics and the Soviet past: Reassessing Stalin and Stalinism under Vladimir Putin, in: Communist and Post-Communist Studies 49(2016), S. 45-49. Siehe auch Anna Becker: Mythos Stalin. Stalinismus und staatliche Geschichtspolitik im postsowjetischen Russland der Ara Putin, Berlin-Brandenburg 2016, S. 66 ff.

57 Jens Siegert: Geschichtsdiskussionen als Politikersatz, in: Russland-Analysen Nr. 324, 4.11.2016. S. 20-22.

58 Margarete Klein: Russlands Syrienintervention, in: Russland-Analysen Nr. 309, S. 2-5. Siehe auch Jens Siegert: Was will der Kreml in Syrien? Ebd., S. 18-20.

59 Hans-Henning Schroder: Grosmacht und Geschichte. Uber die geistige Grundlegung der russischen Ausenpolitik heute, Russland-Analysen Nr. 314, 22.4.2016, S. 16 ff., siehe auch Derselbe: Selbstgesprach in der Wagenburg, in: Russland-Analysen Nr. 285, 7.11.2014, S. 26-30.

60 Andrei Kortunov: The Splendours and Miseries of Geopolitics, Valdai Discussion Club, http://valdaiclub.com, 16.1. 2015; derselbe: Russia and the West: What Does 《Equality》 Mean? Russian International Affairs Council, http://russiancouncil.ru, 1.11.2016.

61 Sergei Karaganov: A Year of Victories. What's Next? Rossijskaja Gaseta, 17.1.2017; derselbe: The Victory of Russia and the New Concert of Nations, Limes, www.limesonline.com, 1.3.2017.

62 Vladimir Lukin: The Foreign Policy of Post-Soviet Russia: A Quest for Identity, in: Strategic Analysis, vol. 40, Nr. 6, S. 486-497, http://dx.doi.org/10.1080/09700161.2016.1224071.

# 참고문헌

- Bos, Ellen/Segert, Dieter(Hrsg.): Osteuropaische Demokratien als Trendsetter? Parteien und Parteiensysteme nach dem Ende des Ubergangsjahrzehnts, Opladen, Farmington Hills 2008
- -. / Helmerich, Antje(Hrsg.): Zwischen Diktatur und Demokratie. Staatsprasidenten als Kapitane des Systemwechsels in Osteuropa, Berlin 2006
- Clover, Charles: Black Wind, White Snow. The Rise of Russia's New Nationalism, New Haven, London 2016
- Colton, Timothy: Yeltsin. A Life, New York 2008
- Dawisha, Karen: Putin's Kleptocracy. Who Owns Russia? New York, London et al. 2014
- Engelfried, Alexandra: Das Portrat des Prasidenten. Putin zwischen Kunst, Kult und Kommerz, in: Osteuropa(57), Heft 10/Oktober 2007, S. 51-66
- Gel'man, Vladimir: Authoritarian Russia. Analyzing Post-Soviet Regime Changes, Pittsburgh 2015
- Gessen, Masha: Der Mann ohne Gesicht. Wladimir Putin. Eine Enthullung, Munchen 2012
- Gloger, Katja: Putins Welt. Das neue Russland, die Ukraine und der Westen, Berlin 2015
- Goscilo, Helen(Hrsg.): Putin as Celebrity and Cultural Icon, Abingdon/UK, New York 2017
- Gudkov, Lev: The Nature of «Putinism», in: Russian Politics and Law, vol. 49, Nr. 2, Marz-April 2011, S. 7-33
- -. Sozialkapital und Werteorientierung. Moderne, Pramoderne und Antimoderne in Russland, in: Osteuropa (62), Hefte 6-8/2012, S. 55-83
- Harding, Luke: A Very Expensive Poison. The Definitive Story of the Murder of Litvinenko and Russia's War with the West, London 2016
- Heinemann-Gruder, Andreas: Politik als Krieg. Die Radikalisierung des Putinimus, in: Osteuropa (64), Heft 9-10, S. 79-95
- Hill, Fiona/Gaddy, Cliffort G.: Mr. Putin. Operative in the Kremlin, Washington 2013
- Hoffman, David E.: The Oligarchs. Wealth and Power in the New Russia, 2., aktual. Auflage, New York 2011
- Jelzin, Boris: Mitternachtstagebuch. Meine Jahre im Kreml, Berlin, Munchen 2000
- Judah, Ben: Fragile Empire. How Russia Fell in and out of Love with Vladimir Putin, New Haven, London 2013
- Kononenko, Vadim/Moshes, Arkady(Hrsg.): Russia as a Network State. What Works in Russia when State Institutions do not? Basingstoke 2011
- Kryschtanowskaja: Anatomie der russischen Elite. Die Militarisierung Russlands unter Putin, Koln 2005
- Laqueur, Walter: Putinismus. Wohin treibt Russland? Berlin 2015
- Ledenova, Alena V.: How Russia Really Works. The Informal Practices that Shaped Post-Soviet Politics, Ithaca, London 2006
- Ledenova, Alena V.: Can Russia Modernise? Sistema, Power Networks and Informal Governance, Cambridge/UK, New York 2013

- Mommsen, Margareta: Wohin treibt Russland? Eine Grosmacht zwischen Anarchie und Demokratie, Munchen 1996
- Mommsen, Margareta: Wer herrscht in Russland? Der Kreml und die Schatten der Macht, 2. Aufl., Munchen 2004
- Mommsen, Margareta/Nußberger, Angelika: Das System Putin. Gelenkte Demokratie und politische Justiz in Russland, Munchen 2007
- ‒. Die Europaisch-Russischen Beziehungen‒eine Europaische Perspektive, in: Ellen Bos/Jurgen Dieringer(Hrsg.): Die Genese einer Union der 27. Die Europaische Union nach der Osterweiterung, Wiesbaden 2008, S. 283‒297
- ‒. Systemubergang unter Gorbatschow und Jelzin: UdSSR/Russland 1987‒1991‒1999, in: Jerzy Mackow(Hrsg.): Autoritarismus in Mittel- und Osteuropa, Wiesbaden 2009, S. 165‒181
- ‒. Plebiszitarer Autoritarismus in Russland: Der Wandel seit 2000, ebd., S. 241‒261
- ‒. Das politische System Russlands, in: Ismayr, Wolfgang(Hrsg.): Die politischen Systeme Osteuropas, 3. aktual. Aufl., Wiesbaden 2010, S. 419‒478
- ‒. Oligarchie und Autokratie, in: Osteuropa(60) Heft 8, 2010, S. 25‒46
- Myers, Steven Lee: The New Tsar. The Rise and Reign of Vladimir Putin, London, New York et al. 2015
- Ostrovsky, Arkady: The Invention of Russia: The Journey from Gorbachev's Freedom to Putin's War, London 2015
- Pleines, Heiko/Schroder, Hans-Henning(Hrsg.): Landerbericht Russland, Bundeszentrale fur Politische Bildung, Bonn 2010
- Pomerantsev, Peter: Nothing is True and Everything is Possible. Adventures in Modern Russia, London 2015
- Quiring, Manfred: Putins russische Welt. Wie der Kreml Europa spaltet, Berlin 2017
- Reitschuster, Boris: Putins verdeckter Krieg. Wie Moskau den Westen destabilisiert, Berlin 2016
- Roxburgh, Angus: The Strongman. Vladimir Putin and the Struggle for Russia, 2. Aufl., London, New York 2013
- Sakwa, Richard: The Crisis of Russian Democracy. The Dual State, Factionalism and the Medvedev Succession, Cambridge/UK et al. 2011
- Schmid, Ulrich: Technologien der Seele. Vom Verfertigen der Wahrheit in der russischen Gegenwartskultur, Berlin 2015
- Shevtsova, Lilia: Yeltsin's Russia. Myths and Reality, Washington 1999
- ‒. Putin's Russia, Washington 2005
- Soldatov, Andrei/Borogan, Irina: The New Nobility. The Restoration of Russia's Security State and the Enduring Legacy of the KGB, New York 2010
- Sperling, Valerie: Sex, Politics, and Putin. Political Legitimacy in Russia, Oxford, New York et al. 2016
- Sygar, Michail: Endspiel. Die Metamorphosen des Wladimir Putin, Koln 2015
- Vogel, Heinrich: Manifestation der Macht. Russland und der Putinismus, in: Zeitschrift fur Ausen- und Sicherheitspolitik ZFAS(2015) 8:177‒183 DOI 10.1007/s12 399‒015‒0500-x, S. 177‒183
- Wehner, Markus: Putins Kalter Krieg. Wie Russland den Westen vor sich hertreibt, Munchen

2016

- Wilson, Andrew: Virtual Politics. Faking Democracy in the Post-Soviet World, New Haven, London 2005
- Zygar, Mikhail: All the Kremlin's Men. Inside the Court of Vladimir Putin, New York 2016

지은이 • 마르가레타 몸젠(Margareta Mommsen)

브뤼셀 자유대학교(Université libre de Bruxelles)와 하이델베르크대학교(Universität Hei-
delberg)에서 정치학과 동유럽 역사를 전공했다. 오랜 기간 뮌헨대학교(Ludwig-Maximilians
-Universität München)에서 정치학 교수로 재임했으며 현재는 뮌헨 정치대학교(Hochschule
für Politik München)에서 활동하고 있다. 전문 연구 분야는 러시아 정치체제와 동유럽 및
구소련 국가들의 정치체제, 체제 간 비교, 체제 변화 분석이다.


옮긴이 • 이윤주

한국외국어대학교 독일어과를 졸업하고 동 대학교 통번역대학원 한독과를 졸업했다. 2016
글로벌 기술협력 포럼을 비롯해 서울경찰청에서 통역사로 활동했고 네이버 파파고 한독 대
량 번역 프로젝트에 참여했으며 법률, 정치, 문화 등 다양한 분야의 문건을 번역했다. 현재
통번역 프리랜서로 활동 중이다.

## 푸틴 신디케이트 비밀경찰 수중에 놓인 러시아

지은이 ı 마르가레타 몸젠    옮긴이 ı 이윤주
펴낸이 ı 김종수    펴낸곳 ı 한울엠플러스(주)    편집 ı 김초록
초판 1쇄 인쇄 ı 2019년 4월 25일    초판 1쇄 발행 ı 2019년 5월 9일

주소 ı 10881 경기도 파주시 광인사길 153 한울시소빌딩 3층    전화 ı 031-955-0655
팩스 ı 031-955-0656    홈페이지 ı www.hanulmplus.kr    등록번호 ı 제406-2015-000143호

Printed in Korea.    ISBN  978-89-460-6646-5 03300(양장)  978-89-460-6647-2 03300(무선)

* 책값은 겉표지에 표시되어 있습니다.